KB088760

학교교육
제4의 길 ❶

학교교육 변화의 역사와 미래방향

The Fourth Way

학교교육 변화의 역사와 미래방향

앤디 하그리브스 · 데니스 셜리 | 지음

이찬승 · 김은영 | 옮김

학교교육 제4의 길.①

 교육을바꾸는사람들

| 일러두기 |

1. 주석은 모두 옮긴이 주입니다.

2. 본문 중 위 첨자로 기입된 숫자는 저자가 참고문헌을 표시한 것입니다. 책의 뒷부분에 위치한 '참고문헌' 부분에서 해당 번호를 찾아가시면 저자가 집필에 참고한 문헌을 확인하실 수 있습니다.

3. 인명, 지명 등의 외래어는 국립국어원의 외래어표기법을 따랐습니다. 단, 국외 학회지의 표제나 연구 프로젝트명과 같은 경우 국내 학회나 문헌, 언론에서 통용된 사례를 참고해 표기했습니다.

4. 저작물의 제목에는 다음 기준에 따라 약물을 사용했습니다. 신문이나 잡지와 같이 여러 편의 작품으로 엮인 저작물이나 단행본 등의 서적인 경우 겹낫표(『 』)를 사용했고, 그 외 노래와 같은 예술작품의 제목, 논문과 같은 단편적 저작물, 법률이나 규정인 경우 홑낫표(「 」)를 사용했습니다.

10쇄를 펴내며

학교교육이 새롭게 나아가야 할 방향을 제시한 이 책은 2015년 초판 발행 이후 1만 2천 명 이상의 독자에게 가 닿았다. 눈 밝은 독자들의 성원 덕택으로 이번에 10쇄를 찍게 됐다. 독자들에게 깊이 감사드린다. 특히 올해 들어 이 책을 찾는 독자들이 많아졌는데, 이는 지금 우리 학교교육이 나아갈 새로운 길을 간절히 바라는 사람들이 그만큼 많다는 방증일 것이다.

2011년 내가 이 책을 처음 접했을 당시, 한국의 교육은 경쟁지상주의와 표준화, 시장주의로 요약되는 '제2의 길'을 걷고 있었다. 그로부터 십여 년이 지난 2020년, 여전히 제2의 길에 머물러 있던 한국의 교육은 코로나 19라는 예기치 못한 전 지구적 변수 앞에서 이제 '제3의 길'을 건너뛰어 '제4의 길'을 적극적으로 모색해야 하는 상황을 맞고 있다. 2020년 7월 서울시교육청 교육연구정보원 주최로 열린 웨비나webinar 〈포스트 코로나19: 사회와 교육의 변화, 방향, 가능성〉에는 바로 이 책, 『학교교육 제4의 길 ①②』의 공저자인 앤디 하그리브스Andy Hargreaves가 참여해 눈길을 끌었다.

『학교교육 제4의 길 ①②』는 보스턴칼리지 린치스쿨 사범대학 교수인 앤디 하그리브스(2018년 은퇴 후에도 리서치 교수로 활동 중)와 데니스 셜리Dennis Shirley가 쓴 교육개혁과 사회변화를 위한 방법론이며, 건강한 사회와 건강한 교육으로 안내하는 혁신과 감동, 지속가능성의 길이다. 또 인간과 사회가 지켜내야 할 고상한 가치를 높이 사는 새로운 시대정신이기도 하다. 저자들은『학교교육 제4의 길 ①The Fourth Way: The Inspiring Future for Educational Change』출간 후 3년 만에 내놓은 후속편『학교교육 제4의 길 ②The Global Fourth Way: The Quest for Educational Excellence』에서 제4의 길을 향한 세계적 성공사례들을 자세히 소개하고 이로부터 공통의 원리를 도출한 바 있다. 여기서 '제4의 길'이란 21세기 학교교육이 나아갈 '새로운 변화의 길new way'을 의미한다. 두 저자는 '20세기 학교교육이 걸어온 낡은 길old way이 남긴 유산과 교훈은 무엇이고, 21세기 학교교육이 나아갈 새로운 변화의 길은 무엇인가?'라는 질문을 던지고, 그에 대한 해답을 제시한다.

『학교교육 제4의 길 ①②』의 장점이자 차별성은 무엇보다도 학교교육이 나아갈 방향을 저자의 주관적 견해를 바탕으로 제시하지 않는다는 점이다. 수많은 성공사례를 분석해 새로운 길을 실증적으로 설득력 있게 제시하고, 제4의 길이 성공하는 데 필요한 구체적인 전략과 실행도구까지 제시하고 있다. 또한 이 책은 학교개혁의 역사를 뒤돌아보고 매우 소중한 교훈을 얻는다. 학교교육 제1·2·3의 길 각각에 대한 분석이 바로 이 과정이다.

이 책의 가장 큰 차별성으로 또 빼놓을 수 없는 것은 학교교육이 나아갈 새로운 길을 찾는 저자들만의 독특한 방식이다. 이제까지 많은 책들은 실패의 원인을 분석하고 나면 그 실패의 원인을 제거하는 데 초점을 맞추는 경우가 많았다. 그러나 이 책의 저자들은 그렇게 하지 않았다. 연구의 초점을 병리적 현상과 그것의 제거에 맞추지 않고, 대신 잘 작동되고 있는 사례를 바탕으로 성공요인을 찾는 강점기반 연구appreciative inquiry라는 접근을 취했다. 저자들은 세계에서 학교교육을 가장 모범적으로 변화시킨 성공사례를 찾아 학교교육 성공을 위한 원리를 도출한다.

이 책은 총 4장으로 구성되어 있고 각 장은 아래와 같은 내용을 다룬다.

- 제1장 – 제2차 세계대전 이후 학교교육 부문에 나타난 세 가지 변화의 길을 '제1·2·3의 길'이라 명명하고, 각각이 남긴 교훈과 유산을 분석한다.
- 제2장 – 제3의 길에 실패요인으로 작용한 세 가지 방해요인을 도출한다.
- 제3장 – 제3의 길에서 드러난 실패요인을 극복할 희망의 근거로 네 가지 변혁의 지평선을 도출한다. 이는 학교교육이 새로운 길을 걷고자 할 때 필요한 이정표로, 모두 세계의 대표적인 학교교육 성공사례에서 추출된 것들이다.

• 제4장 – 제3의 길의 실패요인과 이를 극복할 희망의 네 가지 지평선으로부터 새로운 학교변화의 원칙을 도출하고, 새롭고 대담한 해결책인 제4의 길로 안내한다.

아래 내용은 이 책에 나오는 일부 내용을 인용한 것이다.

"교육의 표준화는 개별 학교들을 큰 정부와 관료주의의 무게에 허덕이는 신세로 전락시켰다는 점을 잊지 말아야 한다."

"현재는 향후의 사회를 좌우할 수 있는 중대한 전환점이다. 제4의 길만이 모두가 참여하는 미래, 지속가능한 미래로 우리사회를 인도해줄 것이다."

"(제4의 길에서는) 학부모와 시민사회 및 기업이 적극적인 파트너로 참여하며 이들 모두가 다음 세대의 교육에 대해 공동의 책임을 진다. 제4의 길은 교육자에게 많은 것을 기대하지만, 교육격차 해소와 사회정의 실현에 대한 책임을 교육자에게만 지우지 않는다."

"이 모든 개혁 노력 가운데 학생은 단순히 변화의 대상으로만 머무르지 않는다. 제4의 길에서 학생은 자신의 성장과정에 대해 주체적인 목소리를 내는, 활발하고 적극적인 변화의 동반자이다."

두 저자의 이와 같은 주장은 시시각각 변화하는 교육환경 속에서 어떤 아이도 놓치지 않도록, 누구나 교육을 통해 가치 있는 존재로 성장할 수 있도록 우리 교육을 바꿔 나가는 데 중요한 실마리를 제공한다. 그동안 한국의 교육개혁 담론이 증거기반이 아니고, 미시적·분절적이며, 구체성이 떨어지면서도 구호만 요란한 경우가 많아 실제적인 교육변화를 이끌어내지 못해 늘 안타까웠다. 근대 학교교육 체제가 수명을 다하고 4차 산업혁명 시대를 맞아 교육생태계가 빠르게 변하고 있지만 한국 교육은 여전히 20세기 구체제 교육을 벗어나지 못하고 있다. 학교가 이제 더 이상 개인의 신분 상승을 위한 경쟁의 전장에 머물게 해서는 안 된다. 또한 학교가 입시경쟁교육을 통해 계급재생산의 기지로 역할하게 해서도 안 된다. 바로 이런 때 학교교육이 나아갈 새로운 길을 안내하는 이 책이 한국에 널리 읽히고 있는 것은 여간 다행스런 일이 아닐 수 없다.

이 책은 학교교육의 새 길을 구상하는 데 매우 실제적인 아이디어와 개혁의 원칙, 전략, 실행도구까지 소개하고 있어서 학교교육을 근본적으로 재설계하고자 할 때 나침반과 같은 역할을 해줄 것이다. 한국의 학교교육이 제2의 길에 속하는 낡은 옷들을 훌훌 벗고 희망의 교육, 제4의 길로 힘차게 나아갈 수 있기를 간절히 바란다.

교육을바꾸는사람들 대표 이 찬 승

앤디 하그리브스Andy Hargreaves는 보스턴칼리지의 교육대학인 린치 Lynch스쿨에서 토마스 모어 브래넌 석좌교수*로 재직했고 2018년 은퇴 후에도 리서치 교수로 활동중이다. 토마스 모어 브래넌 석좌교수직의 직무는 사회정의를 증진하고 교육의 이론과 실천을 결합하는 일이다. 이전에는 초등학교에서 근무했고 옥스퍼드를 포함한 영국의 여러 대학에서 강의했다. 보스턴칼리지에 부임하기 전에는 토론토대학 교육대학원에서 교육혁신국제센터International Center for Educational Change의 공동 설립자 겸 이사로 일했다. 그는 미국, 캐나다, 영국, 홍콩, 스웨덴, 일본 및 싱가포르에서 초빙교수를 역임했고 스칸디나비아 반도에서 가장 오래된 스웨덴의 웁살라대학에서 명예박사 학위를 받았다. 캐나다 교육연구에 대한 뛰어난 공헌을 인정받아 휘트워스상Whitworth Award을 수상하였다.

하그리브스는 학술지『교육개혁연구Journal of Educational Change』의 창간인이자 편집장이다. 또한『교육개혁핸드북International Handbook of

---

* 보스턴칼리지의 토마스 모어 브래넌 석좌교수직(Thomas More Brennan Chair)은 미국 911 테러사건으로 세계무역센터(WTC)에서 희생된 금융인 토마스 모어 브래넌을 기리고자 그의 모교인 보스턴칼리지 동문들이 조성한 재단에서 모교에 기부한 기금으로 연구활동을 하도록 대학에서 지정한 교수직이다.

Educational Change』1, 2판의 수석 편집인을 지냈다. 그는 우수 편저자로 30권 이상의 책을 저술 또는 편집했으며, 그중 일부 책은 우수 저서로 꼽혀 수상했다. 최근의 저서로는『교직과 교사의 전문적 자본: 학교를 바꾸는 힘Professional Capital(마이클 풀란 공저, 2012)』,『학교교육 제4의 길 (1)(2)the Fourth Way, the Global Fourth way(데니스 셜리 공저, 2009, 2012)』,『지속가능한 리더십Sustainable Leadership(딘 핑크 공저, 2006)』등이 있다. 앤디 하그리브스에 대한 자세한 최신 정보는 홈페이지 www.andyhargreaves.com에서 얻을 수 있다.

데니스 셜리Dennis Shirley 역시 보스턴칼리지 린치스쿨에서 교수로 재직하고 있다. 그는 지역사회 조직화와 교육변혁에 대한 연구 분야를 개척하여 많은 나라에서 강연 요청을 받고 있다. 셜리의 최근 저술들은『교육리더십Educational Leadership』,『파이 델타 카판Phi Delta Kappan』,『사범대학보고서Teachers College Record』,『교육변혁the Educational Change』등에 실렸으며 많은 언어로 번역되었다. 캘리포니아 주 의회 교육위원회, 매사추세츠 주 교육위원회 및 미국 의회 등에서 교육전문가로서 증언했다. 영어 외에도 독일어와 스페인어에 능통하다.

최근 셜리는 미국 포드재단Ford Foundation의 교원노조개혁네트워크 TURN, Teachers Union Reform Network의 지방위성조직 확대연구를 마무리 했다. 현재는 보스턴칼리지의 대학기술혁신 책임연구원으로서 신기술이 주의력을 분산시키거나 방해하지 않고 주의집중에 긍정적인 영향을 미칠 가능성에 대해 연구하고 있다. 이 분야의 연구는 엘리자

베스 맥도널드Elizabeth Macdonald와 공저한 그의 책『마음챙김 교사the Mindful Teacher(2009)』에 기초하고 있다. 해당 서적 및 관련 프로그램에 대한 자세한 정보는 홈페이지 www.mindfulteacher.com 에서 얻을 수 있다.

셜리는 호주의 교육지도자협의회 순회학자traveling scholar로 있으며, 하버드대학, 싱가포르국립교육원 및 바르셀로나대학의 초빙교수식을 맡고 있다. 또한 미국교육연구협의회의 교육변혁 특별 이익단체 부문의 장을 맡고 있다. 하버드대학에서 명예박사 학위를 받았다. 데니스 셜리에 대한 자세한 최신 정보는 홈페이지 www.dennisshirley.com 에서 얻을 수 있다.

차례

이 책을 발간하는 지금은 미국이 성장과 번영을 구가한 21세기의 첫 십 년 그 끝 무렵이다. 여느 선진국의 중산층과 마찬가지로 미국 중산층에도 쇼핑과 소비, 투기 문화가 생겨났다. 중산층의 상위 절반은 부동산 투자와 투기에 가담했다. 그들은 자산가치가 계속 상승하면 신용등급이 낮아지지 않을 거라는 믿음을 가지고 소비지출을 늘렸으며 부채규모도 키웠다. 중산층의 하위 절반에 속하는 사람들 역시 실질소득이 감소하는 와중에도 위험한 조건을 감수하며 빚을 늘려나갔다. 벌이가 충분하지 않았기 때문이기도 했고, 사회적으로 뒤처지는 것을 원치 않았기 때문이기도 했다.

　그러나 이제 거품은 꺼졌다. 주택가격이 폭락했다. 신용경색이 시작됐다. 투기열기를 부추겼던 대형 투자자들도 일반 개인들과 함께 돈을 날렸다. 정부가 개입하여 그들을 구제해야만 했다. 자, 우리사회는 앞으로 수십 년간은 흥청망청했던 과거가 남긴 빚과 이자를 지불해야 한다. 우리사회의 경제적 운명이 걸려 있는 중대한 시기에 접어들었다는 말이다. 그런데 이 시점에 학교교육의 변화에 관한 책을 대체 왜 읽어야 한단 말인가? 교육이나 학교 같은 문제는 현상 유지를 하는 정도로 접어 두고 다른 시급한 사회문제 해결에 집중해야 할 때가 아닌가?

대공황 이래 최악의 금융위기를 맞고 있는 지금, 일각에서는 모든 공공지출을 동결해야 하며 공교육 재정확충은 더 이상 우리사회가 감당할 수 없는 사치라고 주장하는 이들이 있다. 이들은 지금이 1980년대와 같은 재정감축이 필요한 때라고 말한다. 그러나 다른 목소리도 있다. 경제 및 투자 전문가 모하메드 엘 에리언Mohammed El Erian은 그의 책『새로운 부의 탄생When Markets Collide』에서 이렇게 말한다. 우리*가 불황에 빠져 중국, 인도, 일부 중동 국가들과 같은 신흥 경제국에게 밀리고 있는 지금이 우리의 미래를 좌우할 인재 양성과 훈련에 투자를 늘려야 할 최적의 시기라고 말이다.[1]

또 다른 이들은 아시아권 학생들이 경쟁에서 앞서기 위해 얼마나 장시간 열심히 공부하는지를 책과 영상으로 만들어 보여줌으로써 불안을 부추긴다. 여기에는 대학 수준의 고급 미적분을 배우고 주말에도 보습학원에 가며 그칠 줄 모르는 열성으로 쉽 없이 악기를 연습하는 아시아 중고등학생들의 모습이 담겨 있다. 이런 시각을 지닌 논평가들은 1990년대에 일본을 방문하고 돌아온 미국 개혁가들과 유사한 주장을 한다. 응석받이 미국 청소년들을 구제할 방편이란 더 열심히, 더 장시간, 더 부지런히 공부하도록 유도하는 것이라는 주장이다.[2] 물론 쉽게 돈을 벌거나 당장 인기를 얻는 일이 중요하다고 가

---

* 이 책에서 '우리'가 좁은 의미로 쓰이는 경우 미국 또는 미국인을 지칭하는데, 이는 저자의 국적이 미국이기 때문이다.

르치는 것에 비해서야, 열심히 공부할 것을 강조하는 일은 상대적으로 괜찮은 일이다. 하지만 열심히 공부하도록 유도하는 일이 이 밖에 다른 중요한 가치들보다 우위에 놓을 수 있는 것인지의 문제는 깊이 생각해볼 일이다. 학생이 학업에 투입하는 시간과 노력의 양을 늘리게 하는 것이 교육문제의 해결책이라고 보는 이들, 즉 학교개혁의 신보수주의자들은 국제학업성취도평가Programme for International Student Assessment(PISA)의 결과가 최상위권인 국가들에 남아 있는 문제점을 간과하고 있다. 이 국가들 대다수는 민주주의와 거리가 멀다. 영향력 있는 개인의 욕심에 시민의 참여가 희생 당하기 일쑤고, 경쟁과 도전정신에 밀려 인도주의 정신이 희박하다. 이 국가들의 인문·사회과학 수업에서는 비판적 사고나 독립적인 사고를 키우는 일보다는 단순암기와 반복훈련에 시간을 쓴다.

근래 중국과 인도의 우주선 개발을 보며 1957년 소련의 스푸트니크Sputnik호가 발사되는 광경에서 느낀 경제적·교육적 위협을 다시금 상기하는 이들도 있다. 이들이 제시하는 해결책도 균형에서 벗어나 있기는 마찬가지다. 중국이나 인도의 교육과정을 따라 과학·수학·기술 교육을 늘리고 음악·미술·체육 교육과 역사·문학 교육은 줄여야 한다는 것이 이들의 해결책이다.[3] 하지만 이들은 학생들이 미련한 거위처럼 학습물을 주는 족족 빨아먹는 존재가 아니라는 점, 그리고 교육분야와 경제분야에서 가장 성공을 거둔 민주주의 국가들이 과학과 수학에 의해서만 성공을 거둔 것이 아니라는 점을 간과하고 있다. 이 나라들의 교육과정은 폭넓으며 역동적으로 운영된다. 학생들이 중점적으로 익히는 것은 지식을 사용하고 적용하고 공유하는 과정과, 변화상황에서 새로운 지식을 창조해내는 방법이다. 즉 지식 정보화 사회에 알맞은 교육적 기반을 갖춘 것, 바로 그것이 번영하는 민주국가들의 핵심 동력이라는 점을 간과하고 있다는 말이다.

그러다 마침내 교육개혁의 올바른 방향이나 중단기적 목표를 시장에서 성공한 영리기업들이 알고 있을 거라 믿는 사람들이 생겨났다. 그들은 객관적 수치를 선호했고 아주 구체적인 수준의 성과목표가 사전에 합의되어야 한다고 했다. 학교 간의 경쟁이 장려됐고 교사집단에 성과급제가 도입되었으며, 젊은 교사들은 경제적 기반을 갖추지 못했으므로 시간의 흐름에 따라 급여가 서서히 늘어나는 것보다는 향후 받게 될 급여를 미리 당겨 받고 이를 주식성 연금 등에 자유롭게 투자할 수 있는 상황을 선호할 것으로 생각되었다.[4] 하지만 결과적으로 많은 사람들의 주식성 연금은 마이너스를 벗어나지 못했고, 특히 주식시장에서 자유주의를 추종했던 흐름은 비극적 붕괴를 면치 못했다. 당시 무비판적으로 시장을 추종했던 사람들 중에는 겨우 알거지를 면한 사람이 적지 않다.

전 세계적 경제붕괴, 석유의존도의 상승, 기후변동의 가속화가 이어지는 현대에 우리가 살펴보아야 하는 것은 과거의 낡은 구호가 아니라 새롭고도 대담한 해결책이다. 또한 미래의 경쟁력 확보라는 목적과 재정삭감이라는 욕망을 동시에 충족시키고자 하는 것은 과욕이다. 현재의 금융혼란을 잉태했으며 공공부문에도 머뭇거림 없이 제 손을 가져다 댄 이 방만하고 무책임한 시장주의가 우리의 교육을 혼란에서 구해줄 거라 생각하는 것은 오산이다. 그리고 과거로부터 이어진 교육 표준화는 결과적으로 그 표준을 너무 낮은 수준으로 끌어내렸으며 개별 학교들을 큰 정부와 관료주의의 무게에 허덕이는 신세로 전락시켰다는 점을 잊지 말아야 한다. 학교는 사회변화에 자연스럽게 적응할 만큼의 유연성도 확보하지 못했다. 20세기 학교교육이 걸어온 이 '낡은 길old ways'을 우리사회가 21세기에도 걸어가야 할 이유는 없나. 21세기 사회는 그 어느 때보다 빠르고 유연하게 움직인다. 크고 작은 변동과 위기상황이 곳곳에서 시시각각 벌어진다.

현대사회를 지식정보화 사회라 부르는 것은 더 이상 신선한 일이 아니지만, 역사의 긴 흐름에 비추어 보면 지식정보화 시대는 아주 낯선 국면이다. 사회 특유의 속도, 산업, 선호되는 가치 등이 이전 시대와 질적으로 다른 '새로운 시대'다. 그렇기에 현대의 교육문제를 해결해내려면 '새로운 길new ways'의 학교교육이 필요하다. 그렇다고 해서 낡은 길은 무조건 덮어둘 대상이 아니다. '낡은 길'로부터 교훈을 얻고 이로써 과거의 개혁방법을 보완해내야만 새로운 길에서 과거의 망령을 만나지 않을 수 있다. 또한 새로운 길은 국내외 성패成敗 전례를 바탕으로, 전략적 대안을 지능적으로 모색한 결과물이어야 한다. 다양한 성공사례 중에서도 '민주적이고 인도주의적인 가치 위에서' 교육적·경제적 성공을 거둔 사례들을 놓치지 않고 계승해야 한다. 경제발전이나 부의 재건을 추구하더라도 개인의 도덕성이나 사회의 민주화, 인간의 존엄성과 같은 가치의 훼손을 그 대가로 해서는 안 된다. 이는 또 다른 의미의 악질적인 사회적 퇴보를 낳는다.

이 책 『학교교육 제4의 길①The Fourth Way』은 교육개혁과 사회변화의 방법론을 제시한다. 하루는 우리 둘이서 동네의 한 카페에 앉아이 책에 실을 글에 대해 의논하고 있었다. 옆 테이블에 앉아 있던 한 사람이 함께 있던 상대가 조금 지루했던지 우리 테이블 쪽으로 몸을 기울이며 우리가 무엇에 대해 쓰고 있는지 물었다. 책의 제목이 '학교교육 제4의 길'이라고 답하자 그는 이렇게 대꾸했다. "와, 정말 재미있겠는데요!" 우리는 왜 그렇게 느꼈는지 물었다. "제4의 길 이전 세 개의 길이 대체 무엇인지 정말 궁금하니까요."

독자 여러분도 이러한 궁금증을 갖길 기대한다. 이 책에서 우리는 제2차 세계대전 이후 학교교육 부문에서 나타난 세 가지 변화의 길을 설명한 다음, 새로운 '학교교육 제4의 길'의 기본 원칙을 설명할 것이다. 지금은 앞으로의 미래사회를 좌우할 수 있는 중대한 전환점에 있다. 실제적으로 선택가능한 대안들 중 바로 제4의 길만이 모두가 참여하는 미래, 지속가능한 미래로 우리사회를 인도해줄 것이다.

이 책은 일종의 시간여행처럼 우선 먼 과거로 떠난다. 여정의 시작인 1장에서는 현대 학교교육이 걸어 온 세 가지 길을 논리정연하게 설명할 것이다.

- 제1의 길First Way은 국가의 지원이 풍부하고 교사의 자율성이 넘치며 혁신이 일어나긴 했지만 교육의 내용·방법·질 등이 지역마다 편차가 커서 균질성과 통일성이 부족했던 길이다.
- 제2의 길Second Way은 시장주의 경쟁이 강하게 도입되고 국가가

교육의 표준화를 추구하면서 교사가 자율성을 상실하게 된 길
이다.

• 제3의 길Third Way은 시장주의의 장점과 국가의 풍부한 지원을
결합해 교사의 자율성과 책무성 사이에서 균형점을 찾으려 했
던 길이다.

1장에서는 제1의 길, 제2의 길, 세3의 길이라는 학교교육의 편력
이 우리에게 어떤 교훈을 남겼는지 살펴보고, 앞으로 반복되어서는
안 될 실수가 무엇인지 살핀다.

2장에서는 '제3의 길'의 결과가 사회적 기대에 미치지 못하게 된
원인으로 세 가지 장애요인을 지목한다. (1) 중앙집권적 통제의 길,
(2) 데이터에 집착하는 기술주의의 길, (3) 비뚤어진 열정의 길이 그
것이다. 이 장애요인들은 개혁에너지가 개혁 그 자체에 집중되지 못
하도록 방해하여 학교교육을 근시안적이고 피상적인 방향으로 이끌
었으며, 교수학습이 고차원적인 사고력 및 도덕성과 가치관을 함양
하는 방향으로 전환되는 것을 가로막았다.

3장에서는 사례를 바탕으로 희망의 네 가지 지평을 소개하는데 학
교교육이 앞으로 어떤 방향으로 나아가야 할지에 대한 단서를 살펴
볼 수 있을 것이다. 여기에서는 첫째, 다양한 국제교육성취도평가와
경제지표에서 최상위권을 차지한 핀란드의 사례를 제시하였다. 둘
째, 영국에서 가장 눈부신 반전을 일궈낸 한 학군의 사례를 담았다.
셋째, 학습부진 문제로 허우적대던 300여 개 학교 간 네트워크를 기

반으로 학교들이 협력하여 극적인 성적 향상을 이뤄낸 사례를 실었다. 마지막으로는 지역공동체를 구성하여 부진했던 학군을 성공적으로 회생시킨 사례를 제시하여, 긍정적인 변화라는 것은 때로는 정부와 평행선을 긋거나 심지어는 정부에 반하여 설 때 비로소 이루어지기도 한다는 점을 보여준다.

4장에서는 '학교교육 제4의 길'이라는 새로운 지향점을 제시한다. 개혁의 목표와 파트너십을 떠받치는 '여섯 개의 기둥'과, 개혁의 동력으로 작용할 '교사 전문성의 세 가지 원칙', 그리고 학교교육 전체의 통합성을 높여줄 '네 가지 촉매'를 상술할 것이다.

학교교육 제4의 길의 구성요소들은 모두 실질적이다. 모든 요소들이 이미 교육현장에 존재해왔다. 국가, 학교네트워크, 교육시스템, 그리고 저자가 몸담아 일했던 여러 학교에서 실제 목격하고 경험했던 것들이 이 책에서 중요하게 다뤄질 것이다. 이 책에 실린 사례 중 어떤 것도 저자의 구미에 들어맞는 여느 문헌의 자료를 간추려 놓은 것이거나, 어떤 정치세력의 자화자찬식 장밋빛 성공사례를 간추려 놓은 것이 아니다. 사례를 제시할 때에는 강점과 한계를 명확히 지적해 두었으며 그 한계를 넘어설 방법도 함께 제시했다. 이 책『학교교육 제4의 길①』은 세계 각국의 우수한 교육시스템과 성공사례들에 관한 방대한 1차 연구자료에 기반하고 있음을 밝힌다.

부와 권력이 지배한 세상은 우리를 위축시키다 못해 거의 파괴해버렸다. 하지만 희망이라는 공동선을 추구하기 위해 봉사하고 희생하는 시대정신이 깊은 위기의식 속에서 출현하고 있으며 이는 우리가 더 높은 목표를 추구하고 권력과 힘을 인도적 방법으로 발휘하게 하는 동력이 되어줄 것이다. 시간의 흐름에 따라 사회는 변한다. 이 는 희망이나 가능성의 문제가 아니다. 자연의 이치다. 아래에 소개해 둔 레너드 코헨Leonard Cohen의 노랫말도 바로 그런 점을 일깨워주고 있다. 이에 우리는 탐욕과 자기도취의 문화가 공공정신에 자리를 내 주고, 밀실 속에서 은밀하게 이루어지던 의사결정과 감시체제가 구태 를 벗고 투명성과 민주성을 제고하는 국면으로 전환되는 내일을 꿈꿔 봄 직하다. 사회변화의 씨앗을 뿌릴 토양으로 학교만큼 좋은 곳이 없 다. 현대사회의 병리로 인해 우리는 사회개혁과 학교개혁이라는 과제 로부터 벗어날 수가 없다. 건강한 사회에 마침내 도달할 수 있도록 안 내해주는 최적의 길이 필요하다. 그 최적의 길이 혁신과 감동과 지속 가능성의 길, 바로 '학교교육 제4의 길'이다.

"항해를 계속하자. 항해를 계속해.
국가라는 이름의 강인하고도 거대한 배
필요의 해안을 향해
탐욕의 암초를 지나
질시의 광풍을 통과하며
항해를 계속하자. 항해를 계속해. 항해를 계속해."

— 레너드 코헨Leonard Cohen, 「민주주의」

The Fourth Way

01

현대 학교교육의 과거

제1의 길, 제2의 길 그리고 제3의 길

과거를 되돌아보아야
해결해야 할 문제가 무엇인지 알게 된다.

There is no debt without memory.

— 마가렛 앳우드 Margaret Atwood —

교육분야에 있어서 현대사회는 '탈표준화post-standardization'의 시대에 진입하고 있다. 감각적으로는 아직 그렇게 느껴지지 않을런지도 모르겠다. 하지만 새 시대의 징조들은 이미 우리 곁에 와 있으며 점점 더 빠른 속도로 그 모습을 드러내고 있다. 몇 가지 사례를 아래에 제시한다.

- 미국 2008년 대통령 선거 직전, 미국 하원 교육노동위원회 위원 장은 「아동낙오방지법No Child Left Behind Act(NCLB)*」이 미국 최악의 브랜드가 되었다고 선언했다. 조사에 응답한 교육자의 85%가 「아동낙오방지법」은 학교 개선에 효과가 없다는 데 의견을 같이 했다. 선도적인 교육감, 기업의 CEO 및 두 명의 전직 교육부장 관 등으로 구성된 고위급 위원회에서도 미국이 기초과목의 시험 과 표준화에 집착함으로써 학습자의 창의성과 경쟁력을 파괴하고 있다고 호소했다.[1]

---

* 취학 전 빈곤가정의 아동에게 언어, 정서 등 다방면에 걸친 포괄적 서비스를 제공해 빈곤의 악순환을 끊겠다는 취지로 만들어진 법안이다.

- 아시아의 싱가포르에서는 '적게 가르치고 많이 배우게 하자 Teach less, Learn more.'라는 구호를 강조하고 있는데, 전체 교육과정의 10% 정도는 교사가 원하는 대로 구성할 수 있도록 재량권을 부여함으로써 교사가 학습자들의 자율성과 창의성을 자극하는 수업활동을 자유롭게 구성하도록 했다. 한편 급부상한 경제수준을 자랑하는 중국에서는 개별 학교 단위의 교육과정 개발을 국가 교육의 우선적 과제로 삼고 있다.

- 유럽연합은 2009년을 '창의성과 혁신의 해 European Year of Creativity and Innovation'로 지정함으로써, 창의성 증진에 초점을 맞춘 교육 및 훈련을 통해 경제적 도약을 이루겠다는 결의를 보였다.[2]

- 핀란드는 수학, 과학, 읽기의 기초 소양을 평가하는 OECD 국제학업성취도평가 Programme for International Student Assessment (PISA)* 성적 뿐 아니라 산업 경쟁력 면에서도 세계 최상위권의 순위를 자랑한다. 이는 전국 표준학력검사제도를 전적으로 배제하고 유능한 교사들을 유치하는 데 힘쓴 결과다. 핀란드는 교사들을 전폭적으로 지원하는 근무환경을 제공했고, 교원 전문성에 대한 사회적 신뢰를 높였으며, 교사의 사명은 시험점수를 높이는 것이 아

---

* PISA를 원어인 Programme for International Student Assessment를 그대로 번역한 국제학생평가로 부르는 것이 시험의 성격에 부합한다는 의견이 있으나, 이 책에서는 한국에서 이미 일반적으로 통용되는 용어인 '국제학업성취도평가'로 쓴다.

니라 학생들의 통합적 능력과 창의성을 고양시키는 것이라는 점을 강조하여 사명감과 소신을 가진 유능한 교사들을 유치할 수 있었다.[3]

• 영국 잉글랜드의 수많은 학부모와 교사들은 영국의 어린이들이 전 세계에서 가장 많은 시험을 치르는 것에 반대하고 있다. 이러한 흐름 속에서 정부는 중고등학교에서 실시되는 일체의 표준학력검사를 중단시키려 하고 있다. 웨일즈 지방은 14세 이하 학생들에 대한 일체의 전국고사를 폐지했다.[4] 또한 주요 교장연합회 중 한 곳과 최대 교원노동조합 중 한 곳이 초등학생의 학력평가를 거부하는 연대회의 공동행동을 하고 있다.

• 캐나다의 경우 보수적 성향의 앨버타 주州 의회가 초등학교 3학년을 대상으로 하는 주州정부학력평가 폐지를 의결했다. 노바스코샤Nova Scotia 주는 투입된 비용에 비해 교육적 가치가 미약하다는 이유로 6학년과 9학년의 주州학력평가 폐지를 발표했다.

나아갈
길을 찾아서

/

20세기 말엽 서구 민주주의 국가들 사이에서는 '평화·번영·발전을 향한 최선의 노선은 과연 무엇인가?'에 대한 합의가 새롭게 이루어지기 시작했다. 이 새로운 노선은 '제3의 길The Third Way'이라 불렸다. 영국의 토니 블레어 총리와 독일의 게하르트 슈뢰더 총리는 제3의 길에 관한 공동선언을 발표했다.[5] 클린턴 대통령은 국제회의를 소집해 제3의 길에 대한 논의를 이어갔으며, 명성 높은 런던정경대학교의 학장 앤서니 기든스Anthony Giddens가 이 노선의 이론적 스승이 되었다.[6] '제3의 길'의 핵심은 간단했다. 복지국가 건설의 환상을 버리자는 것, 그리고 다른 한편으로는 시장 만능주의로부터 벗어나자는 것이었다. 대신 복지국가와 시장의 강점을 살리고 약점을 최소화한, 보다 실용적인 노선(독일에서는 이를 '신 중도the new middle'라고 불렀다)을 개발하사는 것인데 무엇보다 공공부문을 다시 확대·활성화하자는 방법론이 강조됐다. 궁극적인 목표로 시민참여의 확대가 언급됐다.

그러나 전세계의 기대를 모았던 이 전도유망한 정책노선은 현재 정체상태이며, 특히 교육부문에서 그렇다. 이어질 내용에서는 과거로부터 얻은 교훈과 세계 각지에서 모인 우수한 대안적 사례에 다년 간 우리가 진행한 연구조사와 개선작업의 경험을 더해, 제3의 길이 어떤 이유로 어떻게 교착상태에 빠지게 되었는지를 설명할 것이다. 그리고 보다 발전된 교육변화·사회변화의 노선으로서 '제4의 길'을 제시할 것이다. 즉, 이제까지 걸어온 노선을 비판적으로 되돌아보고 개선함으로써 좀 더 나은 미래에 보다 빠르고 안정적으로 도달하고 자 한다.

제4의 길은 무無에서 만들어진 것이 아니다. 변화를 꾀하는 발상이 란 어딘가에 그 출발점을 두고 있기 마련이다. 제4의 길의 출발점으 로는 우선 핀란드나 싱가포르, 한국*과 같이 교육 및 경제적 성과는 물론이고 사회 유대에 있어서도 우수한 지표를 보인 사례들을 꼽아 볼 수 있다. 또한 혁신적인 발상과 탁월한 결과를 보인 미국 학구나 지역 차원, 국가 차원의 우수 사례들을 생각해 볼 수 있다. 저자들은 이 중 다수의 사례를 직접 자세하게 살폈다. 이를 책 전반에 걸쳐 여 러 차례 언급할 것이다.

우리가 자신의 경험 내부에 매몰되는 것을 방지해주는 소위 '바깥 의 경험'에는 해외사례뿐만 아니라 과거의 경험도 포함된다.[7] 우리는 과거로부터 변화의 씨앗과 상像, 그리고 구체적인 과제까지도 끌어 올 수 있어야 한다. 과거는 변화를 향한 현재의 열망을 낳았으며 미 래에 나아가야 할 방향이 이미 결정되어 있다고 해도 과언이 아니다.

---

* 저자가 한국의 교육적 성과가 우수하다 평가한 것은 PISA 성적에만 근거한 것으로 보인다.

학교 경영자가 새로운 학교에 부임하면 자신이 과거에 성공을 거두었던 정책들을 과신해 의식적으로 혹은 무의식적으로 이를 도입하곤 한다. 하지만 이는 새로운 학교와 잘 맞지 않을 수 있다. 과거의 경험은 비판적인 태도와 반성적인 태도로 바라보아야 한다. 과거의 교육경험들을 분석적으로 바라보고 그것이 현재에 미치는 영향력을 비판적으로 통찰함으로써, 과거의 경험에서 되살려야 할 요소와 버려야 할 요소를 명확히 분별해야 한다.

현재의 교육가와 개혁가들은 과거의 개혁을 경험했다. 그들의 과거 경험은 그들이 현재 당면한 교육문제에 접근하는 방식에 영향력을 행사한다. 그래서 이 책에서는 우선 과거 학교교육이 걸어온 세 가지 길을 설명함으로써 우리가 물려받은 유산이 어떤 것인지를 이해하고자 한다. 독자 여러분은 자신이 학생으로서, 교사로서 지나왔던 고된 여정을 반추해 볼 수 있을 것이다. 이를 통해 여러분은 미래로 나아가는 데에 유용하게 쓰일 경험과 지식을 여러분 자신이 이미 많이 가지고 있다는 점을 깨닫게 될 것이다. 다음에 설명할 제1의 길, 제2의 길에 관한 내용은 영국의 사회학자 앤서니 기든스Anthony Giddens의 저서 『제3의 길The Third Way*』에 상당 부분 근거한 것임을 미리 밝혀 둔다.[8]

---

* 국내서로는 『제3의 길(한상진·박찬욱 역, 책과함께, 2014)』로 번역출간되어 있다.

제1의 길
혁신성과 불균질성의 길

'제1의 길' 시기의 키워드는 '복지국가'다. 이 시기는 제2차 세계대전이 끝난 1945년부터 1970년대 중반까지 지속되었다. 호주, 캐나다, 영국, 미국 등지에서 복지국가형 사회안전망이 구축되기 시작했는데 이는 재향 군인과 그 가족들로부터 큰 호응을 얻었다. 이들은 막대한 희생을 치른 만큼 이제 자유와 기회를 누리고 싶었다. 경제학자 존 메이너드 케인즈John Maynard Keynes와 그의 추종자들은 복지에 대한 국가의 투자를 사회적 선일 뿐 아니라 경제적 이익인 것으로 묘사했다. 미래 번영의 동력인 인재를 양성한다는 점을 이유로 들었다. 미국 뉴햄프셔의 한 호텔에서 체결된 브레튼우즈 협정Bretton Woods Agreements은 이러한 흐름을 국제적 전략으로 부상시킨 발판이다.

  미국에서 제1의 길 노선이 가장 큰 결실을 맺은 것은 린든 존슨 대통령의 '위대한 사회The Great Society' 정책*이 시행되던 시기였다. 이때 연방정부에서는 유아교육분야에서 '헤드 스타트 프로그램Operation Head Start*' 등의 사업을 진행했다. 영국과 캐나다를 비롯한 다른 곳에서도 복지시스템 구축에 힘을 싣는 추세가 역력했다. 전 국민 대상의료서비스 확립, 공영주택에 대한 투자, 중등교육의 포괄적 지원 확충과 같은 일들이 벌어졌다. 이 시기에 정부는 사회문제의 해결능력에 있어서 국민으로부터 무한한 신뢰를 받고 있었는데, 경제호황과 베이비붐 세대의 인구증가가 힘을 더했다.

국가 기조 및 경제 체제의 이러한 구조적 변화가 20세기 말엽에는 일종의 문화혁명을 낳았다. 미국에서 시민권운동civil right movement으로 시작된 사회운동이 베트남전쟁 반대 시위와 여성해방운동으로 확대되었다. 이러한 흐름을 타고 그간 역사적으로 소외되었던 사회 집단들이 공적 영역에서 자신들의 권리를 적극적으로 확인하고 확대함으로써 사회적 지위를 새로이 천명했다. 동시에, 역사상 최초로 경제적 독립을 누린 세대인 이 시기 젊은이들은 자유분방한 로큰롤의 문화와 몬티 파이톤Monty Python's Flying Circus, 영국 BBC, 1969~1974, 래프인Laugh-In, 미국 NBC, 1968~1973 등의 반체제적인 TV 코미디쇼를 창조하고 그에 탐닉했다.

이 시대의 반항적이고 창조적인 정신은 공교육으로도 유입되었다.

* 1960년대. 대통령의 권한을 최대한 활용해 가난을 몰아내고 모든 국민을 번영시키고자 했던 린든 존슨 대통령의 개혁정책을 일컫는 것으로 "행정부는 지금 이 자리에서 미국사회의 가난과 무조건적인 전쟁을 선포합니다."라는 말이 유명하다. 가난한 사람들에게 직업훈련 기회를 제공하고, 건강지원사업 및 보험법을 추진했으며, 저소득 가정의 어린이 수에 따라 각 주에 지원금을 배당하는 초등교육 및 중등교육 지원 법안을 통과시켰다. 결과적으로 이 정책은 백인과 흑인 간 빈부격차 완화에 기여했고 미국 전역에서 빈곤을 몰아내는 데에 일조했다. 하지만 많은 사업이 기금 부족에 시달려 1966년경부터는 쇠퇴하기 시작했다.

* 미국 의회에서 1964년 빈곤극복을 위하여 제정한 경제기회법economic opportunity act의 구체화를 위해 생긴 프로젝트 중 하나이다. 경제적·사회적으로 불리한 처지에 있는 어린이들을 대상으로 하며 그 아이들이 초등학교의 교육에 적응할 수 있는 수준의 지식과 기능. 태도를 갖추도록 돕는 것. 그리고 부모를 중심으로 한 지역사회 내부 연결망을 강화하는 것을 목표로 삼았다.

실험적이고 혁신적인 시도들, 자유학교운동과 탈학교운동, 학생 중심의 초등교육 등이 나타났다. 허버트 콜Herbert Kohl과 조너선 코졸Jonathan Kozol*과 같은 이상주의적 교육자들이 교육현장의 생생한 이야기들을 책이나 글로 펴내어 당시 미국 공교육의 불평등성을 비판하고 급진적인 개혁을 옹호했다.[9] 이런 가운데 교사들과 주정부 교육전문가들은 상당한 자율성을 누리고 있었다(그림 1–1 참조). 이들은 경제성장 가도에 있던 국민들로부터 큰 신뢰를 받고 있었으며, 교직을 수행하는 데 있어서 간섭이라 일컬을 만한 어떤 제약도 거의 받지 않았다.

그림 1–1 제1의 길

* 국내서 『야만적 불평등(김명신 옮김, 문예출판사, 2010)』으로 번역출간된, 조너선 코졸의 대표 저작 『Savage Inequality: Children in America's school (1991)』에서 저자는 미국 공교육 제도가 지닌 야만성에 대해 언급한다. 이 책은 미국 대학생들이 가장 많이 읽는 책 중 하나로 꼽힌다.

미국과 캐나다의 혁신적 고등학교와 전통적 고등학교 여덟 군데를 대상으로 1970년대부터 현재까지 30여 년에 걸쳐 수행된 '장기간에 걸친 교육변화Change Over Time 연구'가 있다. 이 연구를 보면 당시 연구대상 학교 전체가 제1의 길의 시대정신 속에 있었음을 알 수 있다. 연구에 참여했던 교육자들은 이 시기를 낙관주의와 혁신의 시대로 기억하고 있다. 당시는 미국의 진보적 자유주의liberalism*의 거센 물결 속에서 빈곤문제 개선을 위한 지출이 아낌없이 이루어졌다. 상당한 정부 지원이 경제적 최하위 계층의 아동을 가르치는 학교에 실제로 제공되었다. 한 교사는 이 시기를 다음과 같이 회상했다. "교육의 황금기였다. 학교에는 자금이 풍부했고 교사의 권위가 살아 있었으며 별별 일이 다 일어나던 시기였다."[10]

제1의 길 시대에 교직에 입문해서 수십 년 후까지 현직에 머문 교사들은 1960년대와 70년대 초의 학교에 굉장한 향수를 지니고 있었다. 그런데 두 가지 상반된 성향의 향수가 존재했다. 우선, 당시에 혁신적인 성향이 강한 학교에서 근무했던 교사들은 당시 교육과정 개발에 있어서 교사들에게 주어졌던 자율성을 그리워했다. 이 자율성을 바탕으로 당시 교사들은 학생들의 다양한 요구에 부응할 수 있었고, 교직은 세상을 변화시키는 일이라는 사명을 강화할 수 있었다. 이들은 오늘날 사전에 상세하게 제시되는 교육과정과 고부담평가high-stakes test가 자신들로부터 이러한 사명감을 앗아갔다는 것에 큰

---

* 한국에서는 '자유주의'가 진보적 의미의 '정치적 자유주의'보다는 '경제적 자유주의'만을 의미하는 것으로 쓰이는 경우가 많지만, 미국의 역사적 맥락에서 liberalism이란 '진보적 자유주의'를 의미한다.

박탈감을 느끼고 있었다. 자신들이 지닌 교육에 대한 열정과 창의성이 폄하되었다고 여겼다.

보수적 성향이 강한 학교에서 근무했던 교사들도 1960년대와 70년대에 대한 향수를 지니고 있었는데 그 이유가 좀 달랐다. 그들이 향수를 느끼는 대상은 교사의 재량대로 학습내용과 방법을 선택해서 수업을 진행할 수 있었던 자유 그 자체였다. 주제에 대한 완숙한 이해를 뽐내며 기나긴 강의로 수업시간을 채우는 것도 그 자유의 일부였다. 그들의 기억 속에서 당시의 학교는 소규모였으며, 공부에 뜻이 없는 학생들은 모두 조기에 취업현장으로 떠나보낸 뒤, 오직 열심히 배우고자 하는 학생들만 앉혀둔 곳이었다.

제1의 길 시기에는 학교에 따라 교육의 초점이나 질적 수준의 편차가 컸음을 짐작할 수 있을 것이다. 어떤 학교가 전통적인지 혁신적인지, 성과 면에서 탁월한지 형편없는지, 창의적인지 보수적인지 여부는 각 학교의 경영진이 어떤 리더십을 가지고 있는지에 좌우되었다. 이 시기에는 교직에 대한 규제도 거의 없는 편이었다. 제1의 길 시기에는 혁신을 표방한 어떤 교육이론이 일단 가동되기만 하면 열성적인 소수의 교육자들을 중심으로 다소 원활히 확산되었다. 하지만 바람직한 교수학습법이 어떤 것인지에 대한 판단이 객관적 증거보다는 교사 개인의 직관이나 이념에 근거해 이뤄졌으며, 개혁을 일관성 있게 추진하고 개혁의 생명력을 강화하는 리더십에 대한 인식이 부족했다. 학부모는 아이의 학업성취도가 적힌 성적표를 들여다보는 것 외에는 자신의 아이가 학교에서 어떻게 학습하고 어떻게 생활하는지 알 수 있는 별도의 기회가 없었다. 교육이론에 일시적 트렌드가 난무했고, 그 트렌드는 교육현장 곳곳에서 무비판적으로 채택되곤 했다. 짧은 재임기간 동안 학교를 완전히 뒤집어 놓고 더 나은 교직환경을 찾아 떠나는 무책임한 젊은 교육자도 적지 않았다.

학교에 따라 교육의 모습과 수준과 방법이 들쭉날쭉했다는 점, 그것이 제1의 길 시기의 학교교육을 대표하는 인상이다. 이는 학교에 대한 신뢰 하락의 단초가 되었다. 교육뿐 아니라 교육 이외의 영역에서도 불안정성이 존재했다. 제1의 길 시기의 복지국가는 극빈층의 만성적 의존성을 효과적으로 해결하지 못했고 오히려 이들에 대한 사회적 배척과 소외를 조장하기도 했다. 보다 근원적인 복지, 즉 이들이 시장에서 일자리를 구할 수 있도록 경험·기술·자질 등을 보완해주는 일에 상대적으로 소홀했던 탓이다. 이러한 노선에 대한 반동이 자연스럽게 나타나기 시작했다. 근본적인 변화가 필요했다.

과도기
혼란과 모순의 시기

1970년대 중반이 되자 제1의 길은 한계에 다다랐다. 1973년에 시작된 석유파동은 전 세계를 경기침체에 빠뜨렸다. 베트남전쟁, 미국 전역에 길게 늘어선 휘발유 구매 행렬, 영국의 악명 높은 '불만의 겨울 Winter of Discontent(1978년~1979년)' 기간에 벌어진 전기·석탄 파업, 끝없이 증가하는 관료제의 유지비용 등은 인내심이 바닥난 대중의 실망과 불만을 극대화시켰다. 대중은 세금이 어떻게 지출되는지를 따져 묻기 시작했다. 고갈돼가는 일자리는 증가해가는 복지수요와 대비를 이루며 사회적으로 불안감이 증폭되었다. 이런 사회적 분위기에서, 능력과 무관하게 연공서열에 따라 급여가 상승되는 전문직 공무원에게로 대중의 이목이 쏠렸고, 실제가 어떻든지 간에 교사나 정부는 무능하다고 지탄받기에 딱 알맞았다.

1970년대 중반부터 1980년대 후반 사이, 사회적 흐름에 과도기가 찾아왔다. 미국의 로널드 레이건 대통령과 영국의 마가렛 대처 수상은 복지국가에 투입되는 재원을 줄이고 시장원리를 도입했다. 이들은 공공서비스의 전체적 혹은 부분적 민영화를 추진했고 공급자 간의 시장경쟁을 도입했다. 시장주의의 압력은 교사들에게도 가해졌다. 비슷한 전략이 뉴질랜드, 캐나다의 앨버타 주, 호주의 빅토리아 주에도 도입되었다.

새롭게 도입된 자유시장의 원리가 처음에는 국가 시스템에 새로운 에너지와 진취적 분위기를 불어넣었다. 미국에서는 차터스쿨charter school 운동*이 일어났다. 자유주의자들, 1960년대의 정신을 계승한 반체제 활동가들, 그리고 도심의 유색인 학부모들 간의 다소 참신한 연대가 주축이 되었다. 정부 주도의 마그넷스쿨*은 도심 빈민지역 청소년들이 자신의 흥미와 재능 분야를 찾고 거기에 집중해 성취할 수 있는 기회를 제공했다. '장기간에 걸친 교육변화 연구'의 대상학교 중 한 곳은 마그넷스쿨로 지정된 후, 소속 도시의 최하위 고등학교에서 미국 내 상위 150위 이내에 드는 학교로 변모하기도 했다.

대서양 건너편에서는 영국 마가렛 대처 내각의 교육부장관이었던 키스 조지프 경Sir Keith Joseph이 중고등학교 개혁을 둘러싼 논쟁을 가열시켰다. 그동안 홀대를 받아온 직업교육 분야가 활성화되면서 새로운 정책구상들이 이어지기 시작했다. 당시 구안된 모든 개별 학생 대상의 멘토링과 개인지도프로그램은 오늘날 실시되는 개별화학습의 선구적 모형이라 할 수 있다. 학생이 다양한 평가자료와 성과물

* 정부와의 협약(charter)을 통해 학부모나 지역사회가 직접 운영하는 학교다. 정부의 재정지원을 받는 공립학교이지만, 교육과정과 예산집행 등을 교육청의 간섭 없이 자율적으로 수행한다.
* 과학, 외국어, 예술 등에 특성화된 교육과정으로서 여기에 관심을 가진 학생들을 자석(magnet)처럼 끌어당기는 학교다. 공교육시스템의 일환이지만, 전통적인 공교육시스템을 벗어나 특별한 교육을 받고 싶은 학생들이 다니는 학교다.

을 포트폴리오로 만들어 멘토교사와 이를 지속적으로 논의하고 발전시켜가야 한다는 오늘날의 아이디어, 나아가 '학습을 위한 평가 assessment-for-learning' 개념을 예고한 셈이다. 학생들이 오전에는 본교에서 주요 교육과정을 학습하고 오후에는 저마다의 관심사에 따라 시내 다른 학교로 가서 통신 및 생산 기술에 종사하는 혼합형 직업교육프로그램이 구안되었는데, 이는 현재 영국 전역에서 시행 중인 특성화 중등학교specialist secondary school* 제도의 예고편인 셈이었다.

제1의 길에 이어진 이 과도기는 통일성 추구라는 특징을 갖는다. 영국교육기준청Ofsted은 교육경험을 크게 여덟 개 영역(하워드 가드너의 다중지능과 유사하다)으로 나누어 정의함으로써 교육과정에 균형과 교과의 다양성, 그리고 교과 간의 통합적 연계성을 강화하고자 했다.[11] 1981년 레이건 정부의 백악관에서 발간한 「위기의 국가A Nation at Risk*」 보고서를 통해 공통의 '성취기준standard'이라는 것이 지지를 얻기 시작했고, 소비자의 선택권 보장이 강조되기 시작했으며 학군 단위별로 진행되는 교사연수의 수가 늘어나기 시작했다.[12] 전국의 많은 주州 정부들이 비교적 폭넓게 주어진 성취기준을 기반으로 공통의 교과과정을 설계하기 시작했다. 그렇지만 당시의 공통성취기준은 그 수가 그리 많지 않았기 때문에 교사의 자율성이나 수업의 창의성에

---

* 영국에서 1988년의 학교교육 이후에 중고등학교(Secondary School, 7~11학년)의 특정 분야에서 교육적 성취를 높이기 위해 시작된 제도로, 과학 특성화 학교가 1994년 처음 생긴 이래 현재에는 음악, 인문, 과학, 수학 및 컴퓨터, 기계, 비즈니스, 스포츠, 미술, 언어 분야에 이르는 3,000여 개의 특성화 학교가 개설되었다.
* 교육국가위원회에서 제출한 보고서로 미국 현대교육사의 한 획을 그은 사건으로 평가받는다.

제약을 가한다는 평가를 들을 정도는 아니었다. 얼마 후 캐나다 온타리오 주 역사상 유일했던 사회주의 정부는 이런 흐름에 동참하여, 학생들의 수준을 구분해 수업을 진행하지 않고 소수의 동일 과목을 공통으로 배우게 했으며, 수업에서 교과 간 연계성이 강화되도록 유도했다.[13] 이 모든 사례에서 주요 교육정책 결정자들은 시장의 압력과 정부의 방향제시, 그리고 각 지역의 자원이 적절히 조합되면 교육의 질이 개선되고 학생들의 성적이 향상되리라 믿고 있었다.

그러나 '개혁을 당하는' 입장의 교사들에게는 중앙집권식 정책추진 구조와 책임감 있는 학교자치가 병행되는 것은 도무지 갈피를 잡지 못할 만큼 굉장한 모순으로 느껴졌다. 포트폴리오 평가가 표준화시험과 병행되었고, 과목의 경계를 넘나드는 연계적 수업방식이 개별 과목기반 성적표 작성과 병행되었다. 마그넷스쿨은 우수한 학습자 집단을 대상으로 시작되었지만, 연방정부의 시민권 지침에 의해 특수교육을 필요로 하는 집단도 포함시켜야 했다.

'장기간에 걸친 교육변화 연구'에 따르면 혁신적 성향의 학교에서는 지도자들이 교사 스스로가 힘을 모아 이 복잡성을 극복할 수 있도록 독려하는 리더십을 보였다. 결국 그들은 중앙집권적 성취기준과 관련된 문제를 해결하면서도 학교 나름의 교육적 사명을 지키는 데 성공했다. 하지만 보수적인 성격이 강했던 학교들은 혼란을 극복하지 못하고 점차 쇠퇴의 길을 걷기 시작했다. 지도자들은 개혁으로부터 교원들을 과잉보호했는데 이는 필요 이상으로 오래 지속되었다. 효과적인 리더십의 부재로 인해 교사들은 더욱 길을 잃었다. 표준화된 성취기준이 너무 막연하다는 위기의식은 단순한 불평에 머물렀을 뿐 더 이상의 발전으로 이어지지 못했다. 이에 많은 학군에서는 불평에 대한 대응책으로 성취기준을 최대한 구체적으로 기술해 대량의 서류철로 엮어 교사들에게 제공했다. 하지만 이것으로는 교사들의 태도를 바꾸지 못했다. 많은 지도자들이 교사들은 도대체 만족할 줄 모른다며 두 손 들고 포기해버렸다. 그러나 학습목표 및 표준 성취기준이 낳은 혼란은 성취기준의 서술이나 부과방법의 문제에서 비롯된 게 아니었다. 교사가 공동체로서 힘을 모아 스스로 자신이 처한 문제 상황의 맥락을 직시해 보완점을 마련하고 학생들과 새로운 관계를 형성하게 하는 과정, 즉 새로운 정책의 의미를 교사들이 함께 이해하고 적용해 나가는 바로 그 과정에 문제해결의 단서가 있었다.

결국 이러한 변화의 성공여부는 다른 많은 개혁들과 마찬가지로 효과적인 리더십, 질 높은 교사교육, 변화에 대한 학생 참여 등의 요인에 의해 좌우되는 것이었다. 그러나 개혁을 수행해야 하는 리더들이 제공받을 수 있는 새로운 훈련이란 게 거의 없다시피 했기 때문에 리더들은 그들 자신의 역량에 의존해야 하는 경우가 많았다. 교사 전문성 개발 교육은 여전히 체계적이지 않거나 단순 워크숍 일변도였다. '학생'은 아직 학교에서 하나의 온전한 주체로 인식되지 못했다. 즉, 이 개혁시스템은 사람에 대한 투자를 소홀히 했기 때문에 개혁을 성공시킬 사회적 공감대를 형성해내지 못했고, 중앙집권식 정책추진에도 불구하고 결국 학교의 성향에 따른 교육의 질 차이 문제는 해결되지 못했다.

제2의 길
시장주의와 표준화의 길

교육의 상호연계성과 일관성 부족 및 불균질성으로 인해 커가는 사회적 불안감, 한정된 공공지출, 전 영역의 재정긴축을 요하는 경제상황, 정치계와 학부모 층이 권위적 전통과 확실성에 대해 지닌 향수, 이상과 같은 요인들은 세계 각국을 시장주의와 표준화의 길로 이끌었다. 이것이 바로 제2의 길이다.

교육영역에서 제2의 길의 거센 물결은 1980년대 후반 영국의 잉글랜드, 북아일랜드, 웨일즈에서 가장 먼저 나타나기 시작했다. 상세하게 규정된 국가교육과정의 출범이 그 신호탄이었다. 얼마 지나지 않아 1990년대 초반, 오세아니아 국가들에서도 이러한 흐름이 나타났다. 미국에서는 이 흐름이 1980년대 후반, 남부의 일부 주에서 천천히 진행되고 있었는데 당시 남부 지역의 주지사 중 한 명이었던 빌 클린턴Bill Clinton의 1992년 대통령 당선 이후 폭발적으로 전개됐다. 캐나다의 온타리오 주 또한 앨버타 주에서 펼쳐진 보수당 정부의 앞선 행보를 보고 1990년대 중반에 같은 경로에 들어섰다. 개발도상국에 구조개혁이 도입될 때 세계은행과 같은 국제자금 공여기관은 제

2의 길 기조에 근거하여 교육개혁의 조건이나 전략을 설정했다.

그야말로 전 지구적 '제2의 길'의 물결 속에서 세계의 교육은 각국 정부의 중앙집권화와 교육목표 표준화로 뒤덮었다. 개념이자 구호였던 '성과표준'과 '달성목표'는 교육을 포함한 각종 공공부문에서 발생한 결과들을 어떻게든 수치화했고 이러한 수치화에는 정치적 통제가 따라붙었다. 투입된 재원이나 지원에는 편차가 있을지언정 아래와 같은 성격의 중앙집권적이며 다소 징벌적으로까지 보이는 과격한 개혁정책이 호주, 캐나다, 영국, 미국 등에서 공히 나타났다.

- 학교 간 경쟁 심화를 유도. 학력평가결과의 학교별 순위를 공표함으로써 경쟁을 가중시킴.
- 교과내용을 사전 규율하고 진도를 각본화해 제공. 협의의 학습으로 학습의 영역을 제한.
- '읽기코치'를 준법 감시인으로 오용. 정기적인 감사, 수업기술 개발 촉진, 교육과정이 충실하게 구현되고 있는지 확인.
- 각종 결과치 향상을 재촉하는 다소 정치적인 목표와 일정을 설정해 공표.
- 거듭된 실패에 대한 제재로서 반강제적 교사 전출, 교장 해임, 학교 폐쇄 등의 조치 단행.
- 교사연수를 대학 중심이 아닌 학교 현장 중심으로 진행.
- 교사 전문성 향상의 중심 수단으로 자발성에 기초한 학습공동체

를 권장하는 것이 아니라 교사집단이 정부정책의 우선순위에 쉽게 따르도록 유도하는 교내연수프로그램을 이수하도록 유도.

미국 레이건 대통령과 영국 대처 총리의 재임기간 동안 '시민'은 '클라이언트', '고객', '소비자'라는 새로운 이름으로 불렸다. 대처에 의해 '유모nanny 정부'라고 낙인 찍힌 바 있는 복지국가의 정부는 총체적 경제위기, 그리고 무능하고 노쇠한 전문직 국가공무원들의 급여부담의 문제를 해결하지 못해 납세자의 돈을 도둑질하는 악마에 비유되곤 했다. 학교 선택권을 얻게 된 학부모들은 자유와 힘을 얻었다. 동시에 교사들은 사회의 심한 감시와 정부의 사전규제에 시달려야 했다. 제1의 길 시대에는 부모가 존경하는 마음으로 교사를 대했고 교사는 전문인으로서 별다른 간섭 없이 자신의 업무를 자율적으로 행하던 '수동적 신뢰'의 시대였다. 그러나 사회가 제2의 길로 전환되자 부모와 교사 간에는 '능동적 불신'이 드리웠다.

일각에서는 제2의 길을 통해 일종의 절박감이 조성되었기 때문에 학생들 한 명 한 명이 주목을 받게 되었으며, 교사의 능력이 향상되었고 교직에 책무성 개념이 도입되었다고 주장한다.[14] 전통적으로 약자집단을 대변해왔던 평등론자들조차 책무성이 증가하면 학업성취도가 향상되고 격차가 완화될 거라 믿었다.[15] 어떤 사람들은 학생의 성적데이터를 폭넓게 수집하는, 전에 없이 새로운 차원의 노력을 환영하며 보다 정확한 정보가 특수교육 대상 학생과 같은 학습부진 학생들에게 큰 도움이 될 거라 기대했다.[16]

그러나 개혁 특유의 열렬한 초기 에너지와 진취적 기세가 꺾이자, 시장의 다양성은 표준화와 획일화의 물살에 순식간에 압도당하고 말았다. 미국에서는 주 차원의 고부담 학력평가가 매우 빠른 속도로 전파되었다. 영어의 기초가 전혀 없는 이민가정의 자녀들까지 포함한 모든 학생을 대상으로, 획일화된 학력평가가 확대·시행되기 시작했다. 표준화된 성취기준은 제정하기도 쉽고 비용도 상대적으로 저렴하기 때문에 표준화의 흐름은 매우 빠른 속도로 바다를 건너 타국으로까지 전파되었다. 표준화된 성취기준은 행정 및 정책 분야에서 탁월성을 인정받았다. 하지만 교실 현장에서는 표준화된 성취기준이 분노와 저항의 대상이었다. 그럼에도 불구하고 정해진 각본 및 진도에 따라 진행되는 문해력 교육프로그램이 효율성·효과성이라는 명분으로 여러 학군과 그 소속 학교들에 강제되었고 관료주의의 나사는 교육계를 더욱 가차 없이 조였다.

영국에서는 1988년 국가교육과정의 도입으로 제2의 길 초반의 혁신적 에너지가 쇠락하기 시작했다. 1995년부터 표준학력평가가 네 개의 학생 연령층에 순차적으로 도입되었고, 학교별 순위가 주요 신문과 정부 웹사이트에 공표되었다. 또한 두려움의 대상이었던 학교 장학기관, 영국 교육기준청Ofsted으로부터 성취도가 낮다고 평가된 학교는 '특별 조치'에 처해졌다. 1997년 신 노동당 정부가 보수당 정권을 이어받으면서 교육계에 대한 재정지원은 점진적으로 회복되었지만 상부로부터의 압력만큼은 완화되지 않았다. 오히려 기한, 내용, 진도 등을 규율한 '국가문해력·수리력 향상전략National Literacy and

Numeracy Strategy'이 영국 내 모든 초등학교에 부과되면서 위로부터의 압력이 강화되었다. 예산 편성 및 집행 권한이 표면적으로는 학교에 위임되었지만, 실제로는 자율적 권한만큼이나 결과부진의 책임이 정부에서 학교로 전가되었다(그림 1-2 참조).

한편, 캐나다 온타리오 주에서는 새로운 '진보적 보수당' 정부가 중등학교 교육과정 내용을 매우 세밀하게 구축하여 제시했다. 정부는

그림 1-2 제2의 길

상향식 지원 방식
(신청→ 경쟁 및 심사 → 지원)

교사들에게 제공하던 지원을 삭감했고 10학년의 졸업가능 여부에 직결되는 언어영역 고부담시험을 의무화했으며, 교원이 공익을 위해 헌신하고 있지 않다는 정부의 불신을 여과 없이 노출했다.

제2의 길에 따른 개혁은 교육의 초점을 명확히 했고 학교 간 교육 차이를 줄여 일관성을 증대시켰다. 학교는 절박한 심정으로 학생들 모두에게 더욱 큰 주의를 기울이게 되었다. 반면 수많은 단점이 뒤따랐다. 학교 대부분은 첫 1, 2년에 성적 향상을 보였지만 곧 정체기에 빠져들었다.[17] 시장주의를 통해 자원은 재배분되는데 자원 총량의 증가는 거의 없다시피 했다. 학부모들의 선택권은 늘어났지만, 사실 자신들의 이익을 늘리고 권한을 보호하는 데 유리한 쪽으로 시스템을 활용할 줄 아는 것은 부유층 학부모들에 국한되었다.[18] 표준화된 성취기준으로 목표가 이전에 비해 상향조정되었지만, 학생들을 그 목표에 도달시키는 것까지를 정책이 직접 책임진 것은 아니었다. 학생들의 읽기시험 점수는 상승되었으나 자발적 다독활동의 비율은 감소했다.[19] 학습의 폭과 깊이, 수업의 질과 개별성을 포기한 대가는 상당했다. 학교 중퇴율이 증가했다. 교육현장의 자발적인 혁신 시도가 줄었다. 교사의 질이 저하되었고 교원의 이직률이 높아졌다.[20] 이 개혁이 부분적으로 성공한 면이 있다손 치더라도, 분명 덜 가혹한 수단으로도 동일한 수준의 결과는 달성했을 거라고, 혹은 더 나은 결과를 얻었을 것이라고 주장하는 교원노조 지도자들의 목소리가 줄을 이었다.[21]

'장기간에 걸친 교육변화 연구'에서 교사들이 제2의 길의 전성기에 대해 평한 것을 보면 교사들이 가졌던 우려와 좌절, 무력감을 읽을 수 있다. 교사들은 전문가로서의 판단 여지와 자율성을 빼앗긴 것을 한탄했다. 한 교사는 "외부에서 설정한 기준을 달성하는 데 온통 초점이 가 있다 보니 우리가 교실에서 무엇을 하고자 하는지, 그것을 어떻게 하면 즐겁게 실행할 수 있을지에 대해서는 생각할 시간이 전혀 없다."라고 말했다. 일부 교사는 "여전히 가르치는 것이 즐겁다."라고 했지만 "시스템에 대응하기도 어렵고 싸우는 일에도 지쳤다."라고 고백하는 교사도 많다.[22]

제2의 길은 교사들의 동기유발에 치명적인 영향을 미쳤다. 영국에서는 교원의 채용과 유지에 비상이 걸렸다. 신규교원 연수를 마친 교사 중 40%가 1년 후 교직을 떠났다.[23] 미국에서는 도시 지역의 초임교사 중 50%가 3년 이내에 교직을 떠났으며, 전체 초임교사 중에서는 50%가 5년 이내에 교직을 떠났다.[24] 제2의 길 시기에 캐나다 온타리오 주에서 진행된 연구를 보면 교사 중 85%가 미래에 교장이나 수석교사가 되고자 하는 의지가 약해졌다고 응답했으며, 73%는 조기에 은퇴를 하고 싶은 마음이 커졌다고 했고, 78%는 자녀에게 교직에 들어가라는 조언을 하려는 마음이 줄어들었다고 답했다.[25]

제2의 길이 보건과 도시개발 같은 사회영역에는 긍정적 영향을 끼쳤을 수 있지만 교육영역에서는 교원의 사기저하와 수업 내 교수자와 학습자의 창의성 상실로 대표되는 거대 위기를 촉발시킨 셈이다. '장기간에 걸친 교육변화 연구'에서 한 교사는 "독창성은 완전히 사라졌다!"라고 말했다.[26] 가혹한 개혁 덕분에 전국 또는 지역 단위 평가에서 수치화된 성취도는 단기적으로 높게 나타났을 수 있다. 하지만 시험대비 전략에 구애받지 않는 영역에는 이런 결과가 이어지지 않았다.[27] 창의력이 수업의 과정과 실질적 학습에 막대한 영향을 미치는 사회과목이나 보건과목, 예능과목 등의 교육과정은 총체적으로 극심한 피해를 입었다. 이에 교원의 사기를 회복시키고 더 높은 수준의 창의적 교수학습법 개발을 독려하는 새로운 교육변화, 사회변화의 길이 필요하게 되었다.[28] 이는 기존의 교육시스템이 학습자로 하여금 지식기반 사회에 필요한 역량을 갖출 수 있도록 돕는 시스템으로 탈바꿈되기 위해 꼭 필요한 그런 변화의 길이었다.

제3의 길
성과와 파트너십의 길

/

제1의 길 노선 하의 학교교육에도 혁신이 있었지만 통일성이나 일관성, 연계성이 부족했다. 제2의 길은 상향된 목표를 부과하고 경쟁으로 일종의 활기를 높였으나 학습자의 학습동기와 교사의 사기, 학교의 리더십 측면에서 큰 대가를 치렀다. 이에 이은 제3의 길은 국가지원과 경쟁, 양쪽 모두를 기반으로 하면서 시장주의의 장점을 결합시킨 새로운 개혁노선이었다.

1996년 미국의 민주당 지도부는 새로운 선언문*에 서명했다. 이 선언문에는 세계화 시대의 경제여건, 종식된 냉전체제, 국민들의 삶을 뒷받침해 왔던 대형 산업기관 및 국가기관의 붕괴라는 상황에 대응해 새롭게 주장한 정치노선이 담겨 있었다.[29] 빌 클린턴의 이 '신민주당' 파는 자신들의 새로운 진보노선을 '제3의 길'이라 명명했다. 이들은 1960년대의 이상주의를 기반으로 현장문제를 통합적으로 해결하고자 다른 정치지도자들과 공통된 대의명분을 찾았다. 경제성장

---

* 1996년에 미국의 민주당 내 민주지도자회의(Democratic Leadership Council)에서 내놓은 신新 진보주의 선언(The New Progressive Declaration)을 말한다. 당시 미국 대통령이던 빌 클린턴이 발표했다.

의 급물살을 타고 좌우의 해묵은 이념갈등 대신 실용적이고 효과적이며 영감을 주는 새로운 정치철학이 득세하기 시작했다.

영국에서는 노동당이 '신 노동당'으로 명칭을 바꾸며 오랜 지지기반이던 노동자 계급과 노동조합을 넘어 그 외연을 확장해 나갔고, 에너지 및 교통 등의 인프라 산업을 국가의 독점적 소유로 두어야 한다던 당 이념을 폐기했다. 신 노동당은 국가가 사람들의 생활을 일률적으로 재단하는 것을 반대했지만, 고삐 풀린 시장이 사회적 유대를 위협하는 것에도 반대했다. 영국식 제3의 길이 강조한 것은 권리 주장 못지않게 책임을 다하는 것, 범죄의 원인 예방뿐만 아니라 범죄 자체에 대해서도 엄격성을 유지하는 것, 경제를 역동적으로 자극하면서도 사회 통합을 유지하는 것, 공직자들에 대한 지원을 강화하는 동시에 보다 명확하게 책임을 묻는 것 등이었다. 토니 블레어 총리와 게르하르트 슈뢰더 총리가 작성한 공동정책 선언서에는 제3의 길의 이러한 양자포괄적 철학이 제시되어 있다. 앞서 언급한바, 이 책에 담긴 제1, 제2의 길에 관한 설명의 이론적 기반을 제공한 책『제3의 길The Third Way』의 저자인 앤서니 기든스Anthony Giddens가 바로 영국식 제3의 길의 이론적 뼈대를 구축하고 신뢰 기반을 다진 장본인이다.[30]

기든스는 강력한 국가지원이 따르는 복지국가의 제1의 길과 경쟁지상주의의 제2의 길을 제3의 길이 넘어서야 한다고 말하며 공공부문, 민간부문 및 비영리부문을 창조적으로 새롭게 조합해 사회문제를 해결해 나가는 '구조적 다원주의structural pluralism'를 주장했다. 다양한 공적 기관과 사적 기관, 비영리단체 및 자원봉사자들 간의 파트너십이 형성되고, 나아가 하향식 접근과 상향식 접근 간에 적절한 균형점이 찾아지면 경제 전숲 영역이 번영할 것이고 참여민주주의가 제대로 작동될 것이라는 말이다. 그는 제3의 길을 가능케 하는 주된 요소로 다음과 같은 것들을 강조했다.

- 개방적 국가 : 공공정보에 대한 시민의 접근이 보장되며 이를 통해 시민의 권리를 신장시키는 투명한 국가
- 능률적이고 비용의 효율이 높은 정부 : 성과목표, 회계감사, 공무원의 참여 개선 등을 통해 비용만큼 가치를 창출해내는 정부
- 시민 참여 : 공공정책을 형성하는 데 시민의 참여가 광범위하게 적극적으로 일어나도록 유도하는 정부
- 지역 공동체의 부활 : 자원봉사 단체, 자선 단체, 사업 단체 및 종교 단체와의 협력을 통해 조직성을 강화하는 지역 공동체
- 가족정책의 변화 : 자녀 보육을 사회의 최우선 과제로 삼고, 부부 관계에 있는 남녀 간의 권리 및 의무를 보다 평등하게 규정하는 가족정책
- 혼합 경제 : 교육 및 기타 분야의 자원확보에 공공투자와 민간투자를 혼합시키는 경제 체제
- 더 높은 수준의 사회통합 : 양질의 의료서비스, 교육기회, 공직 참여기회를 균등하게 제공함으로써 촉진되는 사회통합
- 사회문제 해결에 있어 교육영역의 한계선 인식 : 경제적 평등을 위해서는 교육에만 의존할 것이 아니라 사회적 불평등의 뿌리부

터 뽑아야 한다는 문제의식

- 복지제도의 재구조화 : 금전적 무상지원보다는 직업훈련 및 상담
  을 통해 자립을 유도하는 복지제도
- 세계 시민주의 문화 : 이질적인 집단이 서로 협력하고 참여하면
  서 개별 집단의 서로 다른 목적을 초월해 형성되는 공동의 정
  체성
- 평생교육과 훈련에 대한 투자 : 평생학습 계좌제와 같이 근로자
  가 어디에 소속되어 있는지와 상관없이 이직시에도 개인 본위의
  기능과 능력이 인증되는 평생학습프로세스. 가족 친화적인 고
  용조건에 대한 사회적 수준 고양을 통하여 확보되는 노동시장의
  유연성과 시민의 근로 주체성

기든스가 강조한 위 요소들 중에 일부는 '신新 공공관리New Public Management'라는 이름으로 큰 인기를 얻은 사회정책 노선에도 반영되어 있다.[31] 신 공공관리가 참신한 것은 이 방식이 하향식도 아니고 상향식도 아닌 절충식이기 때문이다.[32] 신 공공관리는 개혁의 동력을 일반 대중과 전문가 집단에서 찾는다. 신 공공관리가 소비자에 대한 반응성을 높이고 가족 및 보육 서비스에 대한 공공투자를 늘린 것 등은 정책의 집행뿐 아니라 개발 과정에서 대중의 참여를 높이고자 한 것이다. 교육분야에서 신 공공관리 노선은 교사의 전문성 향상에 대해 자금을 지원하고, 양질의 리더십 연수를 제공하며, 발전 지향적인 교원네트워크 형성을 독려하는 정책으로 나타났는데 이는 제2의 길

이 징벌적이고 하향적인 방식으로 한껏 저하시켜 놓은 교원의 사기를 회복시켜 참여를 유도하기 위한 것이었다.

신 공공관리 방식인 제3의 길에 들어서면 정부는 우선 구체적인 목표를 세운다. 상세하게 규정된 미국의 '연간적정향상도Adequate Yearly Progress 지표'라든가 영국과 캐나다 온타리오 주의 전국적 읽기능력 달성목표 등이 그 예이다. 나아가 정부는 상하위 단계를 가릴 것 없이 관리·감독을 강화한다. 학생들의 학업성취도 결과에 따른 학교별 순위를 신문과 인터넷 상에 공개하고, 부진 학교의 학부모들에게는 순위가 높은 학교로 자녀를 전학시킬 수 있는 기회를 제공한다. 또한 이 노선은 교육자들이 변화를 주도하기 위한 수평적 학습네트워크를 구축할 것을 독려한다(그림 1-3 참조). 국민들은 교사의 자질이나 학생의 성취도 수준에 관한 정보에 쉽게 접근할 수 있다. 정부는 일부 교육서비스가 학교 외부로부터 공급되도록 지원한다. 일례로 미국에서 「아동낙오방지법NCLB」에 따라 부진 학교에서 제공한 보충교육서비스가 그렇다. '다중공급자 모델diverse provider model' 하에서 학부모와 학생에게는 마치 쇼핑하듯 여러 학교를 살펴보고 직접 고를 수 있는 선택권이 주어진다. 영국은 유명 축구클럽들이 지역당국과 협력관계를 맺도록 하며 학습부진 아동, 특히 남학생들이 스포츠를 통해 학습에 흥미를 붙이도록 돕는 학습센터를 운영하고 있다.[33]

제3의 길 노선의 정책 중 다수는 정당이나 정치적 노선을 초월해서 실행되었다. 대서양을 사이에 두고 미국의 민주당 정부와 영국의

그림 1-3 제3의 길

노동당 정부는 각기 반대파의 주장을 받아들여 교육, 의료, 공공주택 분야의 복지국가프로그램에 시장주의 원리를 도입했다. 강경 보수라 일컬어지는 조지 부시 대통령마저 교육분야의 지출을 파격적으로 늘리는 모습을 보이며 이에 동참했다.

제3의 길
실제 사례

/

조지 부시 대통령이 두 차례 재임한 동안 교육예산이 증편되기는 했으나 아직 미국의 교육시스템에는 제3의 길의 영향력이 없다시피 했다. 미국은 그때까지 제2의 길에서 벗어나지 못했다. 이 책(원서 『The Fourth Way』)이 출간된 2009년 봄, 미국의 버락 오바마Barack Obama 대통령은 학교교육을 그의 정치적 기반으로 삼으려 애쓰고 있었다. 다소 늦게 이 개혁의 흐름을 받아들인 미국의 정책가들은 앞서 제3의 길의 발판을 공고히 다진 영국이나 캐나다의 몇몇 사례를 면밀히 살펴야 한다.

● **영국**

영국에서 제3의 길은 각 학교와 학군에 학업성취도 향상을 강조하는 하향식 시책으로 그 모습을 뚜렷이 드러냈다. 여기에는 여러 평가지표가 활용되었다. 첫째는 만 7세 이후의 네 개 연령층(현재는 세 개)*에 시행되는 읽기·수리·과학 시험의 결과이고, 둘째는 만 16세* 학생들을 대상으로 광범위하게 시행되는 학력평가의 결과(주요 평가기준은 합격기준인 C 학점 이상을 다섯 개 이상 받는 것)이고, 셋째는 최근에 추가된 것인데 학생의 복지 등 각종 영역에 대한 평가 결과였다. 영국 교육기준청Ofsted은 조직적인 학교장학 평가기관인데, 이들의 평가는 학업성취도 결과에 주로 의존했다. 그렇게 해야 학교가 측정가능한 향상에 집중할 수 있기 때문이다. 게다가 읽기 및 수리 교과목의 시행시기, 진도, 내용 등이 국가에 의해 미리 정해져 있는 상황에서, 각 초등학교가 이 핵심과목의 기량 향상에 집중하도록 할 수 있기 때문이다. 결과적으로 영국의 관료주의 정치체제의 압력은 그 핵심 설계자 중 한 사람이 말한 대로 '대못처럼 강했고', 언제든지 성적이 부진한 학교의 '명단을 폭로하여 수치심을 줄' 준비가 되어 있었다.[34] 어떤 면에서는 시장주의와 표준화에 기반한 제2의 길보다도 제3의 길 교육정책이 더 엄격했다. 정부 개입의 강도가 높아질수록 학교교육의 성공 가능성은 낮아졌지만 말이다.

제3의 길과 같은 맥락에서 신 노동당 정부는 읽기 및 수리 능력을 우선시하는 전략이 성공적으로 실행되도록 하기 위해 교사연수의 규모를 늘리고 양질의 학습자료를 제공했다. 또한 학급의 규모를 줄이고 행정지원 인력을 학교에 투입해 교사에게 부과되던 행정업무 등 각종 수업 외 업무 부담을 줄이고자 했다.[35] 중고등학교 건물 증축을

＊ 영국의 학제는 키 스테이지Key Stage라는 단계별 교육과정으로 운영된다. 초중등 교육은 4개의 주요 단계로 구성된다.
＊ 의무교육의 마지막 해다.

목적으로 '미래를 위한 학교 건립Building Schools for the Future(BSF) 프로그램'을 10년에 걸친 계획으로 수립했고, 그 대상이 되는 학교 중 일부를 전국에서 경제적으로 가장 낙후되고 인종차별이 심한 마을과 도시에서 선정했다.[36] 빈곤층 아이들이 이른 시기부터 교육을 받을 수 있도록 교육기회를 제공한 '슈어 스타트Sure Start 프로그램'은 특히 큰 성과를 거두었다. 과거에 각종 정책의 실패가 거듭되던 도심 빈민 지역 곳곳에 기업, 대학 및 지역사회 단체들이 제휴하여 새로운 스다일의 중고등학교 '아카데미'의 설립을 이어나갔다. 그리고 세계 최초로 국립교원리더십대학National College for School Leadership(NCSL)이 설립되어 제3의 길 학교교육을 견인할 교원의 역량강화 및 변화관리 전략 개발의 핵심 기능을 수행했다. 이처럼 재정을 충분히 투입한 제3의 길 학교교육은 그동안 늘 재정에 허덕이며 진행되었던 이전의 개혁들과 분명한 차별점을 보였다.

마지막으로, 공개되는 성적데이터의 종류가 다양해지면서 학부모들이 자녀의 학교를 선택할 때 참고하는 정보도 풍부해졌다. 전국적으로 그리고 지역적으로 아동복지와 교육이 통합되면서 학교와 지역사회의 관계가 밀접해졌다. 나아가 학교에서는 아동의 전인적 발달을 고려해 관리·지도를 할 수 있게 되었다. 교사 상호 간에 혹은 학교 상호 간에 네트워크가 형성되었고 교사 간 학습이 활발히 일어날 수 있도록 온갖 인센티브가 부여되었으며, 특히 성과가 좋은 학교들은 부진한 학교와 협력관계를 맺거나 아예 그 학교를 인수하도록 장려하여 교육계 전체의 성취도를 끌어올리는 일에 초점이 맞춰졌다.

● 캐나다 온타리오 주

캐나다 온타리오 주는 한층 더 진전된 제3의 길을 보여준다. 1990년
대 후반에 온타리오 주는 제2의 길에 따른 표준화교육의 전형을 보
여주었다. 재정긴축, 교사의 수업 준비시간 감축, 고부담시험의 졸업
요건화, 개혁조건의 강화 등 보수적 성향의 의제들이 팽배해 있었고
이 의제들은 값비싼 비용을 지불해야 했다. 교수학습의 질이 형편없
이 낮아진 것이다. '장기간에 걸친 교육변화 연구'에 참여한 교사 중
상당수는 "변화가 너무 많았고 너무 성급했다. 정말이지 너무나 과도
했다."라고 호소하다 못해 '지나치게 방대했고 버거웠다'는 점을 토
로했다. 교사들은 최선을 다하고 있지 못하다는 죄책감에 빠지기도
했다. 한 교사는 이렇게 결론지었다. "나의 지성, 창의성, 리더십 모
두를 얼마나 낭비하고 있는 것인가!"[37] 온타리오 주의 교육시스템은
유연하고 빠른 속도로 변화하는 지식사회에 도저히 부응할 수 없을
정도로 동떨어져 있었던 것이다.

그러나 2003년 자유당 대표 댈튼 맥귄티Dalton McGuinty가 주지사로
취임하면서 변화가 시작되었다. 맥귄티는 영향력 있는 인물 두 명을
요직에 앉혔다. 교육정책 분야의 학자 벤 레빈Ben Levin을 교육부의 고
위직에 임명했고, 교육개혁 분야의 세계적 전문가 마이클 풀란Michael
Fullan을 자신의 개혁 자문 역할을 수행하도록 임명한 것이다. 주 정
부는 새로운 교육정책 노선에 착수했고 이에 따라 기존 정책 중 상당
수가 뒤집어졌다. 평가를 통해 교육 책무성을 압박하던 기존 노선에,

개혁역량을 강화하고 교사를 적극 지원하는 새로운 정책노선이 결합되었다.[38]

온타리오 주는 영국의 사례에 착안했다. '읽기 및 수리 교육국'을 설치하고 이 기구를 개혁을 진두지휘하는 정부 연합체의 중심 기구로 삼았다. 과거의 보수주의 및 사회주의 성향의 정부들에 의해 도입되고 유지되어온 기존의 평가체계가 엄연히 존재하고 있었지만, 맥권티가 이끄는 자유당은 시스템 전체 규모의 목표만을 하향식으로 설정하고 임기 내에 그 목표를 완수하도록 한 영국식 아이디어를 도입해 읽기 및 수리 능력의 성취도 향상을 꾀했다.[39]

제3의 길의 전형적 특징인 이러한 하향식 정책은 광범위한 영역에서 상향식 및 수평적인 지원정책과 동시에 추진되거나 통합되었다. 수천 명의 교원을 새롭게 임용함으로써 초등학교의 학급당 학생 수를 20명 이내로 줄였다. 고등학교마다 '학생의 성공을 돕는 교사팀 student success teachers'을 만들어 학생 누구나 최소한 교사 한 명과는 특별히 연결되어 개별적 지원을 받을 수 있도록 했다. 읽기 및 수리 교육국은 학교로 대규모의 교육 컨설턴트와 학습 코치진을 파견하기도 했고, 양질의 수업자료를 지원하기도 하면서 학교교육 변화의 실질적 리더 역할을 했다. 이미 설정되어 있는 주 정부 차원의 성과목표와는 별도로 각 학교와 학군이 각자의 목표를 설정하고 이를 반드시 달성해내도록 독려하기도 했다.

온타리오 주는 큰 포부를 가지고 개혁의 틀을 마련했으며 교사의 역량강화에 역점을 두었다. 교원노조들은 전문성 개발을 위한 지원

금으로 500만 달러를 받았다. 학교 네트워크를 타고 일각의 성공사
례들이 전파되기 시작했다. 학업성취도 향상이 미흡한 학교들은 정
부 지원팀의 조력을 얻거나 성과가 좋은 타 학교의 지원을 받을 것을
권고받는데 이것이 강제사항은 아니다. 상향식 변화와 하향식 변화,
수평적 변화를 적절하게 조합한 온타리오 주의 학교교육 시스템은
제3의 길 노선의 현존하는 교육개혁 체제 중 가장 완성도 높은 것으
로 인정받는다.

● 미국

미국은 21세기 초반이 되어서야 겨우 제3의 길에 첫발을 내디뎠다.
연방정부는 실패한 제2의 길의 타성에서 벗어날 줄을 몰랐다. 「아동
낙오방지법NCLB」과 주 정부 및 학군 차원에서 끝없이 시행된 평가는
미국의 교육과정이 소수의 시험과목에 집중하게 만들었고, 성취기
준은 도달하기 어렵지 않은 수준으로 제시되었는데도 성취도 향상과
불평등 해소를 주장하는 긴급한 구호들이 이어지는 굉장히 모순적인
상황이 벌어졌다. 시대착오적인 제2의 길 정책하에서 학교들이 갖
가지 모순된 방식을 도입해 실패가 이어졌고, 교실에서는 창의력이
사라졌으며, 교사 및 교장의 이탈이 증가하는 등 위기상황이 발생했
다. 비현실적인 개혁 일정, 교장을 퇴출시키거나 학교를 폐쇄하는
등의 가혹한 개입 전략은 교장의 이직률을 높였는데, 이처럼 실패를
끊임없이 공개하고 실패 자체에 초점을 맞춰 징벌적 책무성을 부과

하는 식의 정책이 하향식 개혁노선인 제2의 길의 전형을 이뤘다.

조지 부시 대통령은 「아동낙오방지법」에 소요될 재정을 전액 지원하겠다는 약속을 끝내 지키지 않았다. 이 법을 적극 지지했던 테드 케네디 상원의원은 백악관에서 열린 「아동낙오방지법」 제정 일주년 기념행사를 단호하게 보이콧했다. 이후 경제상황이 신용경색 국면으로 치닫자 세원 부족에 시달린 여러 학군에서 읽기코치를 비롯한 중요 교직원의 자리를 없애기에 이르렀다. 이로써 캐나다와 영국에서 추진력을 얻고 있던 수평적 학습lateral learning을 미국에서도 실현하는 것은 불가능에 가까워졌다. 학교에 제공되던 재정적 지원은 필요에 비해 미미한 액수였고 그마저도 터무니없는 시행기한이 집행 조건으로 붙어 있었다. 그 결과 겁에 질린 단기적 개혁방안들이 허둥지둥 쏟아져 나왔다. 교사들은 소속 학군에 갇혀버렸고 학군 내의 다른 교사 동료들이나 그 바깥에 있는 교사들과 협력을 도모하는 것은 현실적으로 거의 불가능했다.

영국과 캐나다가 제3의 길로 나아가고 있던 몇 년간, 미국에도 일부 독창적인 시도들은 있었다. 이들은 대부분 정부영역 밖에서부터 시도되었다. 전 교육부장관 두 명을 포함하여 제2의 길을 옹호하던 주요 고위 공직자 몇몇이 글로벌 지식사회에서 경쟁력을 갖추기 위해서는 미국 교육체계에 혁신과 창의성이 장려되어야 한다고 주장하며 노선의 전환을 외쳤다.[40] 보스턴, 덴버, 뉴욕, 필라델피아 등지의 도시에서 전통적인 공립학교들, 차터스쿨 및 파일럿학교 같은 다양한 하이브리드형 학교들이 연합해 부족한 학습지도교사와 멘토교사를 공유하는 방안을 모색하기 시작했고 성취도 향상을 약속하면서 혁신에 대한 자율성을 요구하기도 했다.[41] 성과가 입증된 대안학교들의 입학대기자 목록은 길어졌다. 꿈쩍도 않는 관료주의에 지친 이들에게 실험적인 신생학교들이 얼마나 매력적으로 다가왔을지 충분히 짐작할 만하다.

부시 대통령 정권에서 연방정부의 리더십이 부재하다시피 하다 보니, 영국과 캐나다에 비해 미국에서는 대형 재단이 내실 있는 교육혁신의 중심적 역할을 하게 되었다. 빌&멜린다 게이츠 재단은 공룡 같은 덩치의 대형 고등학교에 투자했다. 그리고 이 학교들을 구성원 개개인의 정서에 맞는 친근한 학습공동체로 변화시켰다.[42] 월러스 재단은 교장들을 단순한 관리자가 아닌 실질적 리더로 탈바꿈시키는 데에 노력을 기울였다.[43] 그 외 재단들과 '뉴 스쿨 벤처 펀드New Schools Venture Fund' 등의 투자기관들은 교사와 학교가 학생들의 성적 데이터를 향후 교수학습의 개선방향을 잡고 교육적 개입시기를 결정하는 기초자료로 활용할 수 있도록 도왔다.[44]

2009년 이제 막 들어선 오바마 정권은 새로운 학교교육의 분위기를 조성하고 있다.* 교육혁신에 대한 말만 내놓는 데 그치지 않고 이를 실제로 추진할 새로운 기관을 연방정부 안에 설립했다. 보다 나은 평가기법에 대한 요구도 높아지고 있다. 서열을 중시하기보다는 성장을 중시하는 평가에 대한 요구가 높아지고 있는 것이다. 이는 주

---

* 이 책에서 '이제', '지금'과 같은 말이 가리키는 시점은 원서 출간 시점인 2009년이다.

정부 단위에서 이루어진 기존의 평가가 기초과목 성취도평가였던 것과는 달리 지식을 구성하는 고차원적 역량을 평가하는 일과 그 방식을 지향한다. 학교 밖 요인들이 어린이의 학습과 복지에 어떤 영향을 미치는지 다루려는 의욕적 시도들도 나타났는데, '할렘 어린이 구역 Halem Children's Zone*'의 학생·가정 통합지원서비스는 이전의 정책 흐름에 대한 파격이자 대전환의 물꼬를 트는 일이라고 할 수 있다.

시작 초기부터 제3의 길 전략들은 국경을 초월하여 넘나들었다. 다우닝 가 10번지의 영국 수상 관저에서 제3의 길의 추진 체계를 설계하고 진두지휘한 마이클 바버 경 Sir Michael Barber은 조엘 클라인 Joel Klein 교육감의 뉴욕 시 학교교육에 조언을 주었으며, 지금은 미국 주지사들의 컨소시엄과 협력하고 있다. 캐나다 온타리오 주의 마이클 풀란 역시 다수의 미국 주 정부들에 개혁전략을 조언하고 있다. 당분간 미국 교육정책 의제의 흐름이 제3의 길에 머물 것은 자명해 보인다.

---

* 대를 잇는 가난의 문제를 해결하여 어린이들의 사회적·경제적 성장을 돕는 운동으로서 1990년대에 시작되었다. 아동의 발달과정에 맞는 보육 및 교육을 제공하는 프로그램과 가족–지역사회 연계프로그램. 건강보조프로그램 등을 운영한다. 인터넷 홈페이지 http://hcz.org에 많은 정보가 수록되어 있다.

결론

제3의 길을 지향하는 사람들은 다소 상반된 모습의 두 가지 과거를 뛰어넘어야 하는 과제를 안고 있었다. 두 가지 과거란 자유분방한 진보주의 구호 아래 교사들이 자의적이고 직관적으로 교육을 일관성 없이 이끌어가던 제1의 길이라는 과거와, 교원의 전문성 신장에 막대한 제약을 가하면서 새로운 시도에 대해 고민하고 판단하려는 자발적 시도들을 원천봉쇄했던 제2의 길, 즉 하향식 사전규정과 표준화시대라는 과거다. 이런 두 가지 과거를 뛰어넘고자 하는 이들이 그린 미래상은 영국의 노동당과 보수당 간의 균열, 미국의 민주당과 공화당의 대립을 낳았던 거대한 정치적 분열을 봉합하고 조화시키는 관용적이고 통합적인 사회였다. 이들은 위로부터의 하향식 통제와 아래로부터의 자발적 구상, 그리고 정교하게 설계된 수평적 학습이라는 삼자의 조화를 통해 민주국가들이 새로운 지식사회로 번창해나가기를 기대했다.

궁극적으로는 시민의 참여, 교사들의 학습공동체 운영, 높은 수준의 엄격한 표준성취기준을 지향한다는 점은 '제4의 길'을 주장하는 우리와, 마이클 풀란이나 마이클 바버 경처럼 제3의 길 교육을 옹호하는 자들의 공통점이다. 빈곤한 상상력에 기초했던 과거의 개혁모델을 넘어서기를 열망하는 교육리더들은 이 공통점으로부터 개혁적 영감을 상당히 얻을 수 있을 것이다.

그러나 제3의 길을 옹호한다고 하더라도 모든 면에서 동일한 생각을 가진 것은 아니다. 이는 다소 결정적일 수 있는데, 제3의 길이 추구한 학교교육의 과정에서 일어난 일이 다 바람직한 것은 아니었다는 점에 우리는 주목한다. 자신이 추진한 개혁을 홍보하는 사람들은 그 개혁의 단점을 드러낼 가능성이 매우 낮은 법이다. 우리가 제3의 길의 개혁사례에서 그 한계점을 제대로 인식하지 않은 채 이를 성급하게 다른 국가나 주에 적용하려고 시도한다면, 이는 결국 제3의 길의 약점만 재차 확인하고 마는 꼴이 될 것이다.

우리에게 축적된 증거와 경험으로 미루어 볼 때, 제3의 길 노선의 전략들에는 그 노선의 창시자와 추종자들이 달성하고자 하는 근본적 이상을 달성하지 못하도록 막는 장애요인이 분명 숨어 있다. 다음 장에서는 제3의 길의 약속들을 좌절시키고 교육자와 정책결정자들이 그 장밋빛 목표에서 멀어지도록 만든 장애요인 세 가지를 설명할 것이다. 그런 뒤에 새로운 방안으로서 '제4의 길'을 제시할 것이다. 이 길은 학습의 질을 높이고, 표준성취기준의 수준을 향상시킬 것이며, 성과 격차를 해소하고, 통합적인 미래가 구축될 수 있도록 우리사회를 이끌어줄 길이다.

The Fourth Way

02

최근의 실패

제3의 길의 장애요인

●

관리자 마인드를 가지고 있는 사람은 항상 오늘만을 생각한다.
권력을 가질 수 있는 확실한 순간은 오늘뿐이기 때문이다.
관리자는 과거와 미래를 두려워하며 그 둘을 연결 지으려는 것에 공포를 느낀다.

— 존 랄스턴 사울John Ralston Saul, 「공정한 국가 A Fair Country(2008)」

우리를 갈라놓는 데 사용된 것들이 오히려 우리를 통합시켜 줄 수 있다. '제3의 길'은 양극화된 세상에 대처하는 통합적인 전략들을 제공해왔다. 존 나이스빗John Naisbitt은 21세기의 큰 흐름으로 10가지 메가트렌드를 꼽았는데, 그 중 하나는 양자택일적 사고either/or thinking 가 양자포괄적 해결책both/and solutions 으로 대체된다는 것이었다. 제3의 길이 그렇다. 압력과 지원, 위로 부터의 리더십과 아래로부터의 권익신장, 공적 부문과 사적 부문, 책무성과 자율성과 같이 다소 대립적으로 보이는 개념들이 제3의 길에서는 창의적 양자포괄의 대상이다.[1]

양자택일적 사고에 대한 부정적 시각은 새로운 것이 아니다. 교육의 영역에서 이러한 거부감은 미국 철학의 기초를 쌓아 올린 위대한 학자, 존 듀이John Dewey의 철학에서도 나타났던 중요한 특성이다. 듀이는 교육정책을 한 극단에서 다른 극단으로 옮겨버리는 양극화된 유행과 풍조를 싫어했다. 그는 "인류는 상반되는 양 극단의 관점에서 사고하기를 좋아한다."라고 불평했다. 믿는 바를 '양자택일적 사고'의 관점으로써 드러내는 습관은 그 중간에 존재하는 것의 가능성

자체를 인식하지 못하도록 눈을 가린다.[2] 듀이는 자신이 '이원론적' 사고라고 일컬었던 이러한 경향을 극복하고자 그의 대표작『민주주의와 교육Democracy and Education[*]』에서 다수의 장章을 할애하여 '관심과 훈육', '교육과정에서의 놀이와 일', '노동과 여가' 등에 대해 종합적·통합적인 접근을 드러냈다.[3]

듀이의 강연은 교육자들에게 상당한 반향을 일으켰다. '양자포괄적 사고'는 대부분의 교사들이 직관적으로 매우 공감하는 사고방식이기 때문이다. 행정가의 계획안이 중요하게 여기는 정책적 순수성이나 정확성이 교사에게는 그다지 필요치 않다. 계획이란 것은 실행과정으로 들어오면 좀처럼 완벽할 수 없고, 권력이 교체되는 순간 대부분 폐기된다는 것을 체득하고 있기 때문이다. 양 극단을 오가는 방식이 학교현장에서 문제를 일으키지 않는 것은 오직 과학실에서 흔들리는 추pendulum 뿐이다.

- 파닉스Phonics & 통문자 교수법whole language: 모든 학생들을 학습에 참여시키고 그들이 최상의 학습효과를 낼 수 있도록 서로 다른 방법을 제공하려면 파닉스와 통문자 교수법을 둘 다 포괄해야 하며 하나의 균형 잡힌 문해력프로그램은 이 조건을 충족한다.
- 더 높은 성취기준 도입 & 개인적 삶과 관련성이 높은 소재 도입: 교사들은 학습을 통해 자신의 꿈과 삶 양자를 연결시키는 진취

---

* 국내서로는『민주주의와 교육(이홍우 역, 교육과학사, 2007)』으로 번역출간되어 있다.

적인 학생들이야말로 스스로 더 높은 성취수준으로 나아갈 가능성이 높다는 것을 알고 있다.

- 권위적 리더십 & 분산적 리더십: 카리스마를 지닌 훌륭한 리더란 그 공동체가 스스로 성장을 주도해가도록 동기를 부여하는 리더다.
- 즉흥적 접근 & 암기를 통한 접근: 수학, 음악, 연극에서는 문제를 해결하거나 새로운 것을 창작해야 할 때가 있는가 하면, 단순히 구구단을 줄줄 읊거나 악보나 대본을 외워야 하는 때도 있다. 무엇이나 다 때a season가 있다.* 그런데 교실에서는 마치 뉴잉글랜드 지방의 봄철과도 같이 단 하루에 모든 계절seasons을 다 경험할 수도 있다.

'제3의 길'은 사회이론으로서 학교교육에 있어서도 정부 리더십의 장점과 시장주의의 혁신성을 연계하는 통합적 사고를 지향했다. 그러나 실제 현장에서 '제3의 길' 노선의 정책들은 원래의 이상과는 전혀 다른 모습으로 이어졌다. 학생들을 소외시키고 교육자들을 교묘히 조종하고 대중을 기만한 것이다. 어떻게 이런 일이 일어난 것일까?

『Turnaround Leadership전환의 리더십』에서 저자 마이클 풀란Michael Fullan은 캐나다 온타리오 주가 그의 조언에 따라 어떻게 학교교육 전

---

* 『성경』 전도서 3장 1절에 위치한 말로 영문으로는 'To every thing there is a season.'이며, 이 책에 실린 해석은 공동번역본에 따랐다.

락들을 개발했는지 설명한다. 핵심 요소 중 하나는 '장애요인'을 관리하는 것으로서, 여기서 장애요인이란 '교수학습과 학생의 성취에 집중하는 것을 방해하는 모든 것'을 일컫는다.[4] 커다란 장애요인 하나는 기존의 보수적인 정부와 그 정부의 '제2의 길' 노선의 전략들에서 시작된 노동조합과의 마찰이었는데, 이것은 합의를 체결하여 일정 기간 평화와 안정을 보장함으로써 해결되었다. 정부는 임금과 노동조건을 향상시키기로 했고, 노동조합은 개혁 의제에 대한 부정적 시선을 걷어내기로 했다. 그 외 다른 방해요인으로는 교사와 교장들에게 부과된 과도한 행정잡무 등이 있다.

이러한 장애요인들을 제거하는 것은 매우 중요하다. 그런데 정부 자체가 긍정적인 변화로부터 우리의 주의를 분산시키는 장애요인이 될 수도 있다. 정치권이 주도하는 정책 의제에는 교육 외적인 요인이 많이 개입되기 때문에, 교육적 관심사를 지녔다 할지라도 교육과 학교의 운영원리에 대해서는 거의 알지 못하는 사람들이 이를 규합하는 경우가 있다. 그러다 보니 혹여 많은 이들이 열렬히 원하는 의제일지라도 관련 논의나 집행 과정에 있어서 모든 학생들의 배움과 성취도 향상에 집중하는 것과는 멀어지기 마련이다.

경제규모 세계 8위인 캘리포니아 주의 경우를 검토해보자. 캘리포니아 주의 낙후된 사금지원 체계로 인해 가장 부유한 지역의 학교들과 가장 빈곤한 지역의 학교들 간에 엄청난 격차가 발생한 적이 있다. 2000년~2004년에 지역단체들이 대학전문가의 조언을 받아 고소인단을 구성한 다음 불평등 해소를 골자로 하여 주 정부를 상대로 소송을 제기했다. 그러나 얼마 지나지 않아 주 정부는 교육예산에서 수십 억 달러를 감축했다. 이에 캘리포니아 주 교사노조는 슈워제너거Schwarzenegger 주지사가 캘리포니아 주에서 학업성취도가 가장 낮은 학교 학생들에게 학습기회를 제대로 제공하지 못했다는 점을 들어 소송을 제기했다. 소송에서 이긴 교사노조는 새로이 제정된 「교육의 질 투자 법안the Quality Education Investment Act(QEIA)」을 기반으로 7년 동안 이 학교들의 성취도 향상을 돕는 일의 책임을 맡았다. 주 정부의 광범위한 '학업성취 척도Academic Performance Index' 기준에 따르면 어려움을 겪고 있는 것으로 평가되는 488개의 학교들이 이 법에 의해 29억 달러의 지원금을 받는다. 즉, 정부는 방해요인에 대처하는 일만 하는 것이 아니다. 이처럼 정부가 장애요인을 만들기도 한다. 이러한 경우가 발생했을 때 시민과 전문가들의 사회 참여가 위와 같이 사태를 해결할 수 있다.

'제3의 길'의 본래적 이상을 추구하던 교육자들과 학교개혁가들의 주의를 흩뜨리고, 이들을 다른 길로 접어들게 만든 정치적 장애요인으로는 다음 세 가지가 있다.

- 중앙집권적 통제의 길the Path of Autocracy
- 데이터에 집착하는 기술주의의 길the Path of Technocracy
- 비뚤어진 열정의 길the Path of Effervescence

이 길들이 통합적으로 힘을 발휘해 교사, 학생, 학부모, 개혁가들

의 마음을 흔들리게 함으로써, 애초에 추구했던 더 곧고 과감한 길
(진정한 교육 추구, 전문가의 참여, 권력의 민주적 분산, 지속가능한 조직 구축)
을 도무지 걸을 수 없게 만든 것이다. 이 세 가지는 이것이 마치 학교
교육의 새로운 길인 양 널리 퍼져나갔는데, 이러한 경로는 제3의 길
이 추구했던 큰 원칙과는 거리가 매우 먼 것이었다.

중앙집권적 통제의 길

중앙집권이란 절대적인 권력을 행사하는 통치 유형이다. 제3의 길의 방해요인의 한 축인 '중앙집권적 통제의 길'을 옹호하는 자들은 보다 혁신적인 학교교육과 경제체제의 필요성이 대두하는 등 정치·경제·사회 전반에 새로운 도전이 다가오고 있음을 인정하면서도, 정치적 통제력은 포기하고 싶어 하지 않는다. 그 결과, 제3의 길이 본래는 '주체적 발전'을 위한 전략이었는데 그 말이 무색하게도 이제는 사실상 위에서 결정한 것을 '전달'하는 것에 급급한 유명무실한 길로 전락하고 말았다.

대단히 영향력 있는 보고서 두 건이 '중앙집권적 통제의 길'을 거의 완벽하게 설명해주고 있다. 그 중 첫 번째 보고서 「어려운 선택을 하라, 그렇지 않으면 어려운 시기를 맞는다Tough choices or Tough Times」는 '미국 노동인구의 노동능력에 관한 신新 위원회New Commission on the Skills of the American Workforce'의 일원인 미국 교육가들과 정책결정자 20여 명에 의해 추인되었다.[5] 이 보고서는 노골적으로 비관적인 어조를 취하고 있다. 이 위원회는 미국 공교육제도가 현대의 글로벌 경제체제에 필요한 혁신성·창의성을 발달시키는 데 있어 매우 무능하다는 점을 들어 부진한 성취도 및 경직성에 대해 신랄한 공격을 가했다. 미국의 학업성취도 하락 양상을 다른 산업국들과 비교해 부각시켰는데, 그 원인에 대해 위원회는 다음과 같이 주장하였다.

- 수입 및 자산규모의 빈부 격차 심화
- 높은 수준의 지원이 시급히 필요한 아동들에게 뒤늦은 개입프로그램 도입
- 기존 노동인력 대상 읽기·쓰기 교육 및 평생교육에 대한 관심 부족
- 특히 청소년 교육에 있어서 낮은 수준의 성취기준과 기대수준
- 관료주의적인 과도한 규제
- 창의성과 비판적 사고능력을 저해하는 표준화시험(기초과목)에 과도하게 의존하는 경향성
- 학업성취도 결과가 평준화되는 경향성
- 중하위권 대학 출신이면서 비교적 낮은 자질을 보유한 교사층
- 비탄력적·비효율적인 교사보수시스템

미국 교육에서 이미 수년간 숨 마힐 듯한 표준화작업이 진행되어 온 후이기에 이러한 진단은 신선한 충격으로 다가왔다. 위원회가 제시한 창의성 제고의 필요, 기존 평가방식에 대한 비판, 양질의 교사 충원에 대한 촉구, 소득 격차와 빈곤의 덫에 대한 인식, 기존의 교육

전략들이 난관에 봉착했다는 위기의식 등은 이미 한참 전에 나왔어야 할 용기 있고 대담한 정책적 사고였다. 특히나 이 보고서에서 평가의 부적절성에 대해 가한 맹비난에 교사들의 귀는 분명 솔깃했을 것이다. 그동안 교사들은 지치고 제대로 평가받지 못하면서도 다시 열정과 상상력을 충전해 교실수업에 임하고 싶다는 마음만은 잃지 않았다.

문제에 대한 분석은 일리가 있다. 그런데 제시된 해결책은 그렇지 않다. 이렇게 된 원인으로는 위원회가 외국의 근거사례를 일부만 선택해 사용한 점을 지적할 수 있다. 보고서 보충자료의 13개 모범사례 중 두 개만이 미국 밖의 사례이다. 유니세프UNICEF의 2007년 아동복지실태조사에서 최상위국이었던 네덜란드가 교육과정 분권화를 위해 취했던 조치에 관한 참고 흔적은 어디에도 없다.[6] 우수한 성과를 거두고 있는 핀란드가 지역사회 중심의 교육과정 개발을 위해 기울인 노력에 관해서도 전혀 언급되지 않았다. 교육과정을 단위학교에서 더 많이 개발하도록 장려하는 중국이나 심지어 국가교육과정이 요구하는 조건들을 완화시키고 있는 영국에 관한 논의도 일절 없다는 것이 눈에 띈다.

이 위원회는 앞에서 소개된 여러 나라들이 학교를 지속가능한 학습공동체로 발전시키기 위해 분권화를 강조한 것과 달리, 오히려 교사들의 교육과정 편성과 운영 지침을 중앙에서 더 통제하고, 학생들의 졸업시험에 더 많은 시간과 학습을 투입하게 해야 한다고 말하고 있다. 이는 학교에서 다루는 과목을 더 다양화해야 하고 창의성을 길러내야 한다는 현 시대적 요청과는 상충되는 것이다. 또 선택과 경쟁이라는 시장주의의 지분이 늘어남에 따라, 생존을 위한 학교 간 경쟁과 투쟁이 심화된다. 교사에게는 성과급과 같이 한층 더 경쟁적인 체제가 주어진다. 보고서에 따르면 시장주의·표준화시험·책무성이라는 가장 끔찍한 세 가지 요소를 제외한 나머지 모든 것을 변화시켜야 문제가 해결될 것처럼 보인다. 보고서의 제목과 마찬가지로 그야말로 어려운 신탁이다.

국제시험에서 최상위 성적을 거두는 국가들 가운데 어느 나라에서 이러한 표준화 및 시장주도적 해결책을 지지하는가? 싱가포르? 핀란드? 네덜란드? 그럴 리는 없다. '제3의 길'의 현상적 특징인 '중앙집권적 통제의 길'은 뿌리 깊은 특별한 어떤 관념ideology에서 비롯된 것이지 구체적인 성공사례에서 비롯된 것이 아니다.

또 다른 주요 보고서가 있다. 이는 맥킨지 앤드 컴퍼니McKinsey & Company(이하 맥킨지 사)에서 낸 보고서로 널리 알려져 있는 「세계 최고의 성과를 내는 학교들은 어떻게 하는가?How the world's best performing school systems come out on top」이다.[7] 첫 번째 보고서와 마찬가지로 이 보고서의 주요 결론도 충분히 타당성이 있어 보인다. 주요 결론은 첫째, 적합한 인재를 교사로 임용하라. 둘째, 더 유능한 교사로 성장할 수 있도록 훈련시켜라. 셋째, 모든 아이들에게 최상의 교육을 제공할 수 있는 교육시스템을 만들어 지원하라는 것이다. 그러나 자세히 들여다보면 이 보고서에서도 외국의 사례를 왜곡 해석하고, 시험과 책무성에 의존하며, 이제는 실패해버린 시장주의에 기반한 문제해결방식을 계속 지지하고 선호하는 등의 문제점이 드러난다.

변화를 이끌 첫 번째 요인으로 언급된 '적합한 인재'에 대해 살펴보자. 이 말에 누가 토를 달겠는가? 어느 부모나 가장 명석하고 매력적인 사람이 자기 자녀의 교사가 되기를 바란다. 이 보고서에서 핀란드의 예외적 사례가 가볍게 언급되기는 했지만, 사실상 이 보고서 결론부의 주장은 성적 향상을 이끌 수 있는 교사의 능력이 아주 중요하며, 교육제도는 기대 수준을 사전에 규정해 제시해야 하고, 정책의 전달 및 추진이 상부로부터 강력하게 이루어져야 한다는 것이다. 이 보고서에 따르면 최상의 교육체제들은 모두 저학년 단계에서 수리력과 읽기·쓰기 능력을 강조하며, 학업성취기준을 국제적 기준, 특히 OECD의 국제학업성취도평가Programme for International Student Assessment(PISA)와 기타 주요 학교평가시스템의 기준을 참고하여 그에 맞게 조정하고 있으며, 현재의 교육을 국가의 장래 필요에 일치시키기 위해 노력한다.[8] 여기에서 최상의 교육제도란 교사들로 하여금 끊임없이 학생들의 학업성취도를 평가하여 개입프로그램을 가동시킬 수 있게 하고, 교사집단 내부의 집단유능감collective efficiency 평가와 별도로 '빈번한 외부평가'를 운영하는 것이다. 언뜻 듣기에는 이것들이 충분히 타당성이 있는 주장으로 들린다.[9]

보고서의 세부사항을 자세히 읽어보면 교사평가에 다른 외부적 영향력들이 작용하고 있으며 그것들의 힘이 상당히 크다는 점을 알 수 있다. 예를 들어, 맥킨지 사의 보고서 17쪽의 작은 표를 보면 핀란드에서는 교사 지망생들의 평가항목으로 아동들을 대하는 '정서지능

emotional intelligence'을 두고 있다는 점을 밝히고 있다. 그러나 정서지능
이 무엇인지에 관한 설명을 간략히 제공해둔 것 외에 유능한 교사에
게 필요한 대인관계 기술이나 자질에 대한 설명은 보고서의 어떤 부
분에서도 찾을 수 없었다. 이런 식의 말하기·글쓰기 전략은 '접종
inoculation'과 같은 것으로, 자신의 의견과 반대되는 의견을 아주 짧게
만 언급해두면 더 이상은 그 반대 의견의 세부적인 사항을 언급할 필
요가 없으며 자신이 말하려는 바가 강조되어 설득력을 높일 수 있다
는 것이다. 그런 연유로 이 보고서에는 공동체의 성장을 위해 자신
과 상대방의 인간다움을 강조하여 귀감이 된 남아프리카의 우분투
Ubuntu 윤리사상에 대한 언급이나, 일본의 교실과 일터에서 특징적으
로 이루어지고 있는 상호협력에 관한 언급, 혹은 오늘날 고수익을 창
출하는 IT계의 신생기업에서 높이 평가하고 있으며 핀란드 교육제
도 전반에 걸쳐 면면히 흐르고 있는 창의성에 관한 언급도 전혀 찾
아볼 수 없는 것이다. 물론 맥킨지 보고서에서 지적된 것처럼 교육
제도가 사회의 목표와 연계되는 것은 중요하다. 민주국가의 대통령,
국무총리, 수상 모두 이 점을 이해한다. 히틀러와 무솔리니조차도
교육제도와 사회목표의 연계를 중시한다. 그런데 정작 중요한 것은
바로 그 목표가 무엇인가 하는 점이다.

　지역사회와 학교 현실에서는 교육 지도자들이 유능한 교사진을 구
성하기 위해 여러 요인들을 고려한다. 다양한 이민자들이 섞여 사는
지역사회라면 교사들은 다수의 학부모와 학생이 사용하는 언어를 구
사할 수 있어야 한다. 학교마다 컴퓨터광에 가까운 교사도 한 명씩

은 있어서 시스템 장애와 그에 따른 스트레스를 해결할 수 있어야 한다. 어려운 지역환경 안에 있는 학교에는 길거리사회에 익숙하고 그 사회 내부인들에 대한 지식을 갖추고 있으며 반감이 가장 강한 청소년들과도 선뜻 어울릴 줄 아는 교사들이 필요하다. 오로지 기초과목의 시험점수를 올리는 데만 집중하는 교사들로 학교가 채워질 때, 모순적이게도 그 학교는 학습공동체가 될 수 없다. 오히려 학교의 핵심 과업인 가르침과 배움의 길로부터 멀어질 뿐이다.

여러 면에서 맥킨지 사의 보고서는 정체되어 있는 영국의 '제3의 길' 노선 전략의 합리화처럼 보인다. 보고서의 주요 작성자 중 한 명이자 토니 블레어 수상의 정책전달 수석고문인 마이클 바버Michael Barber 경은 미시적 수준의 문해·수리력 전략 관리, 자율성을 침해할 정도의 감사제도, 목표설정과 끝없는 평가과정 등을 주도했다. 교사에게 많은 금전적·물적 지원을 제공했고 학교 간 수평적 교류를 늘렸지만, 이는 주로 협소한 범위의 성취목표와 관련된 것이었을 뿐 본질적인 교육목적과는 거의 연관되지 않았다. 바버 경의 용어인 '정책전달론'은 이 시대의 풍조이기는 했지만, 학생의 학습 활성화나 교사 역량의 개발과는 연관성이 약했다.[10]

이런 것들 중 오늘날에 이르러 중단된 것은 거의 없다. 영국의 학교들이 정부가 설정한 기준선에 도달하는 것처럼 보일 때마다 정부는 합격을 재정의하는 방법을 어떻게든 찾아내 많은 학교를 다시 기준선 미달 상태로 만든다. 극빈지역들의 여러 중고등학교에서 고부담high-stakes시험인 '일반중등교육학력인정GCSE' 시험의 합격 비율이 크게 증가하자, 정부는 수학과 영어가 합격 과목에 반드시 포함되어 있어야 한다고 주장하면서 학교평가의 '합격' 기준선을 25%에서 30%로 상향 조정하여 이전의 기준이라면 합격 판정을 받았을 638개 학교들을 다시 불합격으로 떨어뜨렸다. 이 전국적 평가에서 일 년 안에 성과가 호전되지 않은 학교들은 새로운 교육기관으로 개칭되고 재구성되어야 하는데, 후원기업의 지원을 받아 설립되는 방식이기 때문에 자연히 이 후원기업은 학교에 운영위원으로 참여해 상당한 영향력을 행사하기 시작한다.[11] 그렇지 않으면 학교는 아예 폐쇄될 수도 있다. 어느 학교가 목표 기준선에 가까이 다가가기만 하면, 영국의 교육제도는 각종 판단근거 및 기반을 쉽게 허물어버리고 실패를 과대포장함으로써 정부의 통제와 개입을 정당화시킨다. 교육자들은 극도로 짜증스러운 반응을 나타낼 수밖에 없다.

사실, 바버 경은 '제3의 길'의 수평적 학습에 대한 기대와 함께 제임기를 시작하였다. 그는 '단기적 행정', '진로방해적 행정', '목표지점 변경'을 피하는 것을 전략으로 삼았다.[12] 그러나 권력은 사람을 변하게 한다. 바버 경도 이점을 인정했다. 그는 일단 권력을 갖게 되자, 학업성취도 향상이 저조한 학교의 명단을 공개하여 망신을 주는 일을 거침 없이 단행했으며, 이는 실제적으로도 상징적으로도 영국 교육에 큰 영향을 끼쳤다. 이러한 조치를 통해 그가 전달하려던 메시지는 사실 '신 노동당New Labour은 정책을 엄하게 추진하겠다.'라는 것이었는데, 바버 경의 말을 직접 인용하여 표현하자면 그 결과 '어느 정도의 환멸감은 결코 사라지지 않고 오래오래 남을 것'이다.[13]

정부가 학교를 통제하고 억제하는 등 강한 공권력을 행사할 때 필연적으로 나타나는 이러한 환멸감과 관련하여 바버 경도 이후에 다음과 같이 시인했다. 즉, 자신이 실제적으로는 "하향식 학교교육에 연관되어 버렸고 이는… 유행에 뒤떨어진 것"이었는데, 다만 "그 당시는 풀어주는letting go 개념이 대세였던 시기"였기 때문이라는 것이다.[14] 그의 관점에 있어서 적정한 초점을 잡아주는 기준선 역할을 했던 것은 바로 정치적 목표였던 것이다. 사람들이 그 목표점을 자신들의 존재의 전부이자 만사의 결말로 여기든지 말든지 바버 경에게는 아무 상관이 없었다. 그의 정책전달 부서에서 하달된 정책들은 항상 '옳은 것'이었다. 단지 '변함없는 진정한 상호작용'의 분위기에서 학교 지도자와 같은 중재자들을 더 많이 활용하여 장애요인을 최소화하고, 동일한 메시지가 더 오래 지속될 수 있도록 정책의 전달방식이 선진화될 여지는 있었다고 인정할 뿐이다.[15] 그는 지난날을 반추하며, 만약 또 한 번의 기회가 주어진다고 해도 자신은 동일한 내용을 더 강도 높게 진행할 것이라고 했다.[16] 나름의 목표지향적 개혁을 추진하고 있던 제3의 길 노선의 온타리오 주 정부는 바버 경의 이와 같은 단호한 자세를 학교교육에 대한 한결같은 태도로 미화하고 정당화하여 자신들의 입지를 공고히 하는 데 이용하려 했다.[17]

'중앙집권적 통제의 길'에서는 소위 '풀어주는 것'이 유약함 혹은 일종의 도덕적 통제력 상실로 보였다. 의심과 곤경에 처했을 때 신념을 고수하거나 상황의 장악을 위해 잠시 멈춰서 생각해본다거나, 타인의 의견을 종합해본다거나, 중간경로를 수정하는 등의 행위를 하는 것은 질책받아 마땅한 것으로 여겨졌다.

엘렌 랭어Ellen Langer가 저서 『마음챙김 학습의 힘the power of mindful learning*』에서 말하기를 과도한 경직성은 우리가 새로운 정보를 수용하여 자신의 사고를 수정하고 전략이나 기존에 설정한 목표를 재검토할 수 있는 가능성을 가로막을 수 있다고 했다.[18] 조직학습에 관한 학계의 권위 있는 연구들에서도 동일한 결론을 내고 있다. 기존의 규범과 가치에 의문을 제기하지 않고 그대로 놓아두는 '단일순환single-loop' 학습에 비해서 계속적인 피드백을 제공하는 '이중순환double-loop' 학습은 조직이 지속적으로 진화하고 향상되도록 해준다.[19] 새로이 출현하는 정보들에 대해 개방적인 태도를 취하지 않고 미리 의도한 결과만을 추구한다면 무기력하고 의식 없는 상태가 이어져 배움이나 창의성, 변화가 아니라 습관이나 관습적 행위, 순응만이 촉진될 수 있다는 것이다.

실제 현실에서 '풀어주는 것'은 고도의 수행능력에 필수적 요소이다. 미국의 사회학자 리차드 세넷Richard Sennett은 목공예, 요리, 음악, 스포츠 영역의 고도의 장인정신craftsmanship에 관한 예리한 분석을 담은 저서 『장인the craftsman*』에서 '최소의 힘'이 지닌 미덕과 '풀어줌'의 기교를 지적한다.

* 국내서로는 『마음챙김 학습의 힘(김한 옮김, 정태연 감수, 동인, 2011)』으로 번역출간되어 있다.
* 국내서로는 『장인: 현대문명이 잃어버린 생각하는 손(김홍식 옮김, 21세기북스, 2010)』으로 번역출간되어 있다.

"목공인과 마찬가지로 요리사의 경우에도 식칼이나 망치를 세게 내려친 이후에도 그 도구를 계속 힘주어 붙들고 있는다면, 그 도구의 튕겨오르는 힘을 거스르는 것이다. … 힘이 가해진 찰나의 순간에 힘을 뺄 수 있는 능력이 있어야 그 행위는 더욱 정밀해지고 더욱 정확한 조준이 가능해진다. 피아노를 칠 때에도 마찬가지로, 건반에서 손을 떼는 능력은 건반을 누르는 것과 더불어 하나의 통합된 동작이다. 손가락이 누르는 압력이 건반에 전해지는 순간 힘을 멈춰야 손가락이 신속하고 용이하게 다른 건반으로 옮겨갈 수 있다. 현악기를 연주하는 경우 다른 음으로 또렷하게 이동하기 위해서는 누르고 있던 줄을 놓는 찰나의 순간을 잡을 수 있어야 한다. 이런 이유로, 음악을 하는 손은 큰 소리를 내는 것보다 맑고 부드러운 음을 내는 것이 훨씬 더 어렵다." [20]

풀어줌의 원리 또는 그렇게 하지 못하는 원리가 정치적·군사적 전략가에게도 동일하게 적용된다고 세넷은 말한다. '폭력적인 힘'은 다른 어떤 기술영역에서도 마찬가지이지만, 특히 리더십과 '국가 경영의 기술'에 있어서 큰 역효과를 낳는다. 반대로 '약자와의 협력, 절제된 힘, 긴장 해소'는 정치적 통제기술의 효과성을 높이는 데 필수적이다. [21] 즉 육체적 힘이나 정신적 힘을 탁월하게 부려 쓰는 것의 핵심이 바로 여기에 있다. 역설적이게도 가장 효과적으로 힘을 놓을 수 있는 사람이 가장 강한 자다. 지도자가 알맞은 때에 '풀어주기'를 거부할 때, 그들이 드러내는 것은 힘이 아니라 경직성이고 미숙함이다.

중앙집권적 통제의 길이 장애요인인 줄도 모르고 그것을 바람직한 새로운 길로 여겼던 정책가들은, 무절제한 힘으로 망치질을 가하듯이 결국 '큰소리를 내는 방식'으로 학군과 학교에 위압적인 정부개입을 가하는 수준에서 한치도 나아가지 못했다. 정책과 행정에 있어서 이제까지와는 다른 화음을 낼 때다. 더욱 더 숙련된 기량을 갖출 때다.

데이터에 집착하는
기술주의의 길

중앙집권적인 행정가와 정치가들은 예술적 수완을 발휘하는 데 쏟을 시간이 별로 없다. 기술관료technocrats는 더더욱 그렇다. 플로리안 헹켈 폰 도너스마르크Florian Henckel von Donnersmarck 영화감독의 매혹적인 작품 「타인의 삶The Lives of others(2007)」은 1980년대 공산주의 시절의 동베를린을 무대로 하여 비밀경찰들이 동독 최고의 극작가 드라이만의 아파트를 도청하는 이야기를 다룬다.[22] 이 궁극의 감시사회에서 국가는 국민들의 활동에 관한 데이터를 수집하고 일일이 손으로 분류하여 방대한 양의 파일로 정리한다. 자료내용은 수취한 편지, 구독한 신문, 구입한 신발, 아파트 출입시간 등을 망라한다. 수집되지 않는 통계자료들의 유일한 공통점은 정부에게 불리하거나 밝히기 곤란한 자료로, 예를 들면 자살률과 같이 당시 사회에 대한 비판적 관심을 불러일으키는 내용이었다. 이 사회에서는 자료가 특정 사건이 있을 때 수집되는 것이 아니라 미래의 어느 시점에 특정 사건을 기소할 필요성이 있을 경우를 대비하여 계속적으로 수집된다. 이러한 방식으로 소위 객관적이고 광범위하고 개인의 인권을 침해할 수 있는 증거가 모두 국가의 손아귀로 결집됨으로써 국가는 국민에 대한 통제력과 판단을 행사할 수 있는 토대를 굳건히 다진다. 이런 세계에서는 감정이 없는 기술관료들이 권력의 손잡이를 쥐고 있는 반면, 풍부한 표현력으로 사회를 동요시키는 예술가들은 기술관료들의 적이 된다.

'제3의 길'은 공정성 증대, 대중의 참여 활성화, 경제적 풍요 증대라는 전망과 더불어 시작되었다. 그러나 두 번째 장애요인인 기술주의의 길은 사회 전체의 책임으로 공유되어야 할 불평등 및 사회정의와 같은 도덕적 이슈들을 학생의 성취목표 및 성취도 차이 문제, 즉 학교에 국한된 문제이자 기술적·계량적 문제인 것으로 변환시켜왔다. 세계 어디에서나 학업성적 격차에는 경제적·사회적 지위 차이가 반영된다. 그런데 이런 차이가 없어지지 않고 존속하는 점에 대하여 교사 및 학교에게 책임을 전가하려는 흐름이 극심해진 것이다. '도덕적 이슈와 책임감'은 '기술적 이슈와 책임감'으로 탈바꿈되었는데, 이 책임감은 검사(측정)를 끝없이 증가시키고 방대한 규모의 성적 데이터를 분석하는 것을 통해 해소되었다. 대중 단위의 정보만 수집된 것이 아니다. 개개인은 점차 그들 자신에 대한 데이터와 타인에 대한 데이터를 확인하고 정리해나갈 것을 요구받았다.

잠시 멈춰 다시 생각해보자. 영미권 국가들의 학교교육 전략을 공산주의시기 베를린에 만연했던 비밀경찰들의 활동과 비교하는 것은 다소 극단적인 것 아닌가? 더 좋은 데이터를 수집하고 그것을 사용하는 것이 그렇게 악하고 나쁜 일인가? 데이터를 수집하는 행위는 과거 학교교육에 적절하게 적용되지 못했던 과학적 방법론의 초석이 아닌가?

오늘날의 교육에서 데이터가 수집되는 영역에는 학생·교사·학교의 성과와 시험결과, 표준학력평가점수, 출결률 등에 관한 학교제도적 성과, 그리고 이제는 학생복지에 관한 다양한 범위의 지표도 포함된다. 이렇게까지 걱정할 필요가 있는 것일까?

- 점점 더 많은 학생들이 개인적으로 교사나 멘토, 혹은 학습진도 매니저를 몇 주에 한 번씩 만나 함께 시험성적을 검토하고 어느 부분에 노력이나 개입지도가 더 많이 필요한지 확인할 권리와 책임을 갖게 되었다. 이는 학생들이 마침내 자신의 학습에 대해 더 적극적인 목소리를 낼 수 있게 된 것이 아닌가?
- 학교는 어디에 문제가 있는지, 즉 여기는 이 부서가 약하며 저기는 남학생들의 읽기성취도가 저조하다는 것을 명확히 인식할 수 있게 되어, 학교의 개입프로그램을 더 정밀하게 도입하고 보정할 수 있다. 이러한 변화는 도움이 시급한 학생을 제때 돕게 해주고 교사가 자신의 노력을 허공에 날려버리는 일을 방지해주지 않을까?
- 교사는 한 학년 동안 가르친 학생들에게 일어난 변화를 측정해 인정받고 보상받는다. 이것이 연령이나 행정사무 책임의 정도에 따라 급여를 차등 지급하는 것보다 더 객관적이고 적절하며 공정한 방식이 아닌가?

- 교육대상인 학생의 유형은 비슷하였으나 성과 면에서 탁월하거나 저조한 방향으로 특별한 결과를 보인 학교와 교사를 공개적으로 확인할 수 있다면, 학교 간에 서로 협력해 도움을 주고받을 수 있고 학부모는 학교 안에서 진행되는 상황에 대해 더 많은 정보를 접할 수 있다. 이런 것이 학교 구성원들의 동반 성장을 장려하고 지원하는 일이 아닌가?

- 교실수업이 본능·이념·직관·습관을 근간으로 하지 않고 학생의 학업성취에 효과가 있는 것으로 여겨지는 객관적 증거에 기반해 이루어질 수 있다. 교사들이 전문가로서 대우를 받기 위해서는 '의사처럼' 과학적인 판단을 해야 하고, 개인적 선호나 검증되지 않은 신념보다는 확실한 증거를 행위의 근거로 삼아야 하지 않을까?

- 교사와 리더들의 전문학습공동체에서 성과데이터를 함께 검토함으로써 당면 문제를 구체화하고 협의하여 해결책을 마련하고, 결과 향상의 방안을 논의함으로써 활기찬 전문가적 토론이 적극적으로 벌어질 수 있다. 교사들은 칭찬이나 피드백을 거의 받지 못했다는 점과 각자 자신의 교실 안에 고립되어 외롭게 일해야 한다는 업무조건에 대해 오랫동안 불평해오지 않았나?

정보화시대에 데이터의 중요성을 부인할 사람은 거의 없다. 건강검진, 금융시장 예측, 항공교통량 통제시스템 등의 분야에서 데이터가 없다면 우리는 제대로 생활하기는커녕 생존조차 하지 못할 것이다. 교육에서도 데이터는 의사결정에 필요한 정보를 제공하고, 전문적 토론을 촉진하고, 개개인의 양심을 자극하고, 진도를 확인시켜 주고, 우리가 책임을 직면할 수밖에 없게 만들고, 우리의 약점에 맞설수 있도록 해준다. 교사가 데이터를 신속하게 이용해 수업을 조정할수 있을 뿐 아니라, 동시에 그 데이터가 지닌 강점과 한계를 분명히 이해할 수 있다면, 학교는 더 나은 배움의 장이 되고 모두가 더 성장할 수 있을 것이다.

그런데 실제로는 전혀 다른 일이 일어났다. 데이터의 능력에 대해 터무니없이 과도한 기대가 발생한 것이다. 데이터는 종종 측정하려는 대상과 괴리되기도 하고 모순이 발견되기도 한다. 통계데이터가 늘 확실한 것은 아니다. 데이터를 해석하고 데이터에 다른 정보를 추가하는 데는 전문가적 판단과 경험이 필요하다. '데이터에 집착하는 기술주의의 길'의 진짜 문제는 그 노선이 수많은 데이터로 점철되어 있다는 점이 아니다. 진짜 문제는 다음과 같다.

- 데이터를 정의하고 그 범위를 규정해온 방식
- 데이터를 해석하고 이용하는 방식
- 데이터에 대한 과도한 의존으로 인해 교육제도가 왜곡되고, 교사의 도덕적 판단이나 전문가로서의 책임이 무시되고 과소평가된 경향

1. 판단을 호도하는 데이터

실제 학교와 학교제도 차원에서 의존하는 '데이터'는 결국 읽고 쓰는 능력과 셈하기 능력, 그리고 때로는 과학을 포함한 영역의 표준화시험 점수를 말한다. 교육학자와 과학자 등은 중요하게 여기는 것을 측정하기보다는 측정할 수 있는 것을 측정한다. 그리고 그 측정결과만을 중요하게 여긴다. 그들은 시험에 나오는 과목만 우선적으로 공부하는 시험대비 수업을 묵인한다. 학구·주·국가별로 시험이 다르기 때문에 학교로서는 어떤 시험에서는 좋은 성적을 내는 한편 다른 시험에서는 최악의 성적을 내기도 한다. 이는 매우 비관적인 일이다. 캘리포니아 주에서는 300여 개 학교가 주 정부의 학업성취도향상목표는 달성했는데도 「아동낙오방지법NCLB」이 정하고 있는 연간적정향상도에는 도달하지 못했다.[23]

장기적으로 보면 비일관성과 모순도 있다. 영국의 전국학력평가에서 낙오학교로 새롭게 분류된 638개 중고등학교가 그 예이다. 어느 해에는 시험이나 평가기준 면에서 좋은 성적을 냈던 학교들이 다음 해 정부가 과녁의 위치를 조금 바꾸자 과녁을 대거 빗나가버린 것이다.[24] 또 다른 예로는 새로운 시험이나 개혁조치가 도입될 때 능력개발을 위한 시범운영을 해볼 시간이 학교에 주어지지 않는 경우가 있다. 이는 기준선에 도달하는 학생 수를 인위적으로 하락시키는 요인으로 작용한다. 정부는 이후의 성과향상을 측정해 성취라고 주장하지만, 사실상 이것은 원래의 상태를 제대로 측정하게 된 것에 불과하다.

대안으로 '부가가치평가value-added assessments'가 많이 거론된다. 이 평가방식은 교사가 학급학생들의 성적변화에 미친 영향이나 학교에서 1년 혹은 다년간 어느 한 학년의 성적변화에 미친 영향을 보다 정교하게 측정한다. 이 접근법 중 가장 영향력 있는 모형은 부가가치모형value-added model(VAM)으로서 미국 녹스빌 소재 테네시대학의 무명 농업통계학자였던 윌리엄 샌더스William Sanders가 창안했다. 1990년대를 기점으로 샌더스는 '테네시 주 부가가치평가시스템'이라고 명명한 평가방식을 매 학년 초와 말에 실시하는 테네시 주 표준학력평가에 응시하는 학생들에게 적용해보았다. 샌더스는 한 번도 공개하지 않은 컴퓨터 알고리즘을 사용하여 동일한 학력수준이던 학생들이 담당교사의 자질에 따라 다년간에 걸쳐 성적이 현저히 오르기도 하고 퇴보하기도 한다는 것을 보여주었다.[25] 진정으로 자질이 뛰어난 교사를 알아볼 수 있게 하며, 학년 초에 학생이 원래 가지고 있던 누적된 학습결핍에 대해 교사가 비난받는 것을 방지할 수 있는 방법이 여기 있었던 것이다. 2008년에 이르러서는 50여 개의 학군에서 이 부가가치 모형에 기반해 교사의 성과를 상여금이나 임금인상으로 보상하였다. 마침내 우수교사와 그렇지 않은 교사를 구분할 수 있게 되었다.

그러나 당혹스럽게도 통계학적 입장에서 보면 어느 해의 우수교사가 그 다음 해에는 비우수교사인 경우가 많았다. 대니엘 맥카프리Daniel McCaffrey와 동료연구자들이 2001~2005년 시기에 부가가치 모형을 사용한 플로리다 주 4개 학군에 대해 철저한 양적 연구를 시행한 결과, 어느 해 상위 20%에 속했던 교사 중 과반수에 다소 못 미치는(47%) 교사들만이 그 다음 해에도 같은 범주에 남아 있었다. 4개 학군 중 2개 학군에서는 그 수치가 25%에도 이르지 못했다.[26] 이는 기존에 샌디에이고와 시카고에서 수행된 연구결과와 비슷한 결과였다. 맥카프리의 연구팀은 "대체적으로 어느 한 해 상위 20%에 속했던 교사 중 약 3분의 1만이 그 다음 해에도 상위 20% 안에 속했다."라고 보고하고 있다.[27]

　그렇다면 도대체 무슨 일이 일어난 것일까? 어느 해에 훌륭했던 교사가 그 다음 해에는 알고 있던 것을 모두 잊어버리기라도 한 것인가? 냉혹한 진실은 소수의 교사만이 다년간 꾸준히 높은 성과를 내는 것이 가능하고, 대부분의 경우에는 연 단위의 상황변화에 따라 매우 큰 기복을 보인다는 것이다. 숙련된 교사나 학교의 행정실무자라면 누구나 그 이유를 안다. 교사와 학생들에게는 '잘 풀리는 해'가 있는가 하면 '잘 안 풀리는 해'도 있다. 교사들은 아프기도 하고 부모님이 돌아가시기도 하며 결혼이 파경에 이르기도 하고 아이를 낳는 바람에 잠을 못자기도 한다. 훌륭한 교장이 떠난 후 그에 못 미치는 후임이 오기도 한다. 극심한 행동장애가 있는 학생 한 명 때문에 반 전체가 지장을 받아 시험결과를 망칠 수도 있다. 교사가 개정된 교육과정의 복잡한 내용을 충분히 파악하기 전까지는 학생들의 시험점수가 뚝 떨어졌다가 몇 년 후 교사가 자료를 완전히 숙지했을 때 성적이 회복되는 경우도 있다.

'암에 걸렸습니까? 아기를 낳았습니까? 아버지께서 돌아가셨습니까? 힘든 학생을 맡았습니까? 새 교육과정을 가르치는 법을 익히기 위해 위험한 변화를 시도했습니까? 괜찮습니다. 대신 보수는 적게 드리겠습니다. 불만은 갖지 마십시오. 왜냐하면 데이터에 기반한 새로운 의사결정시스템은 확실한 근거를 갖고 있기 때문입니다.'

우리는 연구과정에서 이 모든 경우를 목도했고 이를 넘어서는 사례들도 보았다. 한 연구에서 정부가 성적부진학교로 지목한 300여 중고등학교 네트워크에 대한 평가를 실시했다.[28] 이 중 3분의 2에 달하는 학교들이 1, 2년 만에 성적이 극적으로 향상되었다. 그러나 프로젝트 개입 덕분에 호전된 학교도 다수 있었으나 전혀 상관없는 요인들이 작용한 학교들도 있었다는 것이 현장방문 결과 밝혀졌다. 어느 학교가 성적부진학교로 지명되었던 해에는 교장이 아내와 사별하였으며, 다음 해 교장이 일에 전념하자 성과가 반등하는 식이었다. 다른 학교에서는 경찰관 한 명이 학생 강간혐의로 기소되는 등 여러 위기가 초대형 폭풍처럼 찾아와서 모든 교사가 수업에 집중할 수 없었다. 사건이 완전히 종결되고 나서야 교사와 학교리더들은 다시 학생들에게 전념할 수 있었다.

이렇게 학교와 지역사회의 '실제' 삶에서 일어나는 지극히 인간적이고 소소한 딜레마들은 기술관료들의 레이더망에는 전혀 잡히지 않는다. '데이터에 집착하는 기술주의의 길'에서 데이터란 현실을 있는 그대로 드러내기보다는 다소 협소하고 단순하게 정의하며 조작이 가능하다는 맹점을 지닌다. 그럼에도 불구하고 데이터는 신뢰받는 반면 교사의 판단은 신뢰받지 못한다.

2. 데이터 해석의 오류

산업분야에서 품질에 관한 증거들은 대개 명백해 보인다. 어떤 부품이 본체에 맞느냐 안 맞느냐 하는 둘 중 하나의 문제인 것이다. 혹은 측정치가 맞거나 안 맞거나 하는 문제이다. 그러나 하자의 이유를 따질 때에는 그 증거가 항상 명백한 것은 아니다. 원재료와 공급망의 문제일 수도 있는가? 제작기술에 불완전한 면이 있는가? 노동자들이 비숙련공이거나 감독이 부실했거나 심지어 적극적으로 태업에 가담했는가? 만약 그랬다면 그 이유가 무엇인가? 데이터에 의해 하자가 드러날 때, 좋은 관리자는 성급하게 결론을 내리거나 충동적으로 반응하지 않는다. 대신 '왜' 그랬을지 질문을 던지면서 많은 사람을 동참시켜 이 질문에 대한 답을 찾는다.

그러나 증거를 매우 중요하게 여기는 의학분야는 어떠한가? 또 팬들이 오로지 결승골만을 요구하는 스포츠분야는 어떠한가? 교육자들도 이들 분야로부터 복잡한 계산을 정확히 해내는 것에 대해 배울 것이 있지 않은가?

아툴 가완디Atul Gawande는 하버드대학교 부속 브리검 여성병원의 일반외과의사이다. 그는 베스트셀러 작가이자 미국의 주간잡지 《뉴

요커<The New Yorker>》의 고정 필진이기도 하다. 그는 두 권의 저서에서 증거와 경험 간의 관계에 대한 정교한 이해를 증진시키는 의학적 문제들을 다루었다. 가완디는 다음과 같은 경우에 나타나는 의학의 신비와 오류가능성에 대해 탐구하였다.

- 다년간의 전문화 노력과 임상경험을 통해 고도의 효과성을 달성한 탈장脫腸 전문병동의 경우
- 엄격한 증거기반의 절차를 거친 것이 아니라 연륜있는 의사들이 환자들과 풍부하게 의사소통을 하여 직관적인 판단을 발휘함으로써 낭포성 섬유증 치료에 독보적인 성공률을 보인 경우
- 가완디와 그가 신뢰하는 동료의사가 직관에 의지하여 여성환자가 단순 피부염이라는 객관적 실험결과를 무시하고 수술하기로 결정한 결과, 피부를 파괴하여 잠재적으로 치사 위험이 있던 질병으로부터 여성환자의 생명을 구한 경우[29]

세계 일류병원들의 최상의 증거들을 다 규합한다 할지라도 의료분야란 다음의 말로 설명될 수 있다. '불완전한 과학이자 끊임없이 변하는 지식과 불확실한 정보 및 오류로 점철되어 있고, 이와 동시에 경각에 달린 목숨이 관여된 산업이다. 과학적 요소도 물론 있지만, 습관적이거나 직관적인 면도 있고 때로는 옛날부터 이어져온 추측에 의한 요소도 있다.'[30] 가완디의 사례에서는 다년간 획득한 전문적 경험이 객관적 실험으로 얻은 근거를 밀어내버렸다. 의사들이 인명을

구하도록 빠른 결정을 내리는 데 도움이 되는 것은 바로 '경험'인 것이다.

가완디는 자신의 두 번째 책 『Better 닥터, 좋은 의사를 말하다*』에서 학교에 대해 깊은 함의를 시사하는 고도의 논점들을 전개하였다.[31] 그가 언급한 바에 따르면, 해마다 2백만 명의 미국인들이 병원에서 추가 감염을 겪는다. 놀랍게도 이 가운데 9만 명이 사망에 이른다. 병원에서의 2차감염은 근절해야만 한다. 그런데 이를 위해서는 데이터를 수집하고 정리하여 그 사실을 사람들이 직시하게 하는 것 그 이상의 일이 필요하다.

미국의 질병통제센터에서 마련한 엄격한 지침을 따를 경우 직원들이 손을 씻는 데만 근무시간의 3분의 1이 소요된다. 의사와 간호사들은 손을 씻을지 말지 그 여부만 정하면 되는 것이 아니다. 그들은 손을 씻을지 서둘러 가서 출혈이 멈추지 않는 총상을 살필지를 고민해야 하고, 손을 씻을지 아니면 당장 갑자기 쓰러진 고령의 환자를 도우러 갈지를 판단해야 한다.

이러한 불편한 문제상황에 대해 상부에서 하는 일들이란 온갖 의무규정과 지시들을 하달하는 것뿐이다. 직원들에게 세정제를 휴대하도록 하고, 모든 신규환자의 비강배양세포를 채취하여 감염여부를 확인하며, 의료물자들을 이용하는 데 걸리는 시간낭비를 줄이기 위해 재배치하는 조치 등이 그것이다. 그러나 이러한 개혁들은 애초에

---

* 국내서로는 『닥터, 좋은 의사를 말하다(곽미경 옮김, 동녘, 2008)』로 번역출간되어 있다.

전혀 효과가 없거나 개혁실행 담당자가 업무를 옮기면 그 효과가 사라져버렸다.

감염확산과 관련한 이 모든 우려스러운 딜레마를 불식시킨 극적인 타개책이 다음 순간에 찾아왔다. 피츠버그 시의 외과의사 존 로이드 Jon Lloyd가 '긍정적 일탈'이라는 기치를 내걸고 문화적 변화를 시도해보기로 결정한 것이다. 그는 어떤 한 가지 변화방식을 정해 강제하는 방법보다는 직원들이 이미 보유한 기술과 지식을 기반으로 하는 변화를 꾀했다.[32] 전체 직원들을 30분 동안 모이게 하고 소그룹 토론회를 벌이자 이 문제의 대처법에 관한 온갖 아이디어가 쏟아져 나왔다. 간호사들은 용기를 내어 의사들에게 손을 씻을 것을 권했다. 직원들은 장갑을 착용하기 시작했다. 월별로 개선상황이 보고되었다. 불과 1년 만에 감염으로 인한 사망은 0건으로 급감했다.

가완디의 논리 궤적을 따라가보면 우리에게는 분명 데이터가 필요하다. 데이터는 우리가 직면할 수 있고 또 그래야 하는 우려스러운 현실에 대한 주의를 일깨워주기 때문이다. 데이터의 흐름을 분석해보면 우리가 어느 때 발전하고 있고 어느 때 조정이 필요한지 알 수 있다. 그러나 조직의 실제 현실은 데이터와 같이 잘 정리되어 있지 않다는 것이 또 다른 문젯거리다. 바로 이런 때 통계데이터와 전문가적 판단이 결합되어야 한다. 그리고 이 결합은 지식과 통찰력이 서로 소통될 수 있는 조직문화, 예컨대 구내식당 직원부터 최고경영자에 이르는 전 직원이 문제해결에 기여할 수 있는 그러한 문화에서 이루어진다. 로이드가 직원들의 아이디어를 듣기 위해 그들의 생각을 묻

자 많은 직원들이 '누군가로부터 뭘 해야 할지에 대해 질문을 받아본 것이 처음'이라고 말했다.[33]

협동적으로 문제를 해결하는 실천적인 공동체를 통해 객관적 증거와 경험을 조합하는 것이 우리에게 필요하다. 하지만 이것이 시사하는 바에 대해 더 자세히 설명하기 전에, 생사가 오가는 병원의 세계로부터 승패가 교차하는 스포츠의 세계로 시선을 돌려보자.

마이클 루이스Michael Lewis는 미국 프로야구구단 오클랜드 애슬레틱스의 독보적인 성공에 관한 베스트셀러 『머니볼Moneyball*』의 저자다.[34] 그가 전하는 이야기가 특별한 이유는 오클랜드구단의 성공이 구단 재정의 최대 후원자가 지원을 중단한 이후 사업의 영위가능성에 대해 구단 스스로 의문을 품었을 때 이루어진 것이기 때문이다. 루이스는 이러한 질문을 던진다. '어떻게 그 희박한 성공가능성을 뚫은 것일까? 더욱이 하위 2위팀이었던 야구단이 어떻게 29개 구단 중 한 팀을 제외한 나머지 모든 구단보다 정규시즌 중 더 많이 승리할 수 있었던 것일까?'[35]

그 답은 바로 야구팬들이 통계에 매료된다는 사실을 오클랜드구단이 진지하게 고려하여 이를 선수채용전략의 근거로 최초로 활용했다는 데 있다. 빌리 빈Billy Beane이 2002년에 단장으로 부임하기 이전에는 야구감독들이 전국을 샅샅이 뒤지며 재능 있는 고교야구선수들을 찾아다녔는데, 그 감독들은 본인의 경험과 직감에 의존했고 '야구복

---

* 국내서로는 『머니볼: 140년의 메이저리그 역사상 가장 기적 같은 역전 드라마(김찬별, 노은아 옮김, 비즈니스맵, 2011)』로 번역출간되어 있다.

을 입기 위해 태어난 것처럼 보이는 좋은 몸'을 가진 젊은 선수들을 찾았다.[36] 반면에, 빈은 오로지 노트북컴퓨터 한 대로 무장하고 하버드대 경제학 학사 출신의 컴퓨터광을 조수로 대동한 채, 위험을 감수해가며 '성과기준 스카우팅' 방식을 채택하였다. 이 방식은 선수들의 기존 승률에 근거한 것이지 그들의 향후 가능성에 근거한 것이 아니었다.[37]

빈은 선수 탐색에 관한 전통적 관행을 깼다. 그는 건장한 골격과 적절한 연고를 갖춘 스타플레이어를 뽑기보다는 확실한 데이터로 존재하는 탁월한 경기기록을 근거로 선수를 채용하였다. 그는 팀의 한 시즌 성적을 정확하게 예측해주는 통계로서 출루율(타자가 1루로 살아나간 횟수를 나타내는 백분율 수치)을 가장 선호했다. 가장 인상적으로 출루하는 방식은 장타를 날리는 것으로, 유격수 머리를 넘기는 직선타를 치거나 펜스 중앙부 바로 앞에 떨어지는 2루타를 치는 것이다. 이 방식은 당연히 감독들과 많은 팬들이 가장 좋아하는 장면이다.

그런데 다소 소심한 방식이지만 1루를 밟는 다른 방법이 있다. 예컨대, 내야수들이 도무지 예측하기 어려운 시점에 예측 불가능한 지점으로 허를 찌르고 뛰는 번트를 할 수 있다. 혹은 스트라이크존에 대한 감각이 뛰어나서 그 지점을 벗어난 공을 치지 않으면 볼넷으로 출루할 수도 있다. 체구가 크거나 투수가 투구동작을 취할 때 홈베이스 위로 몸을 산만하게 움직여 투수를 자극하면 투수가 던진 공에 맞아서 1루로 나갈 수도 있다. 장타자들이 늘 최상의 통계기록을 거두는 것은 아니라는 말이다.

결국 중요하게 여긴 것은 세 가지다. 첫째, 통계치 중 출루율이 다른 모든 것에 우선한다는 것을 인식해라. 둘째, 이 조건에 맞는다면 체형이나 체구가 이상하고 도무지 운동과는 어울리지 않더라도 그 선수들을 선택해라. 셋째, 그 선수들이 1루 출루를 정해진 수순으로 생각하고 이에 집중하도록 훈련시켜라.

오클랜드구단은 데이터를 이용하여 놀라운 성과를 얻었다. 더 많은 선수들이 출루하는 데 성공하여 그만큼 홈베이스에 그리고 득점에 더 가까이 다가섰다. 해마다 하위권이던 오클랜드구단은 플레이오프 진출에 성공하여 연봉 총액이 자신들보다 세 배 수준인 팀에 대항해 싸웠다. 오클랜드 애슬레틱스에서 객관적 증거는 개인의 경험과 직감, 습성의 힘을 넘어서는 위력을 발휘했다.

이와 다소 상반된 내용을 담고 있지만 역시 강한 설득력을 지닌 다른 사례가 있다.[38] 스포츠 지도자들도 의사들과 마찬가지로 통계에 너무 의존한 나머지 조직 내의 인간적 측면을 등한시할 수 있다. 우리 저자 중 한 명은 기대 이상의 성과를 거둔 조직들에 관해 연구해왔는데, 여기에는 프로스포츠 구단도 포함되어 있었다. 동료연구자 앨런 보일Alan Boyle과 함께 우리는 영국 2부리그 소속의 한 축구팀의 후미진 방에서 강단 있어 보이는 젊은이와 인터뷰를 했다. 그의 직무 명칭은 '경기성과분석관'이었다. 그는 주로 '프로존ProZone'이라는 명칭의 도구를 긴밀하게 활용하였다. 프로존은 축구선수들이 애용하는 새로운 의약품이 아니다. 컴퓨터프로그램이다. 축구장 전역에 설치된 여러 정지카메라로부터 경기영상을 추려내고 분석하여 각 선수의 경기능력 흐름을 파악해준다.

매 경기 후 영상테이프가 구단 밖에서 기초분석을 거친 후 경기성과분석관에게 되돌아오면, 분석관은 선수별로 분석정보를 편집하여 정리한다. 데이터는 모든 것을 망라한다. "공을 잡는 매 순간 선수들이 어느 위치에 있는지, 언제 공을 잡는지, 그 후에 무엇을 했는지 등이 모두 분석됩니다. 놓치는 것은 아무것도 없습니다." 패스 횟수와 종류 및 수준, 담당했던 필드 위치, 운동량 및 에너지소모량 등 이 모든 것들이 계산된다. 그렇다면 선수들은 이 데이터를 어떻게 이용하여 경기능력을 향상시킬 수 있을까?

들은 바에 의하면, 일부 감독들은 데이터를 액면 그대로 받아들여 노력과 효과의 정도를 정확히 드러내는 지표로 삼는다고 한다. 몇몇 감독들은 미세한 칩을 선수들의 신발에 부착하여 선수들이 경기 중 얼마나 뛰는지에 대한 양적 데이터를 수집하기도 했다. 이학석사학위 연구차 그 프로그램을 연구하던 한 경기성과분석관은 다음과 같이 말했다.

"월드컵에서 이 기술을 시험적으로 적용해봤는데, 제가 보기에는 공이 바깥으로 나가면 (즉, 카메라 시야 밖으로 나가면) 더 뛰기 시작하는 선수들이 일부 있었어요. 그래야 통계수치를 끌어올릴 수 있고 감독에게 '네, 이번 주는 할 만큼 했습니다.'라고 말할 수 있는 거죠. 늘 빠져나갈 방법이 있기 마련이에요."[39]

주자의 필수요인으로 달리기라는 항목을 독단적으로 설정해버린 이러한 방식과는 정반대로, 우리가 조사한 축구팀에서는 피츠버그 시의 병동과 마찬가지로 객관적 증거에 보다 많은 상호교류를 결합시켜 폭넓게 활용하는 방법을 발전시켰다. 여기에는 데이터를 감독과 공유하는 것이 포함된다. 데이터가 경기력이나 체력수준에 관해 어떤 의미를 갖는지 의견제시를 한다거나, 선수를 불러 본인의 통계 수치를 보고 리그 전체의 평균 경기력 수준에 비해 어떠한지 살핀 다음, 함께 이를 향상시킬 구체적인 방법에 대해 논의하는 것이다. 경기성과분석관은 "데이터는 선수들이 뭘 해야 할지 지시하지 않습니다. 발전에 기여하는 하나의 요인일 뿐이지요."라고 말했다. "기술적이든 전술적이든, 데이터에 대해서는 다양한 해석을 내릴 수 있습니다." 어떤 구체적인 한 가지를 지시하기 위해서만 데이터를 이용한다면 그것은 반드시 실패로 끝날 것이다. '무엇을 해야 할지를 지시하는 것'은 그 팀이 표방해온 '표현의 자유'와 아주 밀접한 '자발성과 창의성'을 앗아가버리기 때문이다.[40]

"저의 역할은 알맞은 정보를 찾아 감독이 그 정보에 관심을 갖도록 만들고 그에 기반하여 결정을 내릴 수 있도록 해주는 것입니다. 저와 그들의 관계에서는 뭘 해야 하는지 지시하지 않습니다. 선수들도 그 점에서는 마찬가지입니다. 저는 선수들의 향상을 바라고 그들이 최선을 다해 경기하는 데 도움이 되고 싶지만, 사람들의 감정을 불쾌하게 하거나 누군가를 침해하지 않는, 적절한 방식으로 다가가고자 합니다."[41]

이 스포츠팀이 데이터를 활용하는 방식은 지능적이고 모두가 직접 참여하도록 초대하는 방식이다. 이 팀은 통계증거를 마치 종교적 진리나 어떤 반박도 허용되지 않는 계율처럼 다루지는 않는다. 그보다는 모두가 전문학습공동체의 일원으로서 성장하는 상호교류과정의 일부가 되도록 통계증거를 다룬다. 이 프로축구팀의 선수들은 데이터를 동료로 여기지 지휘관으로 여기지 않는다.

대부분의 스포츠팀처럼 교사들도 본인의 직감에 과도하게 가치를 부여할런지도 모른다. 자신의 옛 모습을 떠올리게 하는 선수를 선택하는 감독들처럼 개인적인 판단만을 사용하다가 실수를 저지를 수도 있다. 우리 역시 똑같은 실수를 한 적이 있다. 여러 해 동안 우리는 미국의 '학생성취도평가 기준표student performance rubrics (영국에서는 등급기준표level descriptions 라고 한다)'의 존재를 그다지 달가워하지 않았다. 뚜렷한 평가기준이 있으면 좋다는 것에는 동의하지만, 평가기준표는 좀 지나친 것처럼 보였다. 어떻게 온 세상이 네 개의 숙달등급으로 나누어질 수 있겠는가? 그런 식으로 성과를 평가한다면 결혼 후 수십 년이 지난 후에도 우리는 아마 이제야 겨우 남편으로서의 모습을 드러낸다고 평가받을 것이다. 우리는 평가기준표에 대한 집착을 비판해왔다. 마치 흑사병과도 같이 '평가기준표의 전염병'이 돌고 있다고 표현하곤 했다.

그러다 보니 우리가 이런 식으로 평가기준표를 비난하기 전에 우리 스스로 평가기준표를 이용해봐야겠다는 생각이 들었다. 우리는 가능한 한 최상의 평가기준표를 만들어 졸업생들의 글쓰기과제를 평가하는 일에 착수했다. 그 결과 우리 자신에 관하여 중요한 점을 깨달았다. 우리가 글쓰기를 매우 좋아한다는 것이다. 우리는 글쓰기의 문체와 운율과 시적인 요소를 좋아한다. 학생들도 이것을 알고 있다. 그러나 평가기준표의 사용을 통해 우리가 배운 것은 우리 자신의 글쓰기 방식을 지나치게 좋아한다는 것이었다. 그러다 보니, 명쾌하지만 글의 격조는 떨어지는 학생이나, 논지는 뛰어나지만 표현을 완벽하게 하지 못하는 학생이나, 근거를 잘 적용하면서도 설득력이 아주 뛰어나지는 않은 학생들을 정당하게 평가하지 못하고 있었다. 우리는 우리 자신을 떠올리게 해주는 학생들만 좋게 평가하고 있었던 것이다! 데이터를 이용할 때에는 초점이 우리 자신이 아니라 학생들을 향하도록 관리해야 한다. 특히 학생의 문화나 학습방식, 표현방식이 교사와 다를 때에는 이 점에 더욱 주의해야 한다.

교사 개개인이 유능한 장인으로서 데이터를 상황에 맞게 신중히 변용한다면 데이터는 이롭게 쓰일 수 있다. 하지만 이는 의무규정과 지침의 필요를 변호하는 또 다른 구실이 되어버렸다. 학교와 학교제도에서 데이터와 연구증거를 이용하는 방식은 지능적이지도 유연하지도 못하다. 예를 들면 다음과 같다.

- 모든 교사들에게 수업을 세 부분으로 구성하도록 지시한다. 그런데 미술이나 연극수업에서 이것이 어떻게 가능하겠는가?

- 학생들이 볼 수 있도록 학습 및 수업의 목표를 항상 칠판에 게시해둘 것을 요구한다. 하지만 창의적인 교사들이 원하는 수업에서는 학생들을 집중시켜줄 기발한 요소들이 포함되기도 하고, 어떤 수업에서는 학생들 스스로 학습목표를 정하게 하기도 한다. 이러한 경우에는 어떻게 해야 하는가?

- 모든 부모가 자녀들에게 잠자리에서 책을 읽어주어야만 한다는 주장이 있다. 하지만 중국인 부모들을 보면, 그들에게는 비록 이런 전통이 없지만 그들만의 또 다른 방식을 이용해 자녀들에게 읽기·쓰기 능력을 길러준다.

- 통제의 정도가 매우 심한 상황에서 특정 사람들을 대상으로 진행한 실험결과에서나 볼 수 있는 '과학적으로 검증된' 읽기·쓰기 교수법을 처방한다. 이는 마치 혼란스러운 상황의 환자에게 실험실처럼 통제된 상황에서나 효과가 있는 실천방식을 곧이곧대로 엄격하게 적용하는 것과 같다.

- 초등교사들에게 유급 수업보조교사를 지원하기보다는 규모가 더 작은 학급을 배정한다. 3장에서 보게 되겠지만, 이 연구결과는 초단기의 통제된 실험에서 유용성을 지닐 뿐 장기적 관점에서 현실세계의 학교상황에는 맞지 않는다.

- 전국단위 시험의 성적향상에 가장 높은 우선순위를 부여한다. 그런 시험대비로 인해 정작 대학입학고사에 필요한 수준 높은 역량에 대한 성취도는 하락한다.

그러나 보다 신경을 많이 쓰면서 데이터를 이용하는 학교와 학교 체제들이 있는데, 이들이 속한 탐구적·실천적 공동체에서는 '데이터 분석 – 성찰 – 실행 – 평가'의 순환과정이 끊임없이 이어지는 가운데 객관적 증거와 주관적 경험이 상호 보완된다. 아만다 댓나우 Amanda Datnow와 동료연구자들은 성취수준이 높은 초·중·고등학교에서는 데이터를 폭넓게 정의하여 교무위원 회의록과 동료교사의 수업참관기도 이에 포함시킨다는 것을 발견했다.[42] 그 학교에서는 다양한 출처의 데이터를 규합하고, 평가데이터가 어떤 의미를 나타내는지 토론하는 시간에 학생들도 참여시켰다. 그리고 이러한 심사숙고의 과정을 교수·학습 및 학교문화 변혁의 출발점으로 삼았다.

교육적 성과에 관한 데이터는 현명한 해석을 거치는 것이 마땅하다. 지속가능한 향상이란 실로 여기에 달려 있다. 통계데이터가 여러 정보출처 중 한 가지 정보일 때, 교육자들이 두려움보다는 호기심과 탐구정신으로 데이터에 다가갈 때, 그리고 교사들이 전문성을 바탕으로 데이터 이용에 대한 재량을 가지고 있어서 불안이나 위협을 느끼는 일 없이 당당하게 혁신적인 방법들을 시도할 수 있을 때, 비로소 데이터가 학습방법의 개선과 성취도 향상에 있어 큰 역할을 해낼 수 있는 가능성이 열린다. 그러나 판단을 호도하는 데이터나 해석이 잘못된 데이터는 모든 오용이 그렇듯 우리를 본래의 목적에서 멀어지도록 만든다.

3. 데이터의 오용

기술주의 체제의 특징으로서 가장 우려되는 것은 중요한 이해관계가 얽혀있는 성취도데이터를 상의하달식으로 이용하다 보니 교육시스템에 부정이 개입될 가능성이 있다는 점이다. 기업의 영역에서는 엔론Enron 사에서 바로 이런 일이 일어났는데, 분기수익 향상 압력이 끊임없이 이어지자 '창의적인' 회계를 하더니 종국에는 금융사기문제에 이르게 되었다. 축구데이터 분석프로그램 프로존을 통해서도 보았듯이 선수를 과도하게 관리·감독하게 되면 선수들은 감독의 감시에서 벗어나기 위해서 실제로는 전혀 불필요한 조치들을 취하게 된다. 데이터의 쓰임이 개혁을 추동하고 실행하는 데 있어서 반대의견을 허용하지 않고 정치적 의제를 일방적으로 강요하는 데 이용된다면, 교사와 학교도 불필요한 과잉조치를 취하는 법을 재빨리 익히게 될 것이다. 이는 생존을 위해 데이터를 교묘하게 조작하고 제도를 악용하는 것으로서, 우리는 이와 같은 일들을 '제2의 길'에서 숱하게 봐왔으며 이것은 '제3의 길'에서도 마찬가지다.

오늘날 너무나 많은 교사들이 시험과목인 읽기·쓰기 능력과 수학에만 관심을 쏟는다. 그러다 보니 교육과정 중 사회·환경·예술 등의 분야는 그들의 관심 밖으로 밀려나고 있다. 데이터만을 기반으로 학교교육을 변화시키고자 하면, 즉각적인 결과에 대한 불안감 때문에 많은 학교들은 오로지 시험에만 골몰하게 된다. 특히 가난한 지역의 학교들은 성과미달의 위기에 처하면 원치 않는 간섭을 받게 될 수도 있는 벼랑 끝의 상황인지라 데이터 지상주의의 쳇바퀴를 억지로 계속 돌려야만 하는 상황에 처하게 된다.

이 책의 출간시점 당시 제2의 길의 노선인 표준화 추세가 만연한 미국의 경우, 특히 과잉평가가 이루어지는 미국의 교육환경 속에서 학교 교직원실은 교사들의 학습공동체들에 의해 일시적인 팀워크만 존재하는 '회전문 세계'로 변모되고 있었으며, 수학자와 통계학자, 그리고 영혼 없는 기술관료들에 의해 교육의 전당이 장악되어 있었다.[43] 베티 애친스타인Betty Achinstein과 로드니 오가와Rodney Ogawa가 「하버드 교육저널Harvard Educational Review」에 게재한 보고서에서 언급하였듯이 교육지침을 하달하고 계량적 지표 개선에 골몰하는 이러한 체제에 의문을 품으면 최상의 자질을 지닌 교사들조차 학교로부터 '팀워크를 발휘하는 선수'라기보다는 '임시계약직 근로자'라는 비난을 면치 못했다.[44] 최악의 경우 교사들은 제대로 된 이유도 알지 못한 채 학교와 학군에서 쫓겨나기도 했다.

- 온타리오 주의 한 학교는 '장기간에 걸친 교육변화 연구'의 대상 학교 8개 중 하나로 선정되자 10학년 읽기·쓰기능력시험이라는 과제가 새롭게 부과되었다. 이에 학교는 학생들에게 예비평가를 치르도록 했고 영어교과에서는 통과기준에 근소하게 미달하는 20%의 학생들 위주로 시험대비를 하도록 지시하였다. 나머지 80%의 학생들은 방치되었다.
- 동일한 연구의 대상 학교였던 뉴욕의 한 마그넷스쿨에서는 최우

수학생들 위주로 성취기준 기반의 개혁을 추진하여 큰 성공을 거두었지만, 학교에서 반드시 유치해야 했던 부진학생들은 지하실에 배치했다. 일부 교사들이 이에 항의하자 그 교사들도 지하실로 내쫓겼다.[45]

- 런던의 한 초등학교는 1990년대 말 전국 최하위 수준이었지만, 기적적으로 회생하여 10년 후 마침내 전국의 평균수준으로 도약하였다. 하지만 이 학교는 애초에 문제가 있는 방식으로 이러한 결과를 달성했다. 이 학교는 능력있는 교사들을 6학년(2차 핵심평가 시점)에 배정하여 그 교사들에게 시험 평가영역 외의 모든 교과영역은 무시하고 시험대비 훈련에 집중하도록 지시했다. 6학년에서는 큰 진전이 있었지만, 나머지 평범한 교사들만 남아 있었던 2학년(1차 핵심평가 시점)에서는 아무 변화가 일어나지 않은 까닭에 이 학교는 두 핵심평가 시점 간에 경이적인 '부가가치적' 성취도 진전을 보이게 되었고, 전국에서 가장 큰 향상을 이룬 학교 가운데 하나로 포함되었다.[46]

제2의 길 노선에서는 데이터에 집착하는 기술주의의 길이 장애요소임이 명약관화하게 드러났다. 이러한 장애요인으로 인해 사람들은 냉소적이고 임시변통적인 전략들을 동원해 행정부 상급자들의 비위를 맞추고 정치인들과 대중이 관여하지 못하도록 학교의 수치적 외양이나 개선하고 있었다.

제3의 길에는 데이터에 집착하는 기술주의의 길이 보다 교묘한 형태로 널리 퍼져 있다. 교사들은 성과가 형편없어도 더 이상 상부의 징계를 받지 않는다. 이제는 데이터를 동원하여 교사들이 정교한 자기감시시스템 하에서 스스로 자기 자신을 관찰하고 규율하는 게 가능하다.

실제 학교들은 평가 및 연간적정향상도Adequate Yearly Progress에 단순히 대응하는 것에 머무르지 않는다. 그보다는 그러한 것들을 아주 맹렬한 기세로 예측하고 대비한다. 독서프로그램, 교육과정 선택, 직무능력개발 워크숍, 교수전략 등은 일일이 목표달성 가능성에 대한 면밀한 검토를 거쳐 선택된다. 중앙집권체제 하의 지도자의 머릿속에서 구상되었던 것은 그것이 무엇이건 간에 전국의 교실에 반드시 갖춰져 있어야만 한다는 식이다. 이런 사회적 관습은 도처에 편재되어 있는데, 산출되는 데이터를 전지전능하게 여기는 교육자들의 무비판적인 순응을 통해 더 강화된다.

이러한 감시체제에서 교사들의 전문학습공동체는 학습과 성취의 깊은 발달을 이끄는 신뢰관계 기반의 문화 위에서 객관적 증거들을 지능적으로 판단하기보다는, 즉각적인 결과만을 신봉하는 문화적 분위기에서 데이터 논리에 끌려다니는 수동적 부속집단으로 전락하고 만다. 데이터 지상주의적 의사결정으로 인해 교사들의 주의와 관심은 밀도 높은 교수학습과정을 꿈꾸는 교실에 대한 열정에서 멀어져 협소한 목표중심적 시야에 갇히게 된다.[47] 여기서는 시험준비에 정신이 없고, 저기서는 방과후교실을 늘리느라 바쁘고, 그 밖의 장소에서는 낙제기준에 근소하게 미달하는 일군의 학생들의 점수향상에 혈안이 된다. 이는 언제 어디서, 어느 학생·학교·교실에 어떻게 개입해야 할지를 데이터가 언제든 분명히 지시할 것이라고 믿는 학교가 미래의 예상되는 압력에 대응하는 방법이다. 정확성의 추구가 강박으로 전락해버린 것이다.

이러한 데이터 지상주의적 문화가 '새로운 길'인 것처럼 받아들여진 것은 이것이 단지 불필요하거나 억압적 성격만 갖는 것은 아니기 때문이다. 시스템을 적절히 악용하여 이득을 취하고 그에 대한 공적 보상을 누리는 것은 일종의 희열을 느끼게 해준다. 교사들은 다른 교사들로부터 세밀한 코치를 받고 데이터의 도움으로 자기 수업의 어떤 약점을 조절해야 할지 파악해서, 이를 통해 학생들의 시험성적이 오를 수 있도록 계획적인 지원을 제공한다. 그 결과는 때로 교사들의 성취감과 보람, 희망을 고취시키기도 한다. 교내방송으로 교장이 시험결과를 알려주거나 교육감이 학생들의 성취도 향상을 발표할 때 교사들은 기쁨의 눈물을 터뜨리곤 한다. 모두가 벅찬 감정으로 가득한 성공축하 파티에서 학생들은 케익과 아이스크림을 마음껏 즐긴다. 부동산 중개업자들은 언론이 온갖 미사여구를 동원하여 학교의 성적향상에 대한 기사를 내보내도록 독려하고 곳곳에 홍보한다. 이러한 와중에 교육자들은 문득 자신들이 세 번째 방해요인인 '비뚤어진 열정의 길' 선상에 서 있음을 깨닫게 될 것이다.

비뚤어진
열정의 길

/

'비뚤어진 열정의 길'은 장애요인이기는 해도 사실 다소 호소력이 있으며 재미요소도 찾아볼 수 있다. 축제와도 같이 들뜬 협력의 장 안에서 이 길은 참여 및 상호교류를 활발하게 하고 확산시켜 상의하달식의 표준화 지침과 시장지향적 개혁으로 유발되는 의욕결여의 문제를 완화해준다. 교사들은 상호 교류하고, 학교들은 다른 학교들로부터 배움을 얻고, 튼튼한 사람들은 약한 사람들을 돕는다. 이는 목표달성을 위한 접근방식으로서 능력을 북돋우고 효과적일 뿐만 아니라 상당히 재미있기까지 하다. 물론, 재미와 행복이 일치하는 것은 아니다. 진정한 행복은 대개 역경에 맞서가며 목적달성을 위해 가치 있는 도전을 감행하는 과정을 통해 얻어진다. 그리고 도전은 우리 스스로 주도적으로 선택한 것이어야 한다. 재미란 그저 순식간에 사라져버리는 거품과도 같은 도취의 기쁨일 뿐이다.

교사와 학교 간 수평적 상호교류를 증대하려는 시도는 많은 경우 과업에 대한 책무성 수준에 머물곤 한다. 즉 교육자들은 이리저리 바쁘게 돌아다니지만, 자신만의 진취적인 목적을 개발하고 실현하기보다는 그저 정부가 편협하게 설정해놓은 목표·목적을 의욕적이고 열정적으로 전달하는 데에 그치고 만다. 학교는 의존성이 강한 조직이 되어 목표달성에 집착하고 성취기준을 상향조정하며 모든 학생에게 일일이 관여하는 방식으로 전략을 수정한다.[48]

성취도가 낮은 학교들을 대상으로 한 '성취도 향상, 학습의 변혁 RATL' 프로젝트의 지도자 한 명은 열정적인 태도로 자신의 학교가 어떻게 다른 지역의 훌륭한 실행사례를 접했는지, 또 그 전략이 자신의 학교에 적합하다는 생각이 들면 어떻게 학교 안으로 가져와서 제 실정에 맞게 조정하였는지에 대해 말했다.[49] 성적이 뛰면 교육자들은 측정되는 결과치에 집중하여, 단기적인 전략을 바꿔가며 계속적인 추진력을 얻었다. 사기증진행사에서 감정을 북받치게 하는 발표를 통해 성공은 찬양의 대상이 됐다. 시험성적이 향상되었다고 치자. 그런데 가르침과 배움에 있어서 정말 더 나아졌는가? 그리고 그런 과정 속에서 우리는 학교 안에 어떠한 종류의 문화를 만들어가고 있는 것인가? 우리의 연구증거로 다시 돌아가보자.

- 텍사스 주의 학교 교육자들은 주에서 시행하는 표준화시험에 대비하고자 학교 문을 걸어 닫고 '텍사스 학업능력평가 격려대회'를 열었다. 교사들은 시험에서 탁월한 성적을 거둔 학교의 학생들에 대한 시를 써와서 학생들로 가득 찬 체육관에서 큰 소리로 읽어나갔다.[50]
- 보스턴의 한 신임교사는 명랑한 어조를 구사하는 교감선생님으

로부터 '매사추세츠 주 종합평가시스템 캠프(시험준비반을 에둘러 일컫는 표현)'를 방과 전이나 방과 후나 매주 토요일 중 언제 진행하고 싶은지 질문을 받았다.[51]

- 영국의 한 유망한 네트워크(3장에서 다룸) 산하의 학업성취부진학교들은 조언자와 주변 학교로부터 유용한 전략들을 얻었다.[52] 그런데 교사들이 실제 사용해보겠다고 선택한 전략의 절대 다수는 단순한 단기전략이었다. 이는 졸업생을 고용해 재학생들을 지도하게 하는 것, 학생들에게 시험성적 산정방식을 알려주어 점수를 전략적으로 높일 수 있도록 돕는 것, 인터넷을 통해 다른 학교 또래학생들의 학습법이나 학습자료를 접하는 경로를 알려주는 것, 어려움을 딛고 성공한 강사의 강연을 듣게 하여 의기소침한 학생들의 학습의욕을 높이는 것, 시험당일 두뇌에 수분을 공급하고 체내 칼륨함유량이 늘어나도록 물과 바나나를 제공하는 것과 같은 전략들이었다. 교사들은 이런 전략에 굉장히 환호했다. 그들이 보기에 이런 전략은 '분명히 학생들의 주목을 끌어당길 만한 전략'으로 여겨졌으며, 실제로 학생들의 시험성적이 향상되자 그들은 이런 단기적 전략들을 더욱 갈구하게 되었다. 결국 이들은 네트워크 운영자들이 애초에 제안했던 근본적인 방향성에 대한 논의, 즉 교수학습법의 실질적인 변혁에 대한 도전적이고 세심한 전문적 논의들은 도외시했다.

교사들 간 상호교류의 증대와 질적 향상을 도모하는 것은 바람직하다. 교사들은 여기에 너무나 오랫동안 굶주려왔다. 하지만 이러한 상호교류로 달성할 수 있는 것들을 제한하는 하향식 통제로 인해, 제3의 길이 약속한 전문가·시민의 수평적 참여라는 비전은 제 빛을 잃고 희석되어버렸다.

그 가운데 상당 부분은 가벼운 거품에너지 같은 일종의 '집단적 열정'이나 다름 없는 것이었다. 프랑스의 사회학자 에밀 뒤르켐Émile Durkheim이 처음 사용한 이 용어는 사람들이 진정으로 공동체의 구성원이라는 소속감을 느끼기 위해서는 수시로 강렬한 감정을 겪어야 한다는 것을 묘사하고 있다.[53] 슈테판 메스트로비치Stephan Meštrović는 오늘날의 신속하고 유연한 사회에서 우리가 온갖 문제에 치이고 얽매이는 것이 최고조에 달하는 바로 그때, 테크놀로지의 인위적 감성이 우리에게 봇물처럼 흘러들어 오고 우리는 그에 반응하게 된다고 말한다.[54] 자동차와 휴대폰 광고는 열망과 소유욕을 일으킨다. 시험성적이 오르면 교사들은 열정의 상승과 함께 희열을 느끼게 된다. 졸업시상식은 모든 학년으로 확산되어 한때는 성장의 당연한 수순으로 여겨지던 것까지 기념의 대상이 된다. 올해의 교사 시상식은 정서적 카타르시스를 느끼게 해주는 공적인 순간이 된다. 탁월한 교사들은 그들이 수업에 불어넣은 창의성과 열정에 대해 찬사를 받는다. 하지만 사실 그 순간에도 그들과 동료교사들은 전산데이터의 급류에서 빠져 죽지 않기 위해 물살을 거슬러 헤엄치고 있는 셈이다.

이 모든 열정은 변화의 진정한 목적으로부터 주의를 흐트리기 때문에 장애요인으로 여겨지긴 하지만, 비교적 쉽게 얻을 수 있고 재미 있다. 반면, 장기적으로 깊은 신뢰관계를 구축하고 학생들에게 이로운 진취적·도전적인 목표를 추구하고, 이를 성취하기 위해 시간을 내어 고민하는 공동체를 만들어가는 것은 재미있지만은 않은 어려운 일이다. 루이스 캐롤Lewis Carroll의 작품 『이상한 나라의 앨리스』에 등장하는 체셔 고양이*가 그랬듯이 동료들과의 교류가 끝난 뒤에도 그 즐거움이나 보람이 오래도록 남아 있는 경우라면 우려하지 않아도 될 것이다. 학교개혁에 동료들 간의 상호교류, 수평적 배움, 전문적 자아의 실현은 분명히 더욱 더 필요하다. 하지만 이러한 개혁에는 실체와 깊이가 있어야 한다. 이것이 데이터 중심주의의 억지스러운 결과여서는 안 된다.

---

* 『이상한 나라의 앨리스』의 한 장면에서, 체셔 고양이는 사라졌는데도 미소는 남아 있다. 앨리스는 이렇게 말한다. "저런, 나는 미소 없는 고양이를 본 적은 있어. 하지만 고양이 없는 미소라니! 이건 지금까지 본 것 중 가장 흥미로운데!"

결론

/

본래적 의미의 제3의 길은 원대한 전망을 품고 있었다. 이 길은 양극화 대신 균형을 제안하였다. 또 이 길은 사람들이 자력으로 일어설 수 있도록 도와주자는 방안을 포함하고 있는데, 이는 '다른 사람이 스스로 할 수 있는 일은 결코 그 어떤 경우에도 돕지 말라.'는 지역사회 조직화의 철의 원칙*에 따르는 것이었다. 이 길은 교사의 자율성 신장을 옹호하였지만, 그것에 책임이 수반되지 않는 것은 아니었다. 이 길은 교육자들에 대한 존경을 회복시켰으며, 그 결과 그들의 일에 대한 공적 투자가 증가하였다. 제3의 길의 성과에 큰 환멸을 느꼈다는 비평가조차 정치판 같은 제2의 길이나 통일성 없는 제1의 길로 돌아가고 싶어하지는 않았다. 하지만 교육분야에서의 제3의 길은 중앙집권적 통제의 길, 데이터에 집착하는 기술주의의 길, 비뚤어진 열정의 길이라는 위력적인 세 가지 장애요인으로 인해 경로를 이탈하고 말았다. 제3의 길과 그 선행노선 간의 관계는 표 2-1에 정리해두

---

* '그러므로 무엇이든지 남에게 대접을 받고자 하는 대로 너희도 남을 대접하라.'라는 성경구절로 대표되는 '황금률'과 대비하여 '철의 원칙'이라고 표현된다.

있다.

우리는 중대한 전환점에 서 있다. 자유시장주의적 경쟁이나 중앙집권체제적 강요가 늘어나는 것이 답이 될 수는 없다. 데이터는 우리의 조수이지 구원자가 되어서는 안 된다. 전지전능한 요소는 더더욱 아니다. 교사들 간의 상호교류가 늘어나 교육자들이 피상적인 결과나 단기적인 개량을 목표로 삼고 의욕이 반짝 상승하는 데 그쳐서는 안 되며, 교사들과 관련 교육자들이 적극적인 참여를 통해 21세기를 대비하고 교수학습의 목적과 과정 자체를 변혁시킬 수 있도록 해야한다.

세 가지 장애요인들은 모두 한 지점으로 귀결된다. 그 귀착점은 '중독적인 현재본위의 문화'다. 이런 문화는 신속한 해결책과 즉각적인 고취감에 쉽게 매료되는 조급한 전문가들의 얕은 열정을 상승시킬 뿐이다. 그것은 재선을 통한 공직유지라는 단기적 목표를 달성하고자 하는 정치인들의 구미를 돋운다.

'우리가 말하는 대로 하시오! 빨리 하시오! 당장 하시오! 우리를 형성해온 과거에 대해서나 뒤따르는 세대에게 남겨주어야 할 지속가능한 미래에 대해서는 생각하지 마시오. 바로 이 자리, 지금 이 순간에는 오로지 당장의 상호교류에 참여해서 정부의 각종 요구사항과 데이터의 엄청난 압력에 대처할 것만 생각하시오!'

표 2-1 '제1의 길'에서 '제3의 길'에 이르는 교육적 변화

	제1의 길	과도기	제2의 길	제3의 길
통제	전문성	전문성과 관료주의	관료주의와 시장	관료주의, 시장, 전문성
목적	혁신과 영감	일관성의 추구	시장과 표준화	성과와 파트너십
신뢰	수동적인 신뢰	의혹의 증가	적극적인 불신	대중의 신뢰
지역사회 참여	대체적으로 부재	학부모와의 의사소통	학부모의 선택	지역사회에 서비스 제공
교육과정	비일관적인 혁신	개괄적인 성취기준과 결과	상세하게 사전기술된 표준화된 성취기준	코칭 및 지원을 수반한 사전기술의 다양화
교수와 학습	절충적·비일관적	성취기준과 평가를 통해 사전기술적으로 접근 시도	성취기준과 시험에 맞춰 지도	데이터 중심· 개인맞춤형
전문성	자율적	협력의 증대	비전문화	재전문화
교사 학습공동체	자율과 재량	일부 협력적 문화	작위적 협력관계	데이터 중시· 교사의 열의
평가와 책무성	지역별 표집	포트폴리오, 수행 기반	전수조사를 통한 고부담평가	성취목표 높임, 자기감시, 전수조사를 통한 평가
수평적 관계	자발적	협의적	경쟁적	네트워크화

캐나다의 철학자이자 수필가이며 소설가이기도 한 존 랄스턴 사울 John Ralston Saul의 말이 2장의 첫머리에 인용돼 있는데, 이는 자기의 사익으로 인해 사람들을 단기적 목표에서 허우적거리게 만드는 관리자들을 질책하는 말이다. 조지 오웰George Orwell은 "과거를 지배하는 사람은 미래를 지배한다. 그리고 현재를 지배하는 사람은 과거를 지배한다."라는 유명한 경고를 남겼다.[55] 사람들이 현재 속에서 또 현재만을 위해 살아가도록 만듦으로써 세 가지 장애요인은 사람들이 함께 상상하며 만들어가는 미래를 없애고, 모두가 공유해야 할 중요한 과거의 역사는 지워버린다.

중앙집권적 통제의 길, 데이터에 집착하는 기술주의의 길, 비뚤어진 열정의 길은 부지런하다. 하지만 그 부지런함이 발전을 의미하는 것은 아니다. 제3의 길이 진화하는 동안 교수에서 열정이 사라졌다. 학습에서는 즐거움이 사라졌다. 문화적 다양성이 증대되는 사회에서 교실과 아이들의 삶이 연결되도록 하려면 다양한 방법이 더 많이 필요하다. 경제분야의 경쟁력을 강화하려면 보다 더 창의적이어야 한다는 목소리가 높은데도, 우리는 기초적·필수적인 학습내용의 틀에서 벗어나지 못하고 있다. 지구가 생태적 위기에 처해 있고 세상의 너무나 많은 곳이 불안전한 이때, 우리는 아이들이 그저 시험성적이나 올리도록 도울 것이 아니라 더 나은 미래를 만들겠다는 의지를 지닐 수 있게 이끌고 그들이 이 의지를 실행할 능력과 태도를 갖출 수 있도록 도와주어야 한다. 모두가 말하기를 꺼리던 제3의 길의 문제는 '과도한' 정부통제였다. 이제는 정부의 통제 속에서도 학습자에게 더 넓은 여유공간을 만들어줄 '제4의 길'을 모색할 때다.

지금은 점층적인 변화가 아니라 파괴적 혁신이 필요하다.[56] 기존의 교수법을 비판적으로 평가하고, 학교는 학습에 모든 학생들이 적극적으로 참여하도록 독려함으로써 학교의 근본적 도덕성을 회복해야 할 때다. 이제 데이터자료를 내려놓고 서로를 바라보자. 사회와 학교의 변화를 함께 상상하고 현재의 이 전환적 문제들을 넘어설 방법을 강구하자. 이제는 '요란한 찬양'을 멈추고 '풀어주는 법'을 익혀 우리의 진정한 힘을 확인할 때다. 옛길의 가장 심각한 문제들을 다잡아 새로운 길을 구축해 나갈 때다.

The Fourth Way

03

희망의 지평

국가, 학교개선네트워크, 지역사회

내가 산을 향하여 눈을 들리라, 나의 도움이 어디서 올까.

I lifted up mine eyes unto the hills, from whence cometh my help.

— 시편 121편 1절 —

변화의 세 가지 길way에는 강점과 약점, 좋은 점과 나쁜 점이 혼재되어 있었고 각 길은 저마다의 유산을 남겼다. 철학자 조지 산타야나George Santayana가 경고하였듯이, 과거로부터 교훈을 얻지 못한다면 우리는 과오를 반복할 운명에 처한다.[1] 역사는 쓰레기더미가 아니며 도피처도 아니다. 우리에게 주어진 역사적 과제는 과거로부터 우리가 할 수 있는 일과 더 이상 하지 말아야 할 일을 분별해내고, 그 해야 할 일을 수행해서 후대에 남겨주는 것이다. 이러한 의미에서 볼 때 지난 세 가지 길이 우리에게 남긴 유산은 무엇일까.

- '제1의 길'이 담고 있는 혁신과 유연성의 정신을 되찾는다면, 교육과정의 많은 부분을 스스로 고안해내는 교사들의 능력을 회복시킬 수 있을 것이다. 또한 교사들로 하여금 자신의 일이 세상을 변화시킨다는 사회적·교육적 사명감을 느끼도록 할 수 있을 것이다.
- '과도기'로부터 우리는 폭넓게 정의된 공통성취기준, 학생들에

대한 개별적 지원, 그리고 포트폴리오와 성취도평가와 관련된 기술적 진보를 선도하는 힘을 가질 수 있을 것이다. 이는 평가가 단순히 학습의 결과 판정이 아니라 학습과정의 일부가 되도록 하는 본질 회복의 계기가 될 것이다.

- 표준화를 지향한 '제2의 길'은 교육적 불평등이 시급히 해결할 문제라는 인식을 우리에게 남겨주었다. 학교의 성취도 평균을 상향 유지시켜주는 상위권 학생들뿐 아니라 모든 학교에 존재하는 성적부진 학생의 요구사항에도 관심을 갖도록 이끌었다. 제2의 길은 일부 기술중점적인 연수·훈련·교수의 질을 제고하였고, 성적데이터에 전례 없이 큰 중요성을 부여했는데, 이는 빈곤·소수가정 학생들의 능력에 대한 교사들의 부정적인 고정관념을 불식시키는 수단이 되었다.

- '제3의 길'은 어려움에 처한 학교와 교사들에게 수치심을 불러일으켰던 불명예스러운 상황을 개선하였고, 모든 부류의 정책입안자들이 교육을 최우선순위로 삼도록 하였으며, 공교육에 배분되는 자원과 지원이 늘어나게 하였다. 제3의 길 덕분에 교사라는 직업은 대중의 존경을 회복해가고 있으며, 교사들은 개혁의 대상이 아닌 변화의 주역으로서 동료교사들과 교육변화에 직접 참여할 기회를 더 많이 누리고 있다. 더욱이 학교·부서·교사 간의 성취도비교 데이터베이스는 각 학교의 근무여건이나 지역환경을 고려하지 않은 채 성적서열을 공개적으로 단순비교하게 하는 역할을 더 이상 수행하지 않는다. 대신 데이터베이스는 이제

학교의 실제적인 향상을 뒷받침해주는 정밀한 도구로서 제 역할을 한다.

이 변화노선들 간의 차이점과 공통점을 표 3-1에 제시해 두었다.

표 3-1 유지할 것과 버릴 것

	유지할 것	버릴 것
제1의 길	감화, 혁신, 자율성	비일관성, 전문직 자격화
과도기	지역 차에 무관한 공통의 기준	교사, 관리자, 공동체 등의 약화
제2의 길	긴급성, 일관성 있고 공정성 실현을 위한 전면적 통합교육	치열한 경쟁과 과도한 표준화
제3의 길	균형과 통합성, 대중의 참여, 재정적 재투자, 과학적 판단근거, 전문가네트워크	지속적인 독재성, 지정된 목표, 데이터에의 집착, 상호작용의 거품

40여 년에 걸친 학교변화의 역사에서 얻은 교훈은 우리가 '간직해야 할' 것이 무엇인지, 그리고 '버릴' 것이 무엇인지 알게 된 것이다. 1960년대와 1970년대 초, 그 시절의 혁신과 창의성을 회복하면서도 학교에 따라 나타나는 역량·자질 면의 심각한 비일관성을 피하려면 어떻게 해야 할까? 높은 성취기준을 준수하기 위해 노력했던 1980년대의 에너지를 유지하고 촉진하는 한편, 표준화라는 망령의 손아귀를 피하려면 어떻게 해야 할까? 목표지상주의의 폐단에 휘둘리지 않으면서도 목전의 과제를 합리적으로 해결해내고자 했던 1990년대의 정당한 인식을 유지하려면 어떻게 해야 할까? '제3의 길' 선상에서 출현한 전문가네트워크의 낙관적이고도 수평적인 에너지와 활동들

을 유지하면서 한편으로는 그러한 네트워크들이 열정과 생동감뿐만 아니라 견고함과 실체성을 갖도록 하는 것이 가능할까? 그리고 어떻게 해야 관리자들이 근시안적 관리자나 통제광으로 변하는 일 없이 개혁의 방향을 설정하고 유지해나가는 데에 제 책임을 다할 수 있을까?

학교교육 변화의
네 가지 지평

최근 몇 년 사이에 우리는 일부 비평가들이 '병리적 연구$_{misery\ research}$' 라고 일컫는 학교와 학교 제도 내의 온갖 문제들을 다루던 연구경향으로부터, 잘 작동하고 있는 것들을 긍정적으로 평가하는 연구로 방향을 선회하고 있다.[2] 효과적인 시스템 내에서 일하는 사람들은 대개 자신들이 거둔 결과에 자부심을 느끼지만, 그 결과를 설명하려면 제대로 입을 떼지 못한다. 어떤 시스템이 무엇에 탁월한지 간단명료하게 설명될 수 있다면, 다른 사람들은 그 이면의 핵심원리를 보다 손쉽게 이해하고 적용할 것이다. 또한 이렇게 해야만 타국의 결정적 성공요소들이 무조건적으로 이식되는 것을 방지할 수 있다. 핀란드에서는 교사들이 석사학위를 소지한 것, 일본에서는 연간 수업일수를 충분히 설정한 것이 그 나라의 교육을 긍정적인 방향으로 견인했지만, 그것은 해당 국가의 교육적 맥락 및 사회·문화적 맥락과 맞아떨어진 것이었기에 유효한 성공요인으로 작용한 것이다. 타국의 성공요인을 수용할 때는 양쪽 사회의 전체적 맥락을 고려해야 한다.[3]

이제껏 우리를 가두고 있던 '비효율적이고 복잡한 방식의 변화'로부터 벗어나 앞으로 나아갈 수 있도록 길을 내는 데에 핵심적 역할을 할 '희망의 네 가지 지평'을 소개하고자 한다. 그 네 가지는 다음과 같다. (1) 국가 (2) 학교개선네트워크 (3) 지역사회 조직화 (4) 학구단위의 개발전략이다.

지평선은 우리의 시선이 먼 곳으로 향하게 해준다. 지평선은 우리의 시야가 도달하는 가장 바깥쪽 가장자리다. 지평선이 최종 도착점인 것은 아니시만 여행자들이 거시적인 시야를 가지고 판단할 수 있도록 도와주고, 전방의 경로를 개척해 나갈 수 있도록 동기를 부여하기도 한다. 독일의 철학자 한스 게오르그 가다머Hans Georg Gadamer가 조언하였듯이 '우리는 지평의 비좁음에 대해, 지평의 확장 가능성에 대해, 새로운 지평이 열리는 것에 대해 말하는데 이는 우리의 이성적 사고에 있어서도 마찬가지'다.[4] 즉 현재 우리가 품을 수 있는 희망의 크기, 그리고 미래의 방향성은 우리가 어떤 지평선을 바라보고 있는지에 따라 결정된다.

여기에서 언급하는 네 가지 지평은 교육변화의 단위가 개별 학교나 지도자 개인 그 이상의 규모라는 것을 전제한다. 특출한 학교에는 카리스마적 지도자가 늘 있었다. 하지만 그 성과는 시간이 흐름에 따라 서서히 빛을 잃는 경우가 대부분이었다. 지도자 개인의 예외적 특징이 빛을 잃게 되거나, 학교가 주류교육계와 동떨어진 아웃사이더로 남게 되기 때문이다. 진정한 미래방향을 보여 주는 지평선이 필요하다. 그 영향력이 다양한 학교시스템에서 분명하게 발휘될 것이기 때문이다. 또한 지도자들이 판단을 하는 데 있어서 오랜 시간 흔들리지 않고 도움을 줄 수 있기 때문이다.

희망의 첫 번째 지평으로 소개하는 것은 탁월한 교육적 성취를 유도하기 위해서 국가가 갖추어야 할 특성이다. 이것은 인구규모가 작고 여느 나라의 주나 도 정도 크기의 영토를 지닌 핀란드의 사례에 근거한다. 이 나라는 여러 교육성과와 사회적·경제적 지표에 있어서 세계 최상위다. 개선책을 알고 싶다면 우리보다 뒤처져 있거나 우리와 비슷한 수준의 나라들보다는 우리보다 앞선 나라의 제도로부터 배워야 하는 것이 당연하다.

두 번째 지평은 비교적 단기간에 상당한 수준의 성취도향상을 이룬 바 있는 대규모 학교개선네트워크다. 근래에 점점 더 많은 교육조직들이 개혁을 활성화하고 조직화하기 위해 전문적인 교사와 지도자, 그리고 학교의 네트워크로 관심을 돌리고 있다. 갈팡질팡하는 덩치 큰 관료조직이나 내부적 문제만 들여다보는 개별 학군은 변화의 걸림돌로 여겨지고 있다. 이와 대조적으로 네트워크들은 학군 안팎에서 개선을 위한 동기의 기재로 작용하며 유연성 또한 높다. 교사들은 서로 이야기를 나누면서 효과가 있을 것 같은 전략을 교환하고 일상적으로 학습한다. 하지만 모든 네트워크가 성공하는 것은 아니다. 높은 성과를 거두고 있는 네트워크의 사례를 알아야 어떤 유형의 네트워크 구성과 활동이 최상의 효과로 이어질 수 있는지를 정확히 짚어낼 수 있다.

세 번째 지평은 지역사회 조직화운동으로 이는 교육변화를 위한 긍정적인 힘으로 작용한다. 교육을 변화시키기 위한 노력이 가장 효과적이었던 것들 중에는 직접 정부와 손잡고 한 것들이 적지 않다. 그러나 정부는 성공할 수 있는 환경을 마련할 수 있을 뿐이다. 이런 교육개혁운동은 정부와 함께 할 때 성공하는 경우도 물론 있지만, 때로는 정부를 제외하고 진행하거나 정부에 맞설 때 성공한다. 여기서는 지역사회 조직화운동을 주민·종교단체·노동조합·지역사업체·자선단체 등 다양한 시민사회 주체들의 공적 참여로 폭넓게 정의한다.

마지막 네 번째 지평은 어려움에 처한 부진한 학교를 되살리려는 학군단위, 즉 지역단위의 개발전략이다. 수년 간 당국으로부터 낮은 수준의 기대를 받으며 방치된 한 학군이 십 년이 채 안 되는 기간 동안 전국 최하위수준에서 중위권으로 도약한 사례가 런던에 있다. 시사점은 리더십이 튼튼하고 지역사회가 함께 관여하며 여러 학교와 교육자들이 서로 협력하고 정부가 추가적인 재원을 융통성 있게 제공한다면 걸출하면서도 지속가능한 교육적 성공이 가능하고 패색이 짙었던 학군도 회생시킬 수 있다는 것이다.

나라나 주州로부터 교훈을 얻든 네트워크 지역사회·학군 단위에서 교훈을 얻든 성공적 사례에는 올바른 태도로 접근하는 방식이 있었음을 알 수 있다. 스트라디바리우스Stradivarius의 바이올린을 그대로 복제한다거나 탁월한 운동선수, 훌륭한 교사를 온전히 모방하는 것이 불가능한 것과 마찬가지로 성공사례를 벤치마킹한다는 것은 마치 진열장에서 상품을 고르듯 간단히 구입하여 소비하는 일과는 그 성격이 다르다. 이유가 세 가지 있다.

❶ 변화는 오랜 시간에 걸친 결과물이다. 공들여 완성한 물건을 일순간 소비하듯 활용할 수는 없다. 변화사례란 상품이라기보다는 사용설명서에 가까우며, 이 또한 그 변화에 대해 깊이 있게 이해하고 취할 수 있는 것들을 선별해서 취해야 한다. 뉴욕 시 제2학군에서 10여 년에 걸쳐 개발하여 탁월한 성과를 거둔 '읽기·쓰기능력개선전략literacy reform strategy'이 샌디에이고 시에서는 실행한지 불과 2년 만에 실패로 끝났다. 뉴욕 시에서는 읽기·쓰기능력에 대한 깊은 이해를 발달시켜나가면서 전략을 실행했다. 반면에 샌디에이고 시는 성급했고 변화를 제대로 수용할 준비가 되어 있지 않았다.[5]

❷ 어느 두 지역도 동일한 경우는 없다. 신참교사들이 연륜있는 동료교사들을 보면서 많은 것을 배울 수 있다 해도 그들을 완벽히 따라 하는 것은 거의 불가능하다. 스타일과 성격뿐 아니라 그에 수반하는 요소들이 너무나 다양하기 때문이다. 마찬가지 이유로, 국경을 건너서도 성공사례가 그 힘을 똑같이 유지하기는 어렵다. 나라마다 서로 다른 문화와 역사의 궤적이 있기 때문이다.

❸ 고대 그리스의 철학자 헤라클레이토스Heraclitus는 "누구도 같은 강물에 두 번 발을 담글 수는 없다. 같은 자리에 발을 담가도 강물은 이전의 강물이 아니며 사람도 마찬가지다."라는 말을 남겼다. 같은 견지에서 국가, 학교개선네트워크, 지역단위의 전략, 그리고 지역사회 조직화운동 전략도 그대로 복제할 수는 없다. 다만, 성공적인 개혁사례들을 참조할 수 있을 뿐이다.

방향을 제시하고
지원하는 국가

/

2007년 우리 저자 중 한 명은 가버 할라스Gábor Halász와 베아트리츠 폰트Beatriz Pont가 참여하던 경제협력개발기구OECD 산하의 한 연구팀에서 함께 일하며 핀란드에서의 리더십과 학교발전의 상관관계에 대해 조사하여 보고서를 작성했다.[6] OECD의 국제학업성취도평가PISA 순위에 의하면, 북유럽의 이 국가는 15세 학생들의 읽고 쓰는 능력, 수학, 과학 성취도 면에서 세계 1, 2위 수준이다. 핀란드는 경제분야의 경쟁력과 기업 투명성에서도 상위수준이다. 게다가 핀란드의 결정적 성장기였던 1994~2000년 이 시기에 대통령을 역임한 마르티 아티사리Martti Ahtisaari 전 대통령은 2008년 노벨평화상을 수상하기도 하였다.

우리는 학교와 학군을 방문하여 학생, 교사, 교장, 행정책임자, 대학연구자, 정부의 고위관료 등을 만나 핀란드의 사회와 교육체계에 관해 인터뷰했다. 이 과정에서 우리는 이 나라가 학교, 국민들의 열망, 투쟁의 역사, 운명의식 등에 관하여 인상적일 만큼 통일된 인식을 가지고 있다는 것을 알게 되었다. 핀란드는 수세기에 걸쳐 인접한

스웨덴과 러시아에 대한 의존과 그 국가들의 억압을 감내해야 했고 1917년에야 진정한 독립을 이루었다. 이러한 역사적 유산이 있고 자연적으로도 혹독한 기후와 북구의 험난한 지형에 속해 있기 때문에, 핀란드의 유명한 격언에 '길고도 힘들었지만 우리는 해냈다!'라는 말이 있는 것도 십분 이해된다.

핀란드가 교육 및 경제 분야에서 높은 성과를 거두며 부러움의 대상이 되는 이유를 단순히 루터교 윤리의 근면과 끈기에 기반한 금욕적 인내만으로 설명할 수는 없다. 핀란드의 성공과 지속가능성의 이면에는 급성장하는 경제와 최상의 학교제도, 그리고 사회적 정의가 함께 실현되도록 사회를 조화하고 통합하는 역량이 있다. 영미권 국가들과 그 차이를 비교해보자. 그 국가들의 물질적 부는 사회적 격차의 확대를 대가로, 어린이들의 복지를 희생시키며 획득된 것이다. 영국과 미국은 유니세프UNICEF의 2007년 국제아동복지 실태조사에서 하위 1, 2위를 기록했다. 핀란드는 상위 4위를 기록했다.[7]

핀란드의 이러한 경제적·교육적 성공은 비교적 최근에 이루어졌다. 1950년대의 핀란드는 시골 벽지 같은 환경이었다. 1990년대 말, 냉전의 종식에 따라 핀란드 경제를 장악하던 러시아시장이 붕괴되자 실업률은 19%까지 치솟았다. 핀란드는 새로운 경제에서 살아남으려면 경쟁국에 비해 외부의 변화에 더 신속하고 효과적으로 대처하는 법을 배워야 한다는 것을 알았다. 그래서 핀란드는 모든 경쟁국보다 뛰어난 수준으로 지식을 창조·응용·공유·전파하는 사회, 고급기술 기반의 창의적 지식경제를 설계하는 일에 착수했다.

노키아Nokia 통신회사는 운영과 공급규모 면에서 핀란드 국내총생산GDP의 약 40%까지 차지했던 회사로서 핀란드 지식사회의 특성을 대표한다. 노키아의 유연한 조직원칙에 따라 경영진은 15개월마다 업무를 변경해가며 '조직의 학습organizational learning'을 향상시키고 고충이나 문제점들에 대한 의견이 전사적으로 소통되도록 촉진하는 역할을 한다. 그래서 노키아에서는 나쁜 소식이 빨리 전해진다는 농담이 있다.[8]

교육개혁은 핀란드를 1990년대 초의 경제적 위기로부터 21세기의 하이테크 강국으로 변모시킨 중심요인이다. 핵심적인 개혁조치 중 한 가지는 창의성과 유연성을 제고하기 위해 교육제도의 분권화를 시도한 것이다. 그렇지만 이 분권화는 사회적으로 널리 공유된 비전의 틀 속에서 이루어진 것이다. 즉, 어둡고 힘든 과거를 딛고 일어나 문제해결력을 갖춘 저력 있는 민족으로 스스로를 인식하는 핀란드인의 동질적·동료적 민족의식에, 국가의 번영하는 미래상을 연결지음으로써 국가비전을 강화시켰다.

핀란드는 경제의 경쟁력을 키우는 데 있어서 과학기술을 최우선으로 여긴다. GDP의 약 3%를 과학기술 개발에 할당한다. 수상이 의장을 맡고 선도적인 기업의 경영자와 대학총장들로 구성된 국가위원회에서 경제와 교육전략을 조정·통합한다. 하지만 과학기술의 창의성과 경쟁력이 핀란드인들을 과거의 유산으로부터 분리시키는 것은 아니다. 오히려 평생학습과 사회발전이라는 중요하고도 진취적인 담론으로 핀란드인들을 통합시킨다. 핀란드인들의 예술적이고 창의적인 정체성에 걸맞게 핀란드의 모든 젊은이들은 중등교육이 끝날 때까지 창조예술, 시각예술, 공연예술을 하고 악기를 구입할 때는 국가로부터 재정보조를 받는다. 핀란드에는 국민 1인 대비 교향악단 지휘자 수가 다른 어느 나라보다도 많다.

이 모든 일이 교육제도와 경제에 지원을 하는 강력한 복지국가체제에서 이루어진다. 공교육은 보편적·헌법적 권리로 여겨지기에 풍부한 경제적 무상지원이 유아교육에서부터 고등교육에 걸쳐 제공된다. 학생들은 계층에 상관없이 모든 필요자원과 급식을 무상으로 제공받기 때문에 중산층도 복지국가 건설에 적극 참여하고 그로부터 혜택을 받으며 지지를 보낸다.

핀란드 분석가들은 이 모든 교육적·경제적 통합이 일어나는 것은 국가가 교육자에게 공익을 수행하는 전문가이자 국가 미래의 창조자로서의 지위를 부여하는 사회이기에 가능하다고 말한다. 핀란드의 이러한 사회적 분위기는 양질의 교사를 유입시켰는데, 교사들은 모두 석사학위를 소지하고 있다. 교사들은 OECD 평균수준의 급여를 받는 정도지만, 고등학교 졸업생들은 교직을 직업으로서 가장 선망한다. 교직의 사회적 사명과 그에 따른 높은 지위로 인해 핀란드에서 교직에 진입하려면 대단히 치열한 경쟁을 거쳐야 하는데 초등교사양성과정 지원자의 합격가능성은 10% 미만이다.

핀란드에서 국가는 국가교육과정을 기획하고 '방향을 설정steer' 하지만 교육과정을 상세하게 '규정prescribe'하지는 않는다. 대신 수준 높은 교사들로 이루어진 추진단에 이를 위탁하여 시·군·구 단위의 교육과정 대부분을 학생들에게 가장 적합한 방향으로 개발한다. 핀란드의 교사들은 자신이 담당하고 있는 교실·과목·학년의 학생들뿐만 아니라 학년이나 학급을 초월해 모든 학생들에게 책임감을 느낀다고 말한다. 그리고 모든 학생들을 위해 교사들은 신뢰·협업·책임의 문화 속에서 조용히 협력한다.

핀란드인들은 핀란드의 학업성취도가 높은 것은 학교가 천재를 만들어내기 때문이 아니라 어떤 아동이든 학업에 어려움을 느끼는 징후가 나타나면 초기단계에서 포착해 이들 모두를 바닥으로부터 끌어올려주기 때문이라고 말한다. 교사들은 학생 수가 통상 24명 이하인 작은 교실에서 가르친다. 교사들은 끝없는 지침과 특정 목표를 위한 상부의 간섭에 대응하느라 시달리는 일도 없다. 이로써 교사들은 자신의 학생들을 잘 알 수 있게 된다. 대부분의 학교에는 개별 보조교사들이 있어서 특별한 대응이 필요한 학생들이 있는 학급의 교사들을 돕는다. 특별교육 지원은 사후 처치보다는 초기예방에 중점을 두고 있으며 개별 학생들의 요구사항에 따라 전일제 또는 시간제로 지원이 이루어진다. 교사, 행정가, 사회복지사, 양호교사로 이루어진 학교복지팀은 정기적으로 만나 뒤처질 위험이 있는 아이들에 대해 논의하고 지원방법을 모색한다.

핀란드에서 학교의 교장은 법에 의거하여 교사 출신이어야 한다. 이곳에는 기업이나 군인 출신 낙하산 인사가 전혀 없다. 대부분의 교장들은 일주일에 최소 두 시간은 교실에서 가르치는 일을 수행한다. 이를 통해 교장은 교사들에게 신망을 얻고 학생에게 밀접히 다가가며 '학습을 위한 리더십leadership for learning'이라는 말이 단지 거창한 수사적 표현이 아니라 생생한 현실임을 보여준다.

어떻게 학교운영뿐만 아니라 가르칠 시간까지 확보할 수 있는지 교장들에게 질문하자, 한 교장은 "영미권 국가들과 달리 우리는 상부에서 하달되는 길고 긴 목록의 정부정책들에 응답하는 데 시간을 쓸 필요가 없기 때문이죠."라고 대답했다. 흥미롭게도 핀란드에는 성취도 달성 여부를 추적하기 위한 비공개적 표집평가를 제외하면 표준화된 평가체계가 전혀 없다. '책무성'에 해당하는 핀란드 고유의 용어조차 없다. 대신 공교육은 집단 전체의 사회적·직업적 책임으로 여겨지고 있다. 중앙집권적 통제의 길, 데이터에 집착하는 기술주의의 길을 정면으로 반대하는 입장의 핀란드는 성취도 측정을 꾸준히 실시하지 않으면서도 높은 성취도를 달성하고 있다.

교장의 역할이란 '전문가집단'인 교사집단의 일원으로서 교사들을 통해 교육안건들을 추진하기보다는 동료교사들로부터 지식과 생각을 이끌어내는 것으로 여겨진다. 교장이 아프거나 어떤 이유로 일정 기간 부재하는 경우, 교사들은 학교가 그들 모두의 것이므로 교장의 임무를 잠시 넘겨받아 수행하면 된다고 말한다.

탐페레Tampere 시市의 많은 교장은 자신들의 학교뿐만 아니라 시 전체의 학교들에 대해서도 중요한 책임을 진다. 이렇게 시 전역에 걸쳐 책임을 수행하는 동안 이들은 더 훌륭한 리더십 능력을 개발하고 공유할 수 있어 자신들이 맡고 있는 학교 내에서도 더 훌륭한 리더십을 발휘할 수 있게 된다. 더 나아가 교장들은 자신이 시의 미래를 위해 투자하고 있다는 시민적 자부심을 생각하면서, 자신이 재직하고 있는 학교의 아이들뿐만 아니라 탐페레 시의 아이들 모두에 대해 공동의 책임이 있다는 것을 깨닫는다. 필요한 사업을 수행하는 데 자원이 부족한 경우 한 교장이 다른 동료교장에게 연락하면 그는 "우리에게 여분이 조금 있어요. 우리 것을 좀 사용하실래요?"라고 말한다.

핀란드는 전형적인 국가도 완벽한 국가도 아니다. 영미권 국가들에 비하면 문화적 동질성이 있는 편이지만, 1995년에 유럽연합EU에 가입하면서 핀란드의 상황도 변했다. 핀란드는 OECD 국가들 중에서 남·여 학생 간의 성적격차가 가장 큰 나라다. 학생의 인종적 스펙트럼이 점점 더 넓어져 교사들은 학생들이 직면하는 어려움과 고충을 공감하는 데 있어 직관적인 판단을 발휘하는 것 이상의 노력이 필요하게 되었다. 부가적인 측정도구들이 동원되어야 할 수도 있다. 게다가 핀란드는 베이비붐 세대의 고령화에 따라 이미 높은 세금을 더욱 인상해야 하는 상황을 목전에 두고 있다. 복지의 지속가능성을 유지하기 위해서는 향후 어려운 노력들이 이어져야 하는 상황이며 공적 자금은 예전만큼 충분하지 않다.

그럼에도 불구하고 핀란드는 협소하고 제한적인 기능교육을 넘어 진정한 교육을 추구하면서 여러 지식기반 사회에 필수적 지침을 제공하고 있다. 그 지침들은 다음과 같다.

- 과거와 미래를 연계하여 진취적이고 통합적인 미래를 구축한다.
- 문화와 창의성을 희생하지 않으면서 과학기술의 혁신을 통해 교

육과 경제 발달 간에 강한 연계를 조성한다.

• 소수의 뛰어난 특정 학생들을 더 뛰어나게 하기보다는 다수의 학생을 발달시켜 전체적 성취를 높인다.

• 사후적인 보정보다는 예방적 관점에서 통합교육을 권장한다.

• 교사의 질은 진입 시점에서는 지원자 중 교사로서의 사명에 충실한 사람을 선발하고 이후에는 대학기반 및 학교와 연계된 엄격한 연수프로그램을 제공함으로써 관리한다.

• 신뢰·협동·책임을 중요시하는 공동체문화와 그에 대한 헌신성을 강조한다.

• 지역적·문화적 특이성과 시의성을 충분히 반영하는 교육과정을 개발한다.

• 자기 학교나 학급뿐 아니라 시·군 전역의 모든 학생의 미래에 대한 책임감을 공유한다.

• 정부 차원에서 교육제도의 방향을 설정하되 미시적이고 근시안적 관리나 세부적 개입을 자제한다.

우리는 우수한 교육적·경제적 성과를 거둔 핀란드의 사례와 그들의 지침을 깊이 살피고, 이를 바탕으로 하여 우리사회가 본받아 실행할 수 있는 변화전략의 이정표를 마련해야 한다.

학교개선
네트워크

/

2005년 '영국 특성화학교 및 아카데미 트러스트the U.K. Special Schools and Academies Trust(이 기구는 현재 영국 중등학교와 전문학교의 90% 이상을 아우르고 있다)'는 우리에게 접근하여 이 기구가 구축한 학교개선네트워크에 대해 연구를 진행하고 결과보고서를 작성해줄 것을 요청했다. 우리가 요구받은 사항은 간단하고 명료했다. 당시에는 이 프로젝트의 성공 이면에 있던 네트워크모델이 외부로 잘 드러나지 않았고 그 실체가 어떤 것인지 분명한 표현으로 언급하기 어려웠는데, 연구를 통해서 이 네트워크모델을 명시적이고 구조적으로 드러내 보여달라는 것이었다.

'성취도 향상, 학습의 변혁(이하 RATL)'으로 명명된 이 프로젝트에는 1, 2년 사이에 학생학력점수의 급격한 하락을 경험한 300여 개 학교가 참여했다.[9] 이 학교들은 공적·사적 재원의 지원을 받아 독자적인 개혁모델을 표방하는 대규모 네트워크를 형성했다. 이 프로젝트에서는 수평적 지원과 압력이 존재하는 동료중심의 네트워크 하에서 학교에 '의한', 학교와 '함께하는', 학교를 '위한' 개선이 장려되었다.

RATL 네트워크 산하의 학교들이 거둔 학생학력향상은 인상적이었다. 3분의 2에 달하는 학교가 불과 2년 만에 전국 중등학교 평균의 2배 속도로 성과향상을 이루었다(이는 학생들에게 매우 중대한 고부담시험인 일반중등교육학력인정GCSE 평가에서 C학점 이상의 성적을 받은 학생의 비율을 기준으로 한 것이다). RATL 프로젝트는 '수직적' 변화를 요구하고 강제하기보다 '수평적' 개선을 추진하여 학생의 참여를 증대시키고 심도 있는 전문적 탐구와 성찰을 이끌었다. 구체적으로는 다음과 같은 일들을 추진했다.

- 일반중등교육학력인정GCSE 평가 결과 표준학력평가 시험점수와 부가가치 성취도value-added achievement 측정수치 상의 하락을 나타내는 양적 성취도지표를 통해 확인된 성취부진학교들의 참여를 유도했다.
- 상호방문·교류프로그램 등을 통해 학교 간 네트워크를 형성하여 어려움을 겪는 학교들이 개선을 추구하는 여정에서 서로 배우고 지지하게끔 했다. 학교들은 비슷한 처지에 있는 다른 학교들이 많으며 학력부진이 공통의 과제이지 개별 학교의 부적응 증상이 아니라는 것을 알게 되었다.
- 네트워크 참여 학교들에게 코칭·지원·해결책 등을 제공할 멘토학교를 만들고 학교지도자를 확보했다. 멘토학교들은 고충을 겪고 있는 파트너학교에 할당되는 것이 아니었다. 그보다는 일

군의 멘토학교들이 RATL에 대한 협의회에서 실행사례를 보여주면 참여학교들이 각자 시간을 정해서 나름의 방식으로 멘토학교와 연락을 취하고 학교를 방문하기도 하며 의사소통을 했다. RATL의 방식은 강요와 할당이 아닌 초대와 선택을 통해 일종의 강자가 약자를 돕는 것이었다. 중요한 점은 참여학교에게 시간을 쏟느라 역량과 성과에 공백이 생기지 않도록 멘토학교들에게 재원을 보충해준다는 것이었다.

• 네트워크학회나 프로젝트리더 양성프로그램 등에서 탁월한 학교지도자들과 선도적인 사상가들의 강연을 주선하여 비전과 영감과 동기를 부여했다. 이렇게 개선의 필요성과 가능성을 직접적으로 담론화함으로써 변화의 추진에 활력을 불어넣었다.

• 학생들의 성취도와 여타 학교차원의 데이터, 특히 향상된 성적 측정 및 가정과 지역사회 결핍 정도 등의 지역적 상황을 고려한 데이터 등과 관련된 정보를 분석하기 위한 기술시스템 및 기술지원을 제공하여 학교에서 개선을 위한 목표를 보다 정확하고 효과적으로 정립하게끔 했다.

• 학력을 신장하고 학습을 근본적으로 변화시킬 목적 하에 단기·중기·장기적 성격을 지닌 경험에 근거하고 실증적으로 입증된 일련의 전략들을 네트워크에 도입했다. 네트워크 참가학교들은 그 후 각자의 상황에 따라 이 전략들을 적용했다.

• 개선목표와 관련된 일이라면 전적으로 교장과 학교가 재량껏 사용할 수 있는 재정(학교당 연간 16,000달러에 상당하는 예산)을 지

위해 프로젝트 참여와 목표달성에 대한 유인책을 마련했다.

- 기술을 효과적으로 사용하여 널리 이용되는 포털사이트를 통해 학교들을 연결하고 여러 학교의 학생들을 연결하여 학습전략을 상호 공유할 수 있도록 했다.
- 측정결과를 대중적으로 공개할 뿐만 아니라 참여과정의 투명성을 높이고 책무성 관리를 정착시켰다. 학습부진문제는 수치적으로 명백히 드러나는데도 문제를 바로잡기 위해 도움을 구하는 학교들의 노력도 부진하기는 마찬가지였다. 동료학교들은 지원뿐만 아니라 압력도 제공했다.

이러한 전략의 추진을 바탕으로 RATL 지도자들은 독특하고 정교한 모델을 개발했고, 이로써 프로젝트 참여학교 중 3분의 2의 학교에서 현저한 학력결실을 조기에 거둘 수 있었다. 이 모델은 실제적 경험에 기반하고 있으며, 증거와 풍부한 정보들로 뒷받침되었다. 이 모델은 학생의 학습에 중점을 두고 역동적이고 (하향식 강제보다는) 동료중심적인 네트워크 하에서 학교에 의해, 학교와 함께, 학교를 위해 행해지는 연구개발에 대내외적으로 참여하는 것을 중요시했다. RATL은 목표의 조기달성과 추진에 대한 조바심과 부담을 낙관주의 및 의욕고취 문화와 결합시켰다. 이러한 문화는 교육자들이 학력신장의 해결책이, 외부의 지원을 받지만 결국 전문가인 자신들의 손에 달려 있다는 것을 인식하게 해주었다. RATL은 '두려움fear'이라는 요인을 '동료peer'라는 요인으로 바꾸어, 이를 변화의 주요 선도요인이자 동기부여 요인으로 삼았다.

우리가 인터뷰한 교육자들은 RATL의 지원과 개입이 지닌 위력에 대해 과도하리만큼 열정적이었다. 교육자들은 산더미같은 데이터를 학력향상에 활용할 수 있는 실제적인 지식으로 전환하는 데 도움을 준 RATL 지도자들에게 고마워했다. 특히 빈곤가정과 소수자가정 출신 학생들이 다수 재학 중인 한 학교를 방문했을 때, 우리는 RATL 협의회와 멘토학교 방문, 온라인상의 의견교환 등을 통해 수집한 구체적인 권고사항과 전략에 대해 학교교사들이 설명하는 것을 듣고 깊은 인상을 받았다.

"부장선생님과 내가 함께 갔다가 정말로, 정말로 큰 열정을 가지고 돌아왔어요. 왜냐하면 RATL 협의회에는 실용적인 힌트와 팁 등이 많았는데, 그중 한두 개만 취하면 별 효과가 없을 거라는 판단이 들었어요. 그래서 '이것들 모두를 우리학교에 적용할 수는 없을까?'라고 우리 스스로에게 질문해 보았어요. 바로 그때 우리가 나아가야 할 방향이 어디인지 알게 되었죠."[10]

현재 거의 1,000여 개 학교가 RATL 네트워크를 거쳐갔다. 이 프로젝트는 참여학교의 능력이 약하거나 상황이 어려울지라도 네트워크가 성과향상에 기여할 수 있다는 것을 보여주었다. 이 프로젝트는 과도한 경쟁과 하향식 개혁을 유도하는 '제2의 길' 노선의 공격적인 전략이나, 개선목표를 일방적으로 부과하는 '제3의 길'의 방식에 대한 일종의 대안이자 해독제 역할을 한다. 또한 성공적인 네트워크가 정부정책을 하달하는 데 쓰이는 전달통로도 아니고, 모호한 격려를 나누고 초점 없이 상호작용을 하는 분위기의 문화도 아니라는 것을 보여주었다. 네트워크는 그 대신 결과를 만들어내는 구체적인 설계구조와 참여의 규범을 가지고 있다. RATL로 마침내 변화의 네트워크 하나가 만들어진 것이다. 이 네트워크는 교육자들 자신이 약간의 외부조직과 지원을 받으면 자신들의 환경 속에서도 어떻게 성공을 가져올 해결책을 발견하고 적용할 수 있는지를 알게 해주었다.

끈질기게 캐물었지만 어느 학교에서든 시간적 제약에 대한 불만을 제외하면, 교육자들은 RATL에 대해 부정적인 점을 거의 말하지 못했다. RATL이 직면하고 있는 최대의 난관은 정치적 맥락 하에 부여된 고부담평가, 하향식 개혁, 그에 따라 강요된 실행지침 등이 변하지 않고 유지되는 환경에 관한 것들이다. 앞서 설명하였듯이, 학교가 장기적 관점의 교수학습변혁에 착수하기보다는 즉각적인 결과를 도출해내는 단기적인 전략들에 더 큰 열의와 에너지를 보이는 것은 이해할 만하다. 그렇지만 그와는 달리 교육의 근본적인 변화를 실제로 우선순위에 두고 일군의 학교들과 더불어 기존의 한계를 극복하는 데 나선 귀중한 초기 사례가 바로 이 프로젝트라는 점을 눈여겨보아야 한다.[11]

RATL과 같은 성공적인 네트워크는 더이상 정책실행을 위한 다양한 도구 중 하나가 아니다. 선택사항의 위상을 넘어서고 있다. 이 네트워크는 궁극적으로 제도 그 자체의 논리를 문제 삼는다. 성공적인 네트워크는 정해준 것을 전달하는 기능보다는 개발하는 힘을, 행정적 절차상 부담해야 하는 책무성보다는 전문가로서의 자발적 책임감이 지니는 힘을, 관료제적인 일사불란함보다는 열정적인 참여가 만들어내는 놀라운 변화의 에너지를 보여준다.

지역사회
조직화

교육정책에는 많은 목적이 있다. 교육정책은 아이들과 학생들에게 혜택을 제공한다. 사회의 안전한 미래를 보장하는 데 필요한 학습을 발전시키기도 한다. 교육정책은 위기에 대응하고 특정이익들을 잘 조율해가면서 유권자들을 만족시킨다. 정책은 전문가집단의 공개적 찬성이나 반대만으로는 거의 변하지 않는다. 기업의 로비와 같은 힘 있는 특정 이익단체와 연대하거나 여론을 동원할 때에만 전문가들이 주장하는 정책을 변화시킬 가능성을 갖게 된다.

정책가는 공교육을 수립하기만 하는 사람이 아니다. 정책가들은 교육혁신의 걸림돌이 될 수도 있는데, 교육변화를 위한 운동이 긍정적인 내용이더라도 타 영역의 정치적 의제와 어긋나거나 그들의 이익에 상충되면 이를 막아서기 때문이다. 경우에 따라서는 정책가들이 근본적 시장주의자들의 이념에 동조하여 예산을 삭감하거나 학생들의 이익과 상충되는 이해관계를 가진 강력한 로비집단의 요구를 들어주기도 한다.[12] 이러한 상황에서 교육개혁의 길을 가로막는 태산 같은 장애물을 제거하려면 지역이나 전국적 차원에서 대중들이 행동하고 참여해야 한다. 이렇듯 행동으로써 변화를 일으키려는 시도가 미국에서는 '지역사회 조직화운동community organizing'이라는 용어로 통용되고 있다.[13] 주로 사회·교육개혁의 지극히 미미한 부분만 담당하며 그 존재가 거의 알려지지 않았던 지역사회 조직화운동은 미국의 지역사회 조직가 중 가장 유명한 인물인 버락 오바마Barack Obama가 2008년 대통령으로 당선되면서 전국적인 관심을 받게 되었다.[14]

교육분야의 지역사회 조직화란 개별 학부모가 학교에 찾아가서 담당교사와 일대일로 소통하는 전통적인 방식 그 이상의 것이다. 지역사회 조직화운동은 의미 있는 개혁을 이끌어내는 데에 지역사회와 공공네트워크 전체가 합심하여 동원되는 것이다. 지역사회 조직화가 완전히 실현되면 이전에 정치에서 소외되었던 대중들에게 새로운 시민적 역량을 높여주기에 도시 전체의 권력역학이 변모되기도 한다.[15]

과거에 학부모들을 조직하기 위한 대단위 노력들이 보여준 것은 학부모들이 많은 경우 내부적으로 분열되어 있고, 단발적인 저항을 넘어서는 행동을 취할 능력은 거의 전무하며, 표준화를 통한 통제라는 정치적 압력을 곧잘 방관한다는 것이다. 학부모들의 참여가 이와 같이 파편화되고 성마른 경향을 보이는 것은 '민주주의의 위축diminished democracy'이라는 현대적 현상의 단면이다. 미국인들은 전통적 형태의 시민활동에 참여하는 일이 줄었고, 인류적 공익에 헌신하는 것을 목표로 하는 넓은 단위의 운동에는 거의 관여하지 않게 되었다.[16] 더욱이 행정관료들은 '기본으로 돌아가자'는 정책노선 하에 예전 교육방식처럼 읽고 쓰는 능력과 산술능력을 평가하여 학부모들의 향수를 자극했고, 이로써 급변하는 불확실성의 시대에 자녀의 미래를 걱정하는 학부모들을 손쉽게 정치 바깥으로 밀어낼 수 있게 되었다.[17]

그러나 사회적 흐름이 변하고 있다. 2008년 대통령선거에서 첫 투표를 한 젊은 소수집단 출신 유권자층이 높은 투표율을 기록했다는 것이 중요한 근거다. 미국 대통령의 정치경력에서 지역사회 조직화 이력이 돋보인 것에 더하여 포드Ford, 헤이즌Hazen, 모트Mott, 게이츠Gates 재단과 같은 강력한 후원단체로부터 재정적 지원을 받아 지역사회와 청년을 조직화하는 흐름이 새롭게 나타나면서, 마이클 우스단Michael Usdan과 래리 쿠반Larry Cuban이 미국의 개혁적 흐름에 만연해 있다고 비판했던 '얕은 뿌리의 깊은 개혁powerful reforms with shallow roots'이라는 경향이 극복되고 있다.[18]

- 뉴욕 시 '사우스 브롱크스 제9학군 학교개선을 위한 지역사회 공동행동the Community Collaborative to Improve District 9 Schools in the South Bronx'은 시내 공립학교들과 함께 교사지원프로그램을 개발하여 대상 학교의 교사전출률을 1년 만에 28%에서 6.5%로 줄였다.[19]
- 필라델피아 시 '변화를 위한 청년연합Youth United for Change' 소속의 고등학교 활동가들은 연간적정향상도를 달성한 3개의 학교 중 한 학교가 시험기간 동안 교사들이 학생들에게 시험범위를 특별히 지도하고 예상문제와 답을 벽에 붙이는 등의 비교육적

방법으로 결과를 만들어냈다고 공개했다.[20]

- 시카고 시 '로간 스퀘어 지역연합Logan Square Neighborhood Association' 및 다른 지역사회단체들은 지역의 대학들과 연계하여 빈곤·노동자 계층의 부모들이 정식임용교사certified teacher가 될 수 있도록 준비를 도와주는 '우리자녀, 우리가 기르기Grow Your Own'라는 교사준비반프로그램을 만들었다.[21]

사례에서 보듯 지역사회와 청년 조직가들은 1960년대 방식의 저항정치를 넘어서 대학들과 공동의 연구를 진행하고, 대안적 공립학교인 차터스쿨charter schools을 설립하여 이끌며, 교사전문성개발프로그램을 제공하고, 학생들의 학력분석자료와 교수·학습 수업참관 결과를 연계하고 있으며 변화를 위한 근거들을 모으는 방법에 관한 학부모교육을 실시하고 있다.

우리 저자 중 한 명은 1990년대 도시학교들의 어려운 상황을 호전시키려 했던 텍사스 주의 '산업지역재단the Industrial Areas Foundation(IAF)'의 노력에 대해 조사한 적이 있다.[22] 이러한 노력의 결과, 학교들을 종교단체 및 지역사회 조직과 연결해주는 '학교연합Alliance School' 네트워크가 150여 개 학교를 주축으로 구축되었다. 댈러스와 포트워스의 도심부터 리오 그랑데 밸리를 따라 분포한 낙후된 '멕시코인 거주지역'에 이르기까지 '학교연합'은 교사와 학부모의 활동을 촉진하여 학생들의 학력을 향상시키고, 학부모와 공교육제도를 다시 이어주었으며, 보건·주거·치안에 이르는 지역사회의 제반 여건을 개선하는 일을 했다. 하지만 텍사스 주에서 이루어진 이런 희망적 노력들은 점차 표준화와 시험이 강조됨에 따라 교장들이 학부모와의 연대활동을 연간적정향상도 목표달성에 방해가 되는 것으로 여기게 되면서 어려운 시기를 겪게 되었다. 그러나 '학교연합'의 광범위한 교훈이 미국 전역의 도시와 지역사회로 퍼져나갔고, 이는 다시 지역사회 조직화가 자기편의적인 정부와 훼방을 일삼는 관료조직을 마주한 어려운 상황에서도 교육적 변화를 이끌어낼 수 있는 새로운 방법이라는 인식을 심어주어 지역사회 조직화의 성장에 기여하였다.

UCLA의 지니 오크스 Jeanne Oakes와 존 로저스 John Rogers는 기존의 변화 및 개혁 전략들의 실패 이유가 기존의 전략들은 교육전문가에 맞춰져 있거나 그들의 주도로 이루어졌을 뿐 학생과 학부모의 개입이 거의 없었고 그들을 이 개혁활동의 대상자나 수혜자 이상으로 생각하지 않았기 때문이라고 주장한다.[23] 이런 면에서 볼 때, 그 동안에도 교육변화를 위한 노력은 있어왔지만 그 수단이나 목적 그리고 실천이론 대부분이 사회의 엘리트와 그들의 자녀에게 유리한 학교, 프로그램, 교육전략을 구조적으로 보호하는 사회 속에서 기존의 권력과 통제구조에 전혀 도전하지 않았음을 알 수 있다.

이에 대해 오크스와 로저스 교수는 지역사회 조직화를 활용하여 학력이 낮은 빈곤·소수자 배경의 학생과 그 가족들을 대학연구자 및 교사로 구성된 네트워크와 연계시키는 방식으로 학력을 신장시키고 폭넓은 개선을 담보하는 변화를 일으키려 시도하고 있다. 이러한 단체들은 학생과 지역사회를 훈련하고 지원하여, 이들이 자신의 교육과 삶의 조건, 즉 허물어져가는 학교건물, 대규모 학급, 능력별 학급편성divisive tracking/streaming, 교재 및 비품의 부족, 우수교사의 부족, 교사의 학습기회 부족과 같은 현실에 대해 탐구하고 그에 대해 행동하도록 이끈다.

이러한 실천들은 증거에 기반해 주장을 펼치고 파괴적 혁신전략을 내놓으며 관료와 입법가에 맞서는 학생·학부모·지역사회의 활동과 맞닿아 있다. 목적은 부유층뿐 아니라 빈곤층에게도 전적으로 공평한 기회를 부여하는 것이다. UCLA 교수들은 법정대리문제부터 도심의 대형 고등학교를 개선하기 위한 일상적·정치적 실천방법 자문에 이르기까지 지역사회와 청년조직단체에 전문지식을 제공한다. 아일랜드 민요의 가사를 빌리자면 이러한 일들은 '보리밭을 흔드는 바람'이라고 볼 수 있다.

버락 오바마 대통령의 취임과 더불어 지역사회 조직화는 미국 내 학교교육의 주변부에서 중심으로 이동할 수 있게 된 듯하다.[24] 하지만 그것의 효과는 무엇일까? 현재까지의 연구 중 가장 정교하고 광범위한 연구를 실시한 아넨버그 학교교육연구소Annenberg Institute for School Reform의 연구팀이 지역사회 조직화의 긍정적인 결과를 다수 확인했다.[25] 조직화 전략과 교육성과향상 측정결과 사이의 상관관계를 밝히기 위한 목적으로 시내 7개 학군의 학력향상결과, 졸업률, 대학준비반 등록률 등을 분석하였다.

• 마이애미 주의 '지역사회를 위해 함께 행동하는 사람들 People

Acting for Community Together (PACT)'은 학부모와 협력관계에 있는 학교들을 주선하는 조합기반 조직화 방식을 활용하여 초등학교의 읽기·쓰기교육에 초점을 맞추었다. 해당 학교에서는 숙달수준에 도달한 학생들의 비율이 2001년 27%에서 2005년 49%로 향상되었으며, 이는 3, 4학년을 기준으로 유사한 인구구성을 보이는 비교집단 학교들을 훨씬 앞지른 성과였다.

- 텍사스 주 오스틴 시에서는 학생의 사회·경제적 지위와 언어능력을 통제변인으로 두고, 이후 최저시험점수 기준의 효과도 통제변인에 포함했을 때, 교사들이 교육조직화운동에 참여하는 비율이 높은 학교에서 학력평가의 최소기준을 통과하는 학생의 비율도 높은 것으로 나왔다.

- '오클랜드 시 지역사회조직Oakland Community Organization'의 활동 결과 시에서 가장 크고 부실했던 고등학교가 여러 개의 작은 학교로 분리되었는데, 이후 '캘리포니아 주 학업성취도지수California Academic Performance Index' 상의 순위 상승은 물론 졸업률과 대학준비반 등록률도 증가하였다.

- 7개 지역에서 행해진 한 조사에 따르면, 교육조직화운동 프로젝트 소속의 청소년들이 전국단위의 비교집단에 비해 시민의 참여도가 높다는 보고가 나왔다. 지역사회 조직화 경험 여부는 학습자가 강한 학문적 동기를 가지고 있는지 여부와 상관관계가 깊은 중요 지표이기도 했다.

아넨버그 연구팀의 결과에서 가장 흥미로운 점은 아마 지역사회 조직화가 학교 상호 간에 그리고 학교와 지역사회 구성원들 사이에 형성되어 있는 높은 사회적 신뢰 수준과 상관관계가 있다는 점이다. 이전 연구들도 학교 내 구성원들 간의 사회적 신뢰와 학생들의 학력 간에 상관관계가 있다는 결론을 내렸다.[26] 오스틴 내 지역사회 조직화활동에 참여한 교사들에 관한 연구를 보면 '오스틴 상호신뢰Austin Interfaith' 단체의 활동에 활발히 참여한 학교들은 참여기 저조한 학교들에 비해 교사-학부모 신뢰와 학내 공동체성 및 안전의식이 더 높고, 보다 성과지향적인 문화를 가지고 있으며, 학부모의 학교활동 참여가 더 활발했다. 지역사회 조직화의 수준이 높은 것은 교사 간의 강한 상호신뢰, 학교에 대한 교사들의 헌신, 원활한 전문적 협력 등과도 연관이 있었다. 조사결과는 지역사회 및 교육조직화운동이 학교의 성과향상을 늘상 방해했던 교사들의 개인주의를 희석시킬 수 있다는 것도 보여주었다.

지역사회 조직화운동은 진정한 긍정적 교육변화가 정부정책 하에서 시작되기도 하지만 그것과 전혀 무관하게 시작되기도 한다는 것을 보여준다. 교회의 지하실에서, 거리의 모퉁이에서, 노동조합의 사무실에서, 온라인에서, 지역사회 조직화는 대중들에게 있어 삶의 역동적인 한 부분이라는 것, 그리고 학부모와 지역사회가 정치적 개입의 대상이나 정부서비스의 수혜자 그 이상의 존재가 될 수 있다는 것을 보여준다. 시민은 민주적으로 교육변화에 참여할 수 있다. 좋은 정부는 이러한 공개적 활동에 수용적이다. 더 좋은 정부라면 이러한 운동이 확산될 수 있는 여건을 조성해야 한다. 즉, 지역사회가 변화에 개입하고 참여하는 것이 민주주의의 필수요소라는 것을 인식하고, 이를 수행할 지역사회의 힘과 역량을 개발하는 일에 정부가 적극 나서야 한다.

학구단위
개발전략

/

런던의 도크랜즈 Docklands는 템즈강이 영국해협에 도달하기 전에 마지막으로 굽이쳐 흐르는 지역 중 하나로 조그만 반도에 깊숙이 위치해 있다.[27] 반세기 전만 해도 자갈길을 따라 빽빽이 들어선 테라스 하우스에 부두노동자와 그들의 가족이 서로 다닥다닥 붙어 밀집해 살았던, 백인 노동자계급의 지역이었다. 그 지역사회는 강한 연대의식과 신뢰가 두터운 대가족과 친족관계로 유지되었다.[28]

2차세계대전 이후 1950년대와 60년대의 도시계획에 의해 낡거나 폭격당한 주거지가 불도저로 파괴되었고, 그와 함께 지역공동체가 형성되고 모일 수 있었던 길모퉁이의 공간들도 없어졌다. 이전의 집들은 질 낮은 다세대주택으로 대체되었는데, 이웃 간 유대관계를 형성하기 위해 자연스럽게 모일 만한 어떠한 장소도 없이 각 가정은 고립된 작은 공간 속으로 분리되었다. 몇 년 지나지 않아 이 다세대주택 단지의 낙서로 얼룩진 벽면은 미래의 슬럼가를 예고했고, 범죄와 소외라는 악순환이 시작되었다.

도크랜즈에서 미래에 대한 전망을 찾던 가족들은 그곳을 떠날 방도를 찾아냈다. 가족들은 승용차를 처음으로 구입해서 타고 에섹스Essex와 같이 유망한 새로운 교외로 나갔다. 그곳은 유명한 축구스타 데이비드 베컴이 자란 곳이기도 하다. 한편, 모더니즘은 해운산업의 모습을 변화시켰다. 1970년에는 더 이상 새로운 기술로 건조된 거대한 유조선이 템즈강의 구불구불한 수역을 운항할 수 없었다. 부두산업은 쇠락의 길을 걸었고, 지역의 취업시장은 고갈되어만 갔으며, 전통적인 노동계급은 해체되어 처음에는 실업상태의 백인 하층계급이, 이후에는 전세계에서 몰려드는 이민자들이 그 자리를 차지하였다.

도크랜즈로 몰려든 이민자들 중 다수가 세상에서 가장 가난한 나라인 방글라데시의 농촌지역에서 왔다. 이전의 이민자 세대들처럼 그들은 대가족 구성원들과 함께 이민을 왔고, 1980년에는 도크랜즈 지역 인구의 90%가 방글라데시인이었다. 도크랜즈 지역의 일부가 최신 글로벌 금융과 커네리 워프Canary Wharf라는 미디어중심지로 재개발되었지만, 첨단기술로 만든 이동수단을 통해 출퇴근하는 화이트칼라 노동자들은 자신이 근무하는 빌딩 너머에 숙련된 기술을 요구하는 일자리를 찾지 못해 괴로워하는 이민자들의 공동체가 있을 것이라고는 거의 생각조차 하지 못했다.

이러한 급격한 인구변화는 1980년대와 90년대 초의 혼란스러웠던 교육정책에 의해 한층 더 복잡해졌다. 마가렛 대처 수상이 좌파성향의 런던도심교육청Inner London Education Authority을 해체했을 때 새로 생긴 학군 중의 하나가 타워 햄릿Tower Hamlets이었다. 타워 햄릿은 다양한 민족들로 구성된 이민자들이 사는 지역이었는데 이곳은 실업률이 높고 영국에서 빈곤율이 가장 높으며 다른 어떤 지역보다 무상급식을 받는 학생 수가 많았다. 1997년에 타워 햄릿은 영국에서 가장 저조한 초등교육성취도를 보이며 최악의 지역교육청으로 발표되기도 했다.

하지만 이후 10년 동안 타워 햄릿 소속학교들의 변화는 극적인 양상을 보였다. 소속학교들의 성취수준은 국가평균에 미치거나 혹은 평균을 상회하였다. 표준학력평가와 일반중등교육학력인정GCSE 평가 결과, 대학진학률 등에서 이 지역은 영국에서 가장 뛰어난 향상을 보인 교육청으로 평가되었다. 특수교육 대상 학생, 문화적 소수자 출신 학생, 무상급식을 받는 학생과 관련된 성취도 격차도 현저하게 줄었다. 이 학군의 성취도 추이와, 같은 시기 비교적 완만한 오름세를 보인 전국 성취도의 비교 그래프가 표 3-2와 표 3-3에 제시되어 있다.

그렇다면 이러한 교육체제 전반에 걸친 변화를 어떻게 설명할 수 있을까? 많은 사람들이 희망의 영역 밖이라 여겨 포기했던 학생들이 어떻게 학업성취도를 이렇게 놀랍게 향상시킬 수 있었을까?

알람 해리스 Alam Harris와 함께한 '기대 이상의 성과내기Performing Beyond Expectations'라는 대규모 연구프로젝트에서 우리 저자 중 한 명은 알랜 보일Alan Bolye이라는 팀동료와 타워 햄릿 성공의 비밀을 연구하였나. 이 성공스토리의 핵심은 바로 지역사회 개발이었다.

표 3-2 타워 햄릿의 중등학교 평가결과

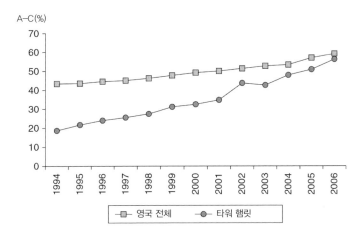

[표 3-2]는 영국의 일반중등교육학력인정(GCSE) 평가에서 합격점수인 C 이상을 다섯 과목 이상에서 얻은 학생들의 백분율(%)을 나타낸다. C학점은 일반적으로 대학진학을 목표로 하는 학교에 입학하기 위한 최소점수이다.

표 3-3 타워 햄릿의 초등학교 읽기·쓰기능력 성적

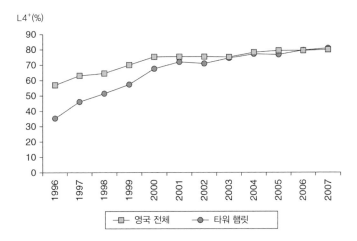

[표 3-3]은 2차 핵심평가 시점(Key Stage, KS)인 11세, 즉 초등학교의 마지막 학년에 영어·읽기·쓰기 능력에서 4등급(Level 4, L4)을 받은 학생들의 백분율(%)을 나타낸다.

영국의 '제3의 길'이 보다 많은 아동서비스를 소외된 지역사회로 '전달하고자' 노력한 반면, 타워 햄릿은 지역사회의 관계와 참여를 강화하기 위해 '새로운 역량을 키우고자' 끊임없이 노력했다. 종교기반 조직들과 논의하고 이슬람 지역사회의 종교지도자들과의 합의를 도출하여, 학생들이 집안행사에 참석하고 며칠 더 머무는 일로 인해 장기간 학교에 출석하지 못하는 상황(예컨대, 방글라데시에 있는 친지의 장례식)을 줄이고 그 영향을 차단하려는 노력을 하였다. 이러한 노력의 일환으로, 학교는 물론 사원의 예배에서도 장기결석이 무단결석으로 처리될 수 있다고 공지하여 그만큼 청소년의 교육적 성취와 공동체의 미래역량 개발이 매우 중요하다는 것을 공표하였다.

타워 햄릿은 존 듀이가 자랑스러워 할 만하게도 몇몇 학교를 지역센터로 개발하여 오전 8시부터 오후 10시까지 연장개방하고, 지역사회 학생과 성인 모두에게 학습자원과 여가기회를 제공하는 서비스를 구축하였다. 미국의 몇몇 도시에서 시범적으로 운용하는 '맞춤형 서비스'에서와 같이 타워 햄릿은 보건서비스와 학생 학업멘토 지원서비스를 학교라는 하나의 장소에서 통합적으로 제공하여 지원과 학습의 새로운 시너지구조를 만들어냈다.

이는 제1의 길의 사회변화기에 이루어졌던 영국의 지역발달과정을 재연시키고 나아가 이러한 과거의 경험을 발전적으로 재창조하고 있다. 당시에 카운트도프 대학, 스턴톤버리 칼리지, 시드니 스트링거와 같은 혁신적인 종합중등학교들이 최초의 도심지역학교로 운영되었는데, 이들 학교는 학생과 지역사회 구성원에게 상시 개방되어 있었고, 청소년을 위한 교육서비스와 더불어 도서관, 여가활동, 가족, 보육, 성인을 위한 평생교육 등의 서비스를 함께 제공하였다. 또한 프로젝트 수행 중심의 교육과정의 주요 내용을 지역공동체의 관심사항에 맞췄다.[29]

타워 햄릿에서 지역사회의 참여를 강화하는 데 영향을 미친 중요한 요인 중 하나는 '노동인력 리모델링 Workforce Remodeling'으로 알려진 법안이다.[30] 이 법안은 보다 많은 보조교사와 직원을 학교에 배치하여 그들이 행정적인 업무나 다른 업무들을 처리함으로써 교사들의 업무부담을 덜어주고자 고안되었다. 기존의 연구결과들에 의하면 이 전략이 그리 효과적이지는 않았다고 한다. 이 분야에 있어서 절대적인 기준으로 회자되는, 테네시 주에서 진행된 한 연구에서는 실험집단과 비교집단을 만들어 실험집단의 교사그룹은 학생 수가 적은 교실에 배정하였고 비교집단의 교사들에게는 보조교사를 배치하였다.[31] 그런데 연구 결과, 보조교사를 배치받은 교사들이 학생 수가 적은 교실의 교사보다 높은 성과를 보이지는 않았다.

테네시 주의 연구는 교실운영의 효과성에 영향을 미치는 변수를 밝히고 교육시스템 전반에 걸쳐 취할 수 있는 전략을 개발한다는 목적 아래 진행된 것이었다. 노동인력 리모델링을 종단적이고 점진적인 관점으로 보았을 때, 영국의 낙후지역 내 학교들의 교직원 중 절반이 그 지역사회 출신이라는 데 의미가 있었다. 정부가 만든 기준에 비추면 그들은 아직 '우수한' 교사는 아니지만 교사들이나 학교리더들과 강력한 유대관계를 형성하는 훌륭한 '거리의 민주인사'로서 스스로를 자리매김한 것이며, 이들은 이후에 전문교사가 되기 위한 훈련에 참여하기도 한다.[32] 타워 햄릿의 한 리더는 "우리학교는 지역주민들을 위한 상당히 좋은 훈련과 발전기회를 제공하고 있습니다. 특히 우리학교에 보조교사로 오시는 분들은 정식교사로 더 훈련받기도 합니다. 이런 면에서 우리학교는 우리지역 출신의 교사와 사회복지사를 배출하는 좋은 통로를 보유하고 있다고 볼 수 있습니다."라고 인급했다. 자신들과 공통점을 공유한 학생을 위해 협력하는 그 지역사회 출신의 전문가와 교직원들은 신뢰·참여·옹호의 공동체를 형성하여 변화를 만들어낸다. 또 다른 리더는 "이 모든 일의 핵심은 사람 간의 연결점을 만들고 모든 사람이 공동체에 소속되어 있고 접근할 수 있다고 느끼도록 하는 것입니다."라고 말했다.

타워 햄릿이 취한 지역개발전략은 그 지역의 고유한 리더십을 인정하고 개발하며, 교사와 지역사회 구성원 간의 신뢰관계를 강화하고, 학교를 생동하는 민주주의의 장으로 변화시키는 것이었다. 이와 같은 방법으로 타워 햄릿 지역은 단지 정부의 '전달주의deliverology'의 또 다른 희생지역이 되지 않았다.[33] 지역사회 개발의 이런 과정은 그 지역의 다른 개선의제들과 결합하여 아래와 같은 시너지효과를 일으켰다.

- 선지자先知者적 성향을 지닌 새로운 리더십의 책임자가 등장함. 그는 열망이나 포부가 아주 높아야 한다고 생각하는 사람으로, 이런 높은 포부에 결합된 노력들은 좀처럼 수그러들지 않는다는

확신을 가지고 있으며, 모든 사람이 목적달성을 위해 힘을 합쳐 일해야 한다는 신념을 가지고 있는, 일중독 성향을 보이는 사람임.

- 인수인계의 공백기간이 최소화되고, 추진력 있는 전임리더로부터 끈기를 지닌 후임리더로 성공적인 업무승계가 진행됨.

- 장기간 전문적 헌신을 하는 데 지쳐 일종의 휴식을 취하러 런던에 잠시 온 타지의 유능한 교사들을 선별하여, 능력 있는 교사가 그 학군과 함께 어울릴 수 있도록 유인함.

- 개선을 위해 원대한 공동의 목표들을 세우고 이를 달성하기 위해 학교의 리더들이 함께 헌신성을 개발함. '목표설정의 문화'가 있어 모든 사람이 공동의 목표를 개인의 목표로 치환함.

- 별로 높지 않은 목표를 세우고 그것을 달성하는 것보다는 목표를 달성하지 못하더라도 원대한 목표를 세우는 것이 더 낫다는 철학을 공유함.

- 장학사의 보고서에 '교직원들의 열정과 높은 사기'라는 표현이 등장하고, 많은 학교들이 상호 간에 또 지역교육청과 긴밀하게 협력해서 일하는 상호신뢰와 강한 존중을 형성함.

- 지역사회가 학교에 대한 지식과 학교에서의 존재감을 높임. 신뢰를 형성하고 지원을 제공하며 지속적으로 개입함. 학교를 데이터로만 판단하지 않으며, 직접적이고 개별적으로 알게 된 사안들을 바탕으로 소통을 이어감.

- 학교 간 협력에 헌신함. 한 중등학교가 이웃학군의 소말리아 난

민가정의 학생을 입학시켜서 '특별조치'(미국의 '시정조치'와 유사)를 받았을 때, 다른 모든 중등학교가 함께 시위를 지원함.

- 외부로부터 주어지는 정부압력과 정책에 탄력적이지만 무모하지 않게 대응함. 즉, 시험과 목표의 중요성은 받아들이지만, 이미 교육청과 좋은 성과를 내고 있는 학교 사이에는 높은 신뢰관계가 형성되어 있으므로 자신의 목표는 세우되 새로운 특수고등학교를 설립한다는 정치적인 압력에는 저항하는 성향을 보임.
- 학교와 '교육에 있어서 기업의 사회적 책임감'을 새롭게 형성하는 긍정적인 사업파트너십을 형성함. 이를 통해 희망과 복지의 환경을 창조하며 지역의 경제회생을 달성함.

바로 이와 같이 지역사회 개발은 통합성과 일관성의 힘으로 변화의 모든 과정에 영향을 미친다. 한편, 이를 잘 이용해 교육성취도를 높이는 교육자의 전문성이 향상된다. 타워 햄릿 지역의 교육자들은 견고하면서도 탄력적인 목적의식을 가지고 있다. 즉, 위치상으로는 학교 가까이에 있으면서 학교와 함께 성공적이면서도 지속가능한 체계적인 리더십을 향유하고, 정치적이고 자의적인 목표가 아닌 전문적으로 공유된 목표에 헌신하며, 학교와 약자를 돕는 강자로서의 윤리의식을 정립한다. 변혁의 '제4의 길'에서 능력 있고 용감한 리더는 자신들의 지역과 도시에서 학생들의 성취도를 높이고 시민역량을 배양하기 위해, 전문가와 지역사회 사이의 파트너십과 참여를 어떻게 최대한 활용할 수 있는지 알게 된다.

좋은 정부라면 지역사회 조직화를 학습의 방해요인으로 생각한다거나 그저 바라만 보지 않는다. 오히려 보다 폭넓은 변혁전략을 도모하기 위해 학부모와 지역운동가들을 더 존중하고 지속적인 관계를 맺는다. 더욱이 지역조직화가 더욱 활성화되어 변화의 본질적인 요소로서, 정권임기를 넘어서 지속가능한 지역적·국가적 민주주의의 중요 요소로서 기능하도록 제반조건을 갖춘다. 협소하고 관료주의적이며 자민족 중심적으로 '교사자질'이 정의되어 있었기에 자칫하면 학교교육 과정에서 너무나 쉽게 소외될 수 있었던 방글라데시인들에게 '노동인력 리모델링'이 새로운 공적 정체성을 만들어주었다. 이러한 진보적인 정책들을 통해 학업성취도를 향상시키고 필요한 시민역량을 키우려면, 정치적 편리성이 있거나 대중에 인기영합적인 일을 하는 것이 아니라 지역기반의 새로운 구상과 역량을 최대한 활용하는 것이 민주정부의 윤리적 과제다. 타워 햄릿의 한 리더는 이런 말을 했다.

"데이터만 중요한 게 아닙니다. 학교를 아는 것, 지역사회를 아는 것, 역사를 아는 것, 교사들을 아는 것. 이 모든 것이 중요합니다."

결론

/

제3의 길에서 그리 멀리 떨어져 있지 않은 핀란드, 제3의 길을 훌쩍 뛰어넘은 RATL, 그 사이에 있는 지역사회 조직화운동. 이들이 제공하는 정보를 종합해보면, 강력하고 새로운 변화의 원칙이 출현하고 있음을 알 수 있다. 이러한 원칙들이 '제4의 길'이라는 새로운 변화의 윤곽을 잡아가기 시작한다. 이 길에서는 열정 있는 교육자들, 참여하는 대중, 안내는 하지만 통제는 하지 않는 정부라는 삼자가 교육이라는 공공선을 함께 추구하고 향상시켜 나가기 위해 파트너십을 맺고 활발하게 상호작용한다. 이 길은 아래와 같은 사항들을 중요하게 여긴다.

- 사회와 학교에 중요하고 포괄적이며 진취적인 비전
- 이러한 비전에 근거한 학습과 성취를 우선적으로 고려
- 능력 있는 교사들을 유인하고 유지
- 신뢰, 협동, 책임감 있는 직업문화
- 데이터보다는 실제적인 증거에 기반한 변화

- 지역사회와 학교 사이의 상호신뢰를 바탕으로 한 긴밀한 관계
- 동료교사 간 그리고 멘토와 함께하는 네트워크
- 잘하는 곳이 못하는 곳을 도와주는 혁신지향의 문화
- 지역공동체의 개발, 참여, 역량부여와 위임

자유시장체제의 신뢰가 붕괴하고 개인의 불안감이 팽배하며, 공동의 선을 추구하기 위해 모든 공동자원을 결집해야 할 때, 우리가 시장과 표준화만을 중요시 여기는 제2의 길에 있다면, 또는 중앙집권적 통제의 길, 데이터에 집착하는 기술주의의 길, 비뚤어진 열정의 길에 잘못 들어선 제3의 길에 있다면 우리는 한 발짝도 더 앞으로 나갈 수 없을 것이다. 우리의 미래를 고삐 풀린 시장근본주의의 방만함이나 중앙집권적 정부의 오만함에 더 이상 맡겨서는 안 된다. 우리의 미래는 현재와 미래의 역량을 상호 개발하는 데 있어야 하고, 우리를 도울 수 있는 수준 높은 전문가들의 지식을 믿고 투자해야 한다. 미래를 위한 해결책은 과거에 우리를 실망시켰던 해결책들로 퇴행하거나 그것의 점진적인 재구성을 통해 찾을 수 있는 것이 아니다. 거대한 역사적 전환기이자 위기와 기회의 기로에 놓인 현대에 우리는 익숙한 관성적인 사고방식과 사회모습에 대하여 자연스럽게 갖게 되는 극적인 의문들을 직면하고 포용해야 한다. 또한 우리 안에 있는 최고의 것을 발견하고 보다 나은 미래를 위해 노력하고 희생하여, 우리 자신을 넘어선 보다 큰 선을 추구해야 한다. 이것이 바로 '제4의 길의 위대한 지향'이다.

The
Fourth
Way

04

학교교육 제4의 길

21세기 학교교육 성공의 필요조건

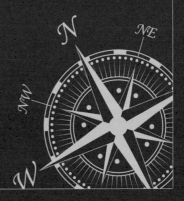

늘 행복하고 지혜로우려면 자주 변해야 한다.

− 공자 −

모든 변화가 기적이다. 매순간 일어나는 기적이다.

− 헨리 데이비드 소로우 −

　　　　　　제4의 길은 비전의 고취와 혁신을
지향하며, 책임감과 지속가능성을 추구하는 노선이다. 제4의 길은
교사들을 통해 쉼 없이 개혁을 추진하거나, 교사들을 정부시책의 말
단 전달자로 삼거나, 교사의 동기를 소진시켜가며 변화의 소용돌이
에 휘말리게 하지 않는다. 특히 근시안적인 정치적 목적이 결부된 개
혁, 교직관련 특수이익이 결부된 개혁에 동참시키지 않는다. 그와는
반대로 제4의 길은 사회와 교육에 대한 비전을 중심으로 정부정책과
교육계의 헌신과 시민사회의 참여를 통합한다. 이는 번영과 가능성,
창조성에 대한 비전이다. 그리고 이 길은 통합되고 안전하며 인간성
이 넘치는 세상을 추구하는 길이다.

　제4의 길은 교육의 표준화, 데이터 중심의 의사결정, 목표지상주
의의 환상을 뛰어넘어 민간·교육계·정부 간에 평등하고 상호소통
이 활발한 파트너십을 구축한다. 이 길을 통해 교육리더는 개혁의 세
세한 실무가 아닌 거시적 방향을 지휘하며, 꼭 필요한 경우에만 직접
나서게 된다. 이로써 교육체제에 안정성이 확보되고 유해요소가 제
거되며 부패와 무능이 방지된다.

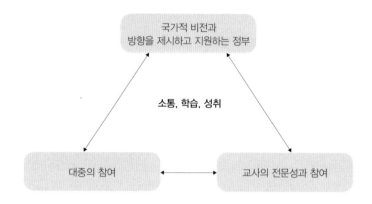

그림 4-1 제4의 길

국가적 비전과
방향을 제시하고 지원하는 정부

소통, 학습, 성취

대중의 참여 ⟷ 교사의 전문성과 참여

제4의 길은 교육자들에게 과거와는 다른 새로운 균형점을 찾도록 한다. 교사들은 정부의 강력한 통제로부터 어느 정도 자유로워진다. 대신 학부모·지역사회·대중으로부터의 자율성은 제한된다. 학부모들은 자녀의 학교에 더 참여하게 되고, 학교 내에서 지역사회 구성원들의 존재감과 목소리가 높아지며, 일반 대중은 전달된 교육서비스를 단순히 소비하기보다는 교육의 목표를 논의하는 의사결정에 함께 참여하게 된다.

린다 달링 해먼드Lind Darling-Hammond의 말을 빌리자면, 제4의 길에서 변화의 동력은 관료주의와 시장이 아니라 민주주의와 전문성이다. 제4의 길은 교원전문성 향상에 다시 투자한다. 제4의 길에서 교사는 고도의 훈련을 거치고 적극적인 신뢰를 받는다.[1] 이와 동시에 제4의 길에서 정치적 관료주의의 위상은 축소되고 대중민주주의가 활력을 얻는다. 교사전문성의 의미는 근본적으로 달라진다. 전문가로서 교사는 정부로부터의 자율성을 크게 회복하고 학부모와 지역사회를 향해서는 더욱 개방적으로 소통하게 된다. 따라서 제4의 길은 정부·학부모·교사 모두에게 커다란 변화의 길이다(그림 4-1 참조).

이 장에서는 제4의 길의 새로운 '실천이론'을 제시한다. 제4의 길은 탄탄한 경쟁력 위에서 번영하는 지식사회를 구축하고, 불의와 불평등을 줄이며, 교사의 전문성과 진정성을 회복하고, 각 지역과 사회 전체에 유대감과 통합의 가치를 확립하는 일 등에 있어서 제1, 제2, 제3의 길보다 더욱 적합한 이론이다.

제4의 길은 다음의 요소로 구성되어 있다.

- 변화의 목적과 파트너십을 세우는 여섯 개의 기둥
- 변화의 동력이 되는 교사전문성의 세 가지 원칙
- 변화를 지속시키고 통합시키는 네 가지 촉매

변화의 목적과
파트너십을 세우는
여섯 개의 기둥

지속가능한 변화를 뒷받침하는 실천이론이라면 라틴어 동사 *sustinere*'의 본래 의미에 반드시 기반을 두어야 한다. 이 단어는 무언가를 지속하려면 단순히 유지하거나 견디는 것이 아니라, 떠받쳐주고 그 무게를 감당해야 하는 것을 의미한다. 지속가능한 교육변화의 무게로서 궁극적으로 감당해야 하는 것은 정권의 변화에 따라 뒤집히고 교육자들을 반복적인 개혁의 피로감에 시달리게 하며 사제간의 기본적 신뢰를 저해하는 관료적 정책 또는 그 개입의 총체가 아니다. 데이터 또한 교육을 강화하고 교육에 영향을 미칠 수 있지만 이것보다 더 근본적인 것이 있다. 교사가 학생 및 동료교사들과 긴밀한 관계 속에서 효과적으로 협력하는 것, 학생들이 서로 배우고 돕는 것, 이 모든 교육주체들이 학부모 및 지역사회와 함께 공동의 목적을 도출하고 그에 대해 함께 고민하는 것 등이 그렇다. 협력과 파트너십의 가치란 무엇으로도 대체될 수 없다.

우리의 자체연구뿐만 아니라 행복에 대한 많은 연구결과들이 이를 증명한다.[2] 사람의 행복을 좌우하는 세 가지 요소는 삶의 목적과 권한과 관계다. 우선, 교사들은 목적이 분명하고 초점이 명확하며 성취 가능한 것일 때, 게다가 그 목적이 그들로부터 나온 것일 때 긍정적인 감정을 갖는다. 반면에, 목적이 불분명하고 산만하며 비현실적이고 끊임없이 변하는 데다 그것이 타인이 부과한 목적이라면 교사들은 불행하다고 느낀다. 둘째로, 교사들은 여느 사람들처럼 권한을 부여받는 경험을 할 때, 그리고 타인의 명령만 기다리는 것이 아니라 학교에서의 역할을 자신이 주도할 수 있을 때 행복하다고 느낀다. 마지막으로, 동료들이나 타인과의 긍정적인 관계 속에서 삶의 목적을 계발하고 달성하는 과정에서 행복을 느낀다. 반면에, 관계를 맺거나 유지하는 데 쓸 시간이 전혀 없는 생활에서 불행이 비롯된다. 영감을 불러일으키는 목표와 그것을 함께 추구할 수 있는 동료들이 성공적이고 지속가능한 학교교육의 토대가 된다.

제4의 길에는 변화의 목적과 파트너십을 세우는 기둥이 아래와 같이 여섯 개 있다.

- 영감을 주고 통합을 이끄는 비전
- 시민의 적극적인 참여
- 성과 도출을 위한 투자
- 교육에 대한 기업의 사회적 책임
- 변화의 파트너로서의 학생
- 마음챙김 교수·학습

1. 영감을 주고 통합을 이끄는 비전

한 주를 시작하는 날이다. 교사들은 마침 진행 중인 노조운동의 합의서에 따라 수업시작 직전에야 학교에 도착할 예정이다. 당신은 일찍 출근해서 복사기를 미리 켜놓고 다른 교사들을 위해서 주변을 다 정리해 놓았다. 하지만 다음날 돌아온 것은 책상에 내던져진 노조지시 불이행에 대한 항의서뿐이다. 수요일에 당신은 문제가 있는 청소년을 사비를 털어 도왔다. 하지만 목요일에는 그 학생이 가석방 점호를 빼먹었다는 사실을 듣게 된다. 금요일에는 학생의 성적을 추적·관리하는 새로운 소프트웨어 프로그램을 동료에게 추천했는데 토요일과 일요일에 프로그램이 다운되었다는 불만을 담은 메일이 쏟아져 들어왔다. 말미를 장식한 것은 당신이 동료교사와 함께 몇 개월에 걸쳐 개발한 새로운 성적표 양식이 그 다음 달에 있을 '정권교체'로 인해 쓸모없는 일이 되어버린 것이다.

많은 교육자들이 이러한 사소한 실패들을 겪으며 좌절의 늪에 빠진다. 어떤 교사들은 에너지가 완전히 고갈될 때까지 일한다. 그들은 도덕적인 순교자가 되어 모든 문제를 자신이 고치려고 한다. 모든 문제학생, 모든 서류작업, 막힌 변기를 포함해 학부모의 모든 불만을 해결하려 한다. 그들은 날마다 제일 일찍 출근해서 제일 늦게 퇴근해야 한다고 생각한다. 이러한 노력은 겉으로 보기에는 대단한 헌신이지만, 사실 막대한 비용이 드는 일이다. 이로 인해 큰그림을 그릴 시간이 사라지기 때문이다. 이러한 교육자들은 불을 끄는 데는 능할지

몰라도 애초에 누가 불을 냈는지는 생각할 여력이 없다.

한편, 역경으로부터 회복력을 갖는 이들도 있다. 라틴어 'resilere'에서 유래하였으며 심리학자들이 '회복탄력성resilience'이라고 부르는 자질, 즉 다시금 일어설 수 있는 탄력성이 이들에게는 있다. 이들은 다른 동료들에게는 패배를 안겨주었던 위협과 난관에서 다시 튀어오르는가 하면 심지어 이를 계기로 더 피어나기도 한다. 최상의 개혁환경이 주어진다 해도 좌절과 역경은 늘 있기 마련이다. 달갑지 않은 개혁안이 좌초되는가 하면 대안으로 마련된 구상안과 방안들도 체계적이지 못할 수 있다. 저조한 입학률에 대한 해결책이 교실 과밀현상으로 이어질 수도 있다. 이렇듯 문제는 있기 마련이다. 하지만 탄력성을 지닌 사람들은 문제를 기회로 삼고 신 레몬을 달콤한 레모네이드로 만들어버린다.

탄력성을 예측가능하게 해주는 두 가지 요인으로서 강한 목적의식과 조력적인 동반자 관계를 꼽을 수 있다.[3] 내적 목적성과 도덕적 비전을 지닌 사람들은 이를 동력으로 삼아 불만을 극복한다. 이들은 불만스러운 상황을 극복가능한 도전대상이나 향상의 기회로 새롭게 정의한다. 빈민아동에 관한 연구를 보면, 주변에 도움을 청하고 신뢰할 수 있는 어른이 적어도 한 명이라도 있는 아이들은 빈곤에서 벗어날 수 있다. 의지할 수 있으며 '내 편'이 되어주는 사람이 단 한 명이라도 있다면 탄력성을 갖기가 쉬워진다.[4]

탄력성을 지닌 교사들은 표준성취기준을 본인의 교육과정의 목적에 맞게 조정하고 합리화할 수 있다. '장기간에 걸친 교육변화 연구'

에 등장하는 탄력성 있는 교사 한 명은 달갑지 않은 제2의 길 식의 개혁요구를 받게 되었다. 요구사항은 어린 학생들에게 의무적으로 근로경험을 쌓게 하는 것이었다. 그는 이를 학교건물 주위에 정원을 함께 만드는 기회로 삼았다. 감당하기 힘든 정치적 제약의 상황이었지만 창의적인 아이디어가 피난처를 제공해준 것이다. 비전을 갖고 일하던 타워 햄릿의 관리자들이나 끈기 있게 일하던 미국 전역의 지역사회 운동가들처럼, 단력성을 지닌 지도자들은 어려운 상황에서도 학부모와 지역사회를 자기 편으로 끌어오는 방법을 알고 있었으며 발목을 잡는 융통성 없는 관료주의에 맞서 싸우는 방법을 알고 있었다.[5]

학교도 탄력성을 지닐 수 있다. 특별한 목적을 띠고 설립된 혁신적인 학교들은 냉담한 상급기관에 맞서 학교의 정체성을 정의하고 지킬 수 있다. '교육개혁의 역사 연구'에 등장하는 한 학교는 주 정부의 표준화시험 명령에 대한 대안으로 학교가 공동설립한 전국적인 네트워크와 함께 수행평가를 실시하겠다고 제안하여 정부의 동의를 얻어냈다. 다른 학교들은 지역교육청 주관 연수기간을 학교현장 중심의 교육목적과 우선순위를 수립하는 데 활용하였다. 마지막 사례로 한 학교에서는 교직원회의를 인형풍자극으로 시작하여 회의마다 회의장이 만원이 되곤 했다. 이 인형극에서는 물고기인형의 입을 빌려 정부가 최근에 내놓은 개혁안의 허점을 익살스럽게 풍자하곤 했다. 그 후에 교직원들은 같은 개혁안을 학교 자체의 개선계획에 맞추어 다듬는 일을 진행했다.

국가의 탄력성도 놀라운 수준에 이를 수 있다. 핀란드는 경제 및 교육 분야에서 놀라운 변화를 이루었다. 발트해 연안국가들도 반세기 가까운 공산주의시대의 정체와 억압으로부터 놀랍게 재기하고 있다. 독일도 이제는 장벽으로 분단된 나라가 아니다. 일본은 패망한 군사국가에서 세계적인 경제대국으로 변신했다. 싱가포르는 1960년대만 해도 세계의 경제지도에서 찾아볼 수 없는 나라였으나 지금은 경제와 교육 분야에서 세계 최고수준의 지식사회다. 한때는 앵글로색슨 계열 이민자들에게 가장 멀게 느껴지는 종착지였던 호주는 오늘날 아시아·태평양 지역에서 주도적 역할을 하는 다민족국가이자 경제강국이다. 마지막으로, 오바마는 미국에서는 상상하기 어렵던 '흑인' 대통령으로 만델라 못지않은 위상을 누리고 있다.

미국 예외주의* 옹호론자들은 핀란드나 싱가포르 같은 국가들의 성공을 보면서 미국은 그 국가들과 같을 수 없다고 고개를 젓곤 한다.[6] 그들은 개인주의, 시장, 경쟁 등의 관습적 준거틀에 갇혀 일체의 문제에 대한 해결책으로 이러한 가치를 늘상 내세운다. 대격변을 일으킨 2008년의 신용위기를 겪었음에도 이들은 금융분석가들이 금융위기가 정점에 달하기 이미 몇 년 전부터 단념하기를 촉구하던 낡은 이데올로기적 신념을 단단히 붙잡고 있다.[7] 급변하는 21세기에 미국만 새로운 과제에 직면하지 않는 '예외'적 상황이 있을 리는 없다. 다만, 사회적·역사적 특성에 의해 그 과제가 다른 나라와 사뭇 다른 것일 수 있을 뿐이다.

---

* 미국이 세계를 이끄는 역할을 갖는 국가의 위치에 있다는 주장이다.

무엇이든 있는 그대로 받아들이라는 성경의 격언이 있지만, 사실 표범은 제 가죽의 무늬를 변화시킬 수 있다. 변화하는 환경에서 표범의 생존은 적응력에 좌우된다. 전 세계적으로 이 나라 저 나라들이 변화에 대응하여 그 정체성을 바꾸고 과거의 영광 위에 완전히 새로운 미래상을 연결시켰다. 산업분야에서 혼다와 도요타 등 일본의 자동차회사들은 1970년대의 석유위기 당시 최초로 소형차를 시장에 출시했고, 1990년데에는 최초로 하이브리드 자동차를 시장에 내놓았다. 미국기업들은 이 장면을 우두커니 서서 지켜보고만 있었다. 2008년에 미국의 거대 자동차기업이 붕괴한 것은 융통성 있는 타국의 경영사례에서 교훈을 얻지 못하고 그대로 경영실패를 감당해야 했던 과거의 비극적인 역사를 되풀이한 것이었다.

　신용경색이 진행 중인 데다 경제환경의 변화가 일으킨 폭풍이 시간이 갈수록 더욱 맹렬하게 몰아부치는 현 상황에서 사람들은 결국 소비자라는 안락한 누에고치 속에서 나오고 있다. 수년간 허물어지던 미국경제는 최근 회복의 기미를 보이고 있다. 위기는 위험뿐만 아니라 기회도 가져온다. 2008년 국제금융시스템이 붕괴할 당시에도 현금보관용 금고 제조업체는 수요를 도무지 따라잡을 수 없을 만큼 호황을 누렸다. 민간부문에서 실직이 증가하면서 상당수의 유능한 인재들이 교직으로 몰렸다. 교직의 안정성만이 유인책은 아니었다. 번영의 시기 동안 자기중심적으로 축적했던 모든 것을 잃고 나자 사람들은 일과 삶의 목적이 지니는 더 깊고 중요한 의미를 재발견하게 되었으며 그 과정에서 새로운 관계성을 형성하게 되었다. 사람들은 국민 모두의 안전보장을 위해 정부의 지원이 왜 필요한지 알게 되었으며 모든 수단을 동원하여 과세로부터 벗어나려는 시도가 결코 정당화될 수 없는 일임을 알게 되었다. 사실, 우리는 자신을 초월하는 이상이나 서로를 하나로 묶어주는 고무적인 목적을 염원한다. 돈과 자산을 향한 소유욕이 밀려나가고 삶의 의미에 대한 탐색의 물결이 자리 잡는 시기는 바로 지금과 같은 극적인 사회전환기다.

통합교육을 지향하는 동시에 매력적이고 도전적인 교육목적은 시스템의 방향을 결정하고 결속시킨다. 그리고 그 시스템 속에서 일할 최고의 인재들을 유인한다. 읽기·쓰기와 같은 문해력과 셈하기와 같은 기초지식을 갖추게 하는 것이 바로 그런 목적이고, 그래서 항상 교육에서 그 우선순위가 높다. 하지만 그런 목표가 개혁의 우선순위에서도 가장 높은 것일 필요는 없다. 특히 학교와 국가가 이미 그런 목적을 잘 달성하고 있는 경우에 그렇다. 또 더 많은 주목을 받고 강조되어야 할 사안이 읽기·쓰기와 같은 문해력과 셈하기와 같은 기초지식 때문에 옆으로 밀려나야 할 때 그렇다. 예를 들면, 캐나다는 문해력 평가점수와 교육복지의 측정지표인 경제적 번영이 매우 높은 수준이지만, 학생 개인이나 가족이나 동료관계 혹은 건강 측면에서의 사회복지는 매우 미흡한 수준이다.[8]

읽기·수리능력 점수의 수준을 높이고 격차를 줄이는 것을 목적으로 삼는 것은 너무 세밀한 목표다.[9] 물론, 골문이 너무 넓거나 목표하는 바가 너무 많으면 선택과 집중의 효과를 거둘 수 없다. 그러나 골문이 너무 좁으면 목표가 아예 달성되지 않을 수 있다. 관건은 너무 많은 것을 한꺼번에 다루지 않으면서도 구체적인 목표 한 가지 이상을 해결해가는 것이다.

영미권세계는 교육적 사명의식을 잃어버렸는데 좀 심각한 수준이다. 이것이 가장 분명하게 나타나는 영역이 교육이다. 영국도 여느 나라처럼 '세계 최고수준의 교육'이나 '세계 최고수준의 학업성취'라는 애매하고 공허한 구호를 외칠 뿐이다.[10] 이것은 명확한 비전을 표현한 것이 아니라 모호하게 얼버무린 것에 불과하다. 조지 부시 대통령 재임시절의 미국은 '소유권사회'라는 개인주의적 사회비전을 시사했지만, 결국은 각자 자기의 문제를 홀로 헤쳐나가야 하는 사회, 개인이 실제로 소유하는 것은 부채뿐인 사회가 되었다. 계층 간 학업격차를 수치화하는 작업은 사실상 기술적 환원주의였고, 평등과 연대의 정신으로 사람들을 결속시키는 사회정의의 비전, 감동과 통합의 비전을 완곡하게 회피하는 것이었다.

학교와 사회가 바라보는 변화의 중심은 대개 읽기·수리능력 시험 점수뿐이다. 미국 여러 지역이나 상당수의 개발도상국에서처럼 읽기와 수학점수가 낮고 학력격차가 큰 경우라면 이를 우선순위로 삼는 것은 납득할 만하다. 특히 빈곤을 퇴치하고 시민역량을 강화하는 전략방안들이 이와 함께 결합되어 있다면 더욱 받아들일 만하다. 그러나 호주, 뉴질랜드, 캐나다의 온타리오 주와 브리티시 컬럼비아 주 등 이미 읽기능력성취도에서 세계 최상위권인 지역에서 그것을 체제 개혁의 우선순위로 삼는 것은 아무런 교육적 의미가 없다. 후진적 체제로부터 개혁의 우선순위를 수입하고 그에 딸린 목표, 평가 등의 짐

보따리를 풀어놓는 것이 정치적으로 편리하고 효율적일지 모르지만, 교육적으로는 방향을 잘못 잡은 것이다. 교육리더십을 비롯한 모든 리더십이 발휘해야 할 용기란 쉽고 편리한 것을 하는 것이 아니라 옳은 일을 하는 것이다.

그렇다면 영감을 주는 비전과 사명은 어떤 것인가? 단 하나의 답은 없다. 지식사회를 추구하는 사회나 예술을 장려해온 단일 토착사회에서는 그 사명이 혁신성과 독창성일지 모른다. 여성의 기본적 인권을 부정해온 곳에서는 그 사명이 양성평등일지도 모른다. 미국의 경우, 해외 동반국과 동등한 지위에서의 국제협력과 모든 국민에 대한 기회평등의 확대 등이 사회비전으로 재조명되고 있다. 대량학살로 체제가 파탄나고 민족갈등으로 분열되어 있는 사회에서는 분쟁을 비폭력적으로 해결하는 사명을 그 어느 것보다 굳게 유지해야 할 것이다. 고래의 생태계가 위험에 처한 지역이나 거대한 생태학적 흔적이 남아 있는 국가나 도시지역은 지속가능한 개발을 위한 교육을 목표로 삼아야 할 수 있다.

어느 국가든 아이들은 다양하고 복합적이며 깊이 있고 도전의식을 불러일으키는 교육과정으로 교육 받을 권리가 있다.[11] 모든 어린이에게는 '뿌리에 대한 욕구 the need for roots'가 있다. 이는 2차세계대전의 참상을 목격한 시몬느 베이유가 말한 개념으로서, 자기 고유의 전통에 기반하면서도 주변의 다른 문화를 향해 마음과 지성을 열 수 있게 해주는 에너지다. 우리가 그토록 집착하는 기초과목은 배움의 시작이지만 거기에만 머물러야 할 이유가 있겠는가? 우리는 기본적인 기술, 읽기·수리능력을 넘어서야 한다.[12] 더욱 대담해지고 더 나아가야 한다.

2. 시민의 적극적인 참여

한 사회의 미래모습을 규정하는 목적을 정부가 단독으로 결정해서는 안 된다. 이는 공공정신에 다가가 이를 고취시킬 수 있는 사회지도자들, 지역사회 구성원, 시민들 모두의 공적 참여로 결정될 문제이다. 이러한 공공의 참여는 버락 오바마 덕분에 유명해진 '지역사회 조직화운동'을 부상시키는 데 중심적 역할을 했다.[13] 타워 햄릿의 재건에 있어서도 공적 참여는 결정적인 요소였다. 오늘날의 교육자가 수행하는 임무는 공적 영역에서 분리된 사적인 일이 아니다. 근심하는 학부모와 만나거나 사업가나 정치지도자들과 지역사회의 미래를 논의하는 것은 교육자가 공교육의 성과와 열망에 대한 공적 담론과 민주적 숙의에 영향을 미칠 기회다. 가정방문, 가정회의, 조찬클럽, 연극이나 스포츠 행사, 가족과 함께 하는 과제, 방과후 활동, 부모회의 등 아이의 성장을 논의하는 이 모든 활동들은 개별 어린이를 지원할 수 있는 기회이자 공공의 참여를 강화하여 더 나은 시스템 속에서 모두의 자녀들에게 혜택이 돌아가도록 만들 수 있는 기회다.

　미래를 마주하면서 느끼는 불안에 정보마저 부족한 경우, 사람들은 확실했던 과거를 그리워하게 되고, 진보와 변화에 등을 돌리며, 자녀와 관련된 유대관계를 풍부하게 쌓는 대신 시험점수라는 지푸라

기에 매달리게 된다. 정보에 입각한 공공의 참여와 지역 조직화운동
은 참여도와 이해수준을 높임으로써 과거에 대한 향수를 물리친다.
이것은 개방적이고 시민참여적인 전문성이 개발되는 것을 의미하며,
함께 더 나은 학교를 만들어 나갈 수 있다는 의미이다.

- '장기간에 걸친 교육변화 연구'의 한 혁신학교에서는 학부모와
  학생들이 폭넓은 교육과 학교의 독자성을 위협하는 시험횟수
  증가에 항의하기 위해 구속복*을 입고 행진했다.
- 텍사스의 '학교연합Alliance Schools 네트워크'의 학부모와 지역주민
  들은 한 펀드회사의 교육투자를 의원들이 지원하도록 촉구하는
  대규모 집회를 텍사스 주 의회의사당에서 열었다. 해당 회사는
  유망하고 혁신적인 방법으로 지역사회단체와 협력하는 학교들
  에게 추가지원을 제공했다.
- 웨스턴 오스트레일리아 주에서는 일 년 중 한 주간을 교육을 기
  념하는 '교육주간'으로 삼고, 공교육의 긍정적 사례들을 대중매
  체를 통해 지역사회와 공유했다.
- 온타리오 주의 경우, 개별 학교의 교육적 성취란 매우 다면적이
  고 복잡하기 때문에 이런 성과데이터를 일차원적인 학교서열로
  변환하여 보도하는 일이 더 이상 없도록 정부와 언론이 합의했
  다. 여론의 오도를 정부가 방지한 것이다.[14]

---

* 정신질환자, 죄수 등이 움직이지 못하도록 입히는 옷이다.

- 미국과 영국에서는 방과후학교와 지역학교들이 온종일 개방되어 있어 방과후수업, 성인언어교육·레저·육아 등의 강의, 숙제를 위한 지원시설, 사춘기 부모와 직장인 엄마를 위한 지원 및 교육, 종합의료관리지원, 사회복지, 법집행서비스 등의 다양한 활동을 제공한다.
- 영국의 타워 햄릿 및 기타 지방자치단체에서는 학교에 지역주민을 위한 일자리를 다수 마련했다. 이것은 학생과 교사에 대한 지원이었을 뿐만 아니라 학교와 가정, 학교와 종교단체 간의 관계를 강화시켰고, 모든 사람들이 성적향상과 출석에 더 충실하도록 했다.

교육자는 학부모의 적극적인 참여와 지역사회 개발을 두려워할 필요가 없다. 교육자는 시민의 참여를 수용하는 것을 전문적 소명과 정체성의 핵심으로 여기고, 스스로 이에 참여하고 이로부터 유익을 누리는 방법을 배워야 한다. 역사적으로 학생의 성취와 사회진출 기회에 있어서 가족, 지역공동체, 사회의 영향은 학교의 영향보다 훨씬 더 컸다.[15] 학교와 지역사회를 더 많이 연결할 때 이러한 패턴을 역전시킬 수 있다. 즉 지역사회 밖에서 혹은 지역사회에 대항해서가 아니라, 지역사회를 '통해서' 학교의 영향력을 증가시킬 수 있다. 반세기 전에는 교육리더가 동시에 지역사회의 리더였다. 작은 도시나 시골 지역에서는 지금도 많은 교육자들이 그러하다. 이제 그들이 다시 지역사회와 함께하는 리더가 될 때이다. 이러한 새로운 협력관계 및 참여는 반드시 개별 학교에서 지역사회에서 공교육의 목적에 대한 활발한 국민적 토론 가운데서 이루어져야 한다. 제1의 길에서의 교사와 지역사회 간의 수동적 신뢰와 제2의 길에서의 교사에 대한 학부모와 지역사회의 적극적인 불신은 이제 모두 다른 것으로 대체되어야 한다. 제3의 길의 장애요인이었던 중앙집권과 데이터에 대한 신뢰로 대체되어서는 안 된다. 교육자와 학부모와 사회가 공통 관심사인 다음세대의 양육을 위해 같이 협력하여 적극적 상호신뢰를 형성해야 한다.

3. 성과도출을 위한 투자

21세기에 진입하면서 저소득층을 위한 기회확대와 지원책임이 사회 전반에서 교육분야로 전가되었다. 교사가 거의 전적으로 모든 학생의 성과를 올리고 교육격차를 좁히도록 요구받고 있다. 평등에 대한 전 사회적인 담론이 퇴보하여 학교가 스스로 교육격차 수치를 감소시켜야 한다는 요구로 바뀌었다.[16] 사회 전체의 공유된 책임이던 것이 학교만의 책임으로 옮겨갔다. 학교의 변명은 있을 수 없었다. 실패는 선택사항이 아니었다.

그러나 방금 살펴보았던 바와 같이, 학교의 효과성에 대한 오랜 연구결과 학생성취의 차이를 가장 잘 설명하는 요인은 아직도 학교 외부에 존재한다.[17] 학교는 상당한 차이를 만들 수 있고 실제로 그러하지만, 변화의 전체요인이 아님은 물론이고 가장 큰 비중을 차지하지도 않는다. 학교 단독으로 탁월해질 수 없으며 지역공동체와 협력하고 공존해야 한다. 이것은 지역사회와 협력하는 학교가 증가해야 하며, 지역사회를 개발하고 가정을 위해 더 많은 투자가 이루어져야 함을 의미한다.

우리는 싼 값으로 교육수준이 높아지기를 기대할 수 없다. 비즈니스와 마찬가지로 학교 또한 투자 없이는 성과도 없다. 우수국가인 핀란드 및 기타 북유럽국가들은 교육뿐만 아니라 주택, 의료, 사회복지, 지역사회 개발에 많은 공공투자를 하고 있으며, 그곳 국민들은 이러한 복지국가의 혜택을 누리고 있다. 물론 학교가 이에 크게 공헌하고는 있지만, 학교 단독으로 기적을 이룰 수 있다고 기대하는 국민은 없다.

자금투자의 중요성은 남아프리카공화국과 같은 개발도상국이나 경제발전의 과도기에 있는 국가 또는 미국의 최빈곤지역 등지에서 분명하게 드러난다. 남아프리카공화국의 경우 이전에 상류층 백인아동이 다녔던 학교의 현재 읽기능력 성취수준이 독일이나 미국의 수준과 필적할 만한 반면, 흑인 거주지역이나 극빈곤층 지역의 아이들은 문맹률이 세계 최저수준이다.[18]

미국에서도 성적분포와 성공기회에 있어서 양극화현상이 드러난다. 백인과 아시아계 미국학생들은 OECD의 국제학업성취도평가PISA, 국제수학·과학성취도평가TIMSS 등의 국제시험에서 세계 여느 국가 못지않게 우수한 성적을 보인다. 그러나 흑인과 라틴계 미국학생들의 학습환경은 빈곤, 교사의 자격미달, 학교의 자금부족 등으로 점철된다.[19] 학습 저해요인인 영양실조, 치료받지 못한 유아의 건강 문제, 청각시각 손상, 두뇌를 위협하는 환경오염물질, 태아의 알코올·약물중독 등은 그 영향이 평생 지속될 수 있기에 문제가 크다.[20] 흥미롭게도 지니GINI계수*가 높은 국가들, 즉 경제적 불평등이 심한 영국, 미국 등의 나라는 국제적인 학업성취검사에서 낮은 순위를 보인다. 반면, 지니계수가 낮은 캐나다와 핀란드 등의 나라는 학업성취검사에서도 매우 우수한 점수를 보인다.[21]

영국의 '미래를 위한 학교전략*'은 이러한 뿌리 깊은 불평등의 패턴을 바꾸고자 한다.[22] 이 공격적인 혁신전략은 영국의 도시 및 지방의 심각한 문제지역에 수 백만 파운드를 투자하여 지역 내 중등학교를 재건하여 이를 지역공동체의 회복과 인종차별투쟁의 발판으로 삼으려 하고 있다. 미국의 '토탈서비스 학교' 또한 이와 같은 취지의 정책을 시행 중이다.

이러한 노력 중에 제1의 길 방식으로 무조건적인 정부투자에 의존하는 사업은 하나도 없다. 이미 인용한 바와 같이 지역공동체 조직화의 유명한 철의 규칙은 '자신이 스스로 할 수 있는 일은 절대로 다른 사람이 해주지 않는다.'라는 것이다.[23] 학부모와 지역사회도 이제 책임을 분담해야 한다. 휴대폰과 텔레비전, DVD를 끄고 아이들과 대화하고 책을 읽어주고 같이 놀아주는 어른으로 거듭날 때이다. 학교

---

*사회 전체에 부가 어떻게 분배되었는가를 측정해 0~1의 수치로 경제적 불평등의 정도를 나타내는 지표다. 1에 가까울수록 소득불균형이 크다는 뜻이다.

*2010년 재검토 후 예산의 삭감으로 인해 폐기되었다.

에서 지고 있는 전문적 책무성의 무게만큼 가정에서도 부모가 책임의 무게를 저야 할 때이다. 마을의 놀이터와 거리를 되찾자. 그리고 이를 날실과 씨실로 엮어 민주적 삶을 만들어내자.

4. 교육에 대한 기업의 사회적 책임

과거에는 교육영역에서의 기업파트너는 대개 태만하고 피상적이고 이기적이었다. 기업에서는 직장 내 훈련을 따로 시행할 필요가 없도록 학교에서 구체적인 기술을 훈련하기를 요구했다. 기업은 어린이 소비자를 인질로 하여 투자에 대한 대가를 불량식품 같은 유해제품 판매로 대신했다.[24] 그들은 깊이 있는 학업프로그램보다 기능적인 비즈니스 커뮤니케이션 및 비즈니스 수학프로그램을 하도록 압력을 넣었고, 교육과정에 비판적 사고가 자리잡을 틈이 없도록 했다.[25] 심지어 오늘날 유행하는 세계경제 호황을 위한 21세기형 스킬skills* 개발의 배후에 그들이 있는데, 젊은이들의 시민적·민주주의적 자질이나 능력을 개발하려는 노력은 희박하다. 이러한 기업들은 경기호황 중에는 교육투자를 약속하지만, 경기침체의 징후가 나타나기만 하면 교육투자를 대폭 절감한다.

  환경운동이 부상浮上하여 많은 기업의 책임의식을 공격하며 변화를 일으켰다. 현재는 점점 더 많은 기업이 사회적 책임을 실천한다. 이

---

* 2015 PISA 역량평가와 각국의 역량중심 교육과정 개정에 영향을 미친다.

제는 많은 기업들이 다우존스 '지속가능성' 지수 상에서의 순위에 민감하다. 또한 상장 자격요건이 되는 환경오염물질 배출량의 감소, 직원 삶의 질 향상, 학교를 포함한 지역사회에 대한 시간서비스 기부 등의 실무적 실천에 대해 자부심을 갖고 있다.[26] 노키아 커뮤니케이션은 핀란드 내에서 이러한 위치와 영향력을 갖고 있다. 마찬가지로, 커네리 워프의 위대한 금융 및 미디어 기관이 타워 햄릿의 학교들과 구축한 파트너십은 특정 제품을 홍보하기 위함이 아니라 구체적 서비스를 제공하고 법인의 격을 높이고 기관의 이익과 기부금의 일부를 공유하기 위해 구성된 것이었다. 기업의 '사회적' 책임이 사회정의와 교육기회 균등과 만날 때 그것은 기업의 '교육적' 책임이 된다.

긍정적이고 호혜적인 파트너십은 개발도상국에도 존재한다. 우리는 지식기술개발계획에 대한 세계은행의 평가서에서 이러한 사례를 발견했다.[27] 예를 들어, 페루의 아스파라거스 산업은 지역 전통의 토착지식을 지식경제 발전의 장벽이 아니라 자산으로 다룬다. 이러한 지식은 이 업계의 기업가들 대부분이 훈련받는 공립농업대학으로부터 보급되고 있다. 이 기업가들의 대부분은 미국으로 건너가 현지 아스파라거스의 생산과 가공 신기술을 직접 배운다. 이들 중 일부는 이스라엘로 가서 강의를 듣고 사막에서의 관개농사를 배운다. 이러한 기술은 페루로 보급되어 페루의 현지조건에 맞게 개발된다. 페루의 아스파라거스 생산자협회는 이 지식정보를 보급하고 마케팅을 지원한다. 대학에서는 새로운 수출작물, 해충, 질병제어기술 등에 관한 연구를 진행하고 기술자, 대규모 농장 및 소규모 농가에 보급한다.

인도네시아 유니레버의 비누공장 중 한 곳은 근처의 강물을 처리하여 비누, 치약, 샴푸를 제조한다. 이 제품 모두가 깨끗한 물을 필요로 하기 때문에 이 강의 수질향상은 회사의 상업적 이해이면서 회사의 사회적·환경적 책임이기도 하다. 유니레버 인도네시아의 '깨끗한 강 프로그램'은 강변에 거주하는 모든 사람들이 수질향상에 기여하도록 이들의 참여와 훈련에 초점을 맞추고 있다. 이 프로그램으로 마을사람들이 자립적인 방식으로 강을 지킬 수 있도록 교육을 제공하고 있는 것이다.

이러한 사례들은 교육훈련의 영역에서 지역토착지식이 공공 및 민간 부문과의 파트너십을 맺었을 때 경제와 사회발전에 기여할 수 있는 방식을 보여준다. 이것은 가장 부유한 국가의 황폐해진 도시시설에도 동일하게 적용된다. 버려진 교회건물의 지하공간은 노숙자에게는 먹거리가 공급되고 빈곤가정의 영혼이 회복되는 곳이다. 길거리한 모퉁이가 자신의 불만을 방방곡곡 알리는 장소에서 사람들이 운집하여 지역사회 조직화전략을 개발하는 장소가 되고 있다. 버려진 학교건물이 자녀양육기술을 교육하고 청소년 미혼모를 지원하기 위한 보조금과 기부금을 모으는 장소가 될 수 있다. 버락 오바마가 시카고에서 지역사회 조직화운동을 할 당시, 그는 중소기업과 고용센터가 살아날 때 그것이 지역의 작은 희망일 뿐만 아니라 경제활성화와 사회적 평등에까지 기여할 수 있음을 보여주었다.[28]

기업의 교육적 책임은 새로운 유형의 책무성을 요구한다. 교육과

기업의 파트너십에서 책무성은 은밀하고 일방적인 것이 아닌, 상호적이고 투명한 것이 된다. 현지 마을과 지역사회뿐만 아니라 주 정부 및 각국 정부에서 교육정책 및 투자 회의에 참여하거나 초대받는 기업들은 기업의 교육적·사회적 책임을 구현하거나 적어도 이를 지향하는 기업이어야 할 것이다. 많은 학교와 학군은 파트너십 구축을 위한 기초자료인 실행지침을 이미 가지고 있다. 이제 이를 보다 대규모의 정치로 확대시켜야 할 때다.

5. 변화의 파트너로서의 학생

학생은 일반적으로 개혁 혹은 서비스의 대상이다. 학생이 개혁의 파트너가 되는 일은 거의 없다. 하지만 학생은 사실 자신의 학습과 관련된 것들을 매우 잘 파악하고 있다. 예를 들면, 자신이 가르치는 교과에 대해 잘 아는 교사, 진심으로 학생을 사랑하는 교사, 유머감각이 있는 교사, 학생을 절대로 포기하지 않는 교사 등을 잘 알고 있다.[29] 핀란드의 학교가 우수한 이유에는 아이들이 어린 나이부터 일정한 책임을 지도록 요구받고 그렇게 키워진다는 점도 있다.[30] 핀란드 학교에 가보면 놀라울 정도로 조용하다. 학생과 교사 간에는 서로를 존중하는 차분한 관계가 형성되어 있다. '장기간에 걸친 교육변화프로젝트'의 한 혁신학교를 보면, 학교에 있는 학생들에게 상당한 역할을 부여했다. '기대 이상의 학업수행프로젝트'를 성공적으로 해 낸 개혁성공학교의 경우, 영국 최악의 인종폭동이 여러 차례 있었던 지역 한가운데 학교가 위치하고 있었다. 그런데 그 이후에 학교개선이 지속가능하다고 말했던 것은 학생들이었다. 그 학생들에게 개혁이란 궁극적으로 자신들의 것이었기 때문이었다. 항상 기억해야 한다. 학생이 없으면 교사도 없다. 학생의 목소리는 매우 중요하다.

'성취도 향상, 학습의 변혁RATL 네트워크'에서 학생들이 개혁에 참여할 때는, 학생 자신이 학습에 대한 책임을 지도록 하는 '학습을 위한 평가' 전략을 배우는 것으로 시작된다. 학교지도자들은 수집되는 데이터가 각 학습자에 맞춰 '반드시 개인화되어야personalized 한다'는 점을 매우 강조한다. 이러한 자료는 학생들이 자신의 적성과 최적의 공부방법을 돌아보게 하며, 교사들에게는 학생을 지도할 수 있는 방법을 찾아준다. 또한 학생이 교사와 다음단계에 대해 토의하고 함께 앞으로의 개선목표를 세울 수 있도록 한다.

학생은 교사가 학생에게 영향을 주는 만큼 동료학생에게 영향을 주며, 그러한 노력에 참여할 수 있다. 나이 어린 학생과 함께 놀이나 독서를 할 수 있고, 힘들어하는 학생의 멘토역할을 할 수도 있고, 인터넷을 통해 다른 학교 학생에게 공부방법을 알려줄 수 있다. 따돌림 당하는 아이를 위한 실제적 행동을 할 수 있고, 그 과정에서 폭력 없이 갈등을 해결할 수 있는, 삶에서 매우 값진 기술인 중재자 역할을 배울 수 있다.[31]

개혁의 파트너 역할을 하는 것에는 학교 혹은 학군의 의사결정과정에 참여하는 것도 포함된다. 행동규칙을 결정하는 과정에 참여하는 일도 당연히 여기에 포함되지만, 또한 학교개혁에 관한 회의, 학교개혁이 주제인 교사연수시간, 학교의 교장과 기타 리더를 임명하는 과정에 참여하는 일도 포함될 수 있다. 보스턴공립학교는 교사의 계약서 작성과정에도 청소년들을 포함시키고 있다. 미국 전역의 여러 도시에서는 새로운 청소년집단을 조직하여 교사의 자질개선이나 대학입시준비과정의 개선에 대해 사회적으로 발언할 수 있는 방법을 가르치고 있다.

마지막으로, 학교와 학교시스템이 사회적 비전을 가지고 그것을 교수활동 및 교육과정에 구현해낸다면, 학생들은 사회를 변화시키는 일에 보다 흥미를 가지고 참여할 것이다. 학생들은 어떤 기회에 반응하거나 단순히 따르는 것만을 원하는 게 아니다. 그들은 좀 더 나은 미래를 직접 이끌어 나가거나 창조하는 기회를 갖기를 열망한다. 학생들의 민주적 참여는 높은 투표율을 회복하는 데에서 끝나서는 안 된다. 미래를 위한 변혁을 수행할 수백만 명의 '요원'들을 길러내는 일보다 더 탁월한 실천이론이 따로 있을까?

6. 마음챙김 교수·학습

제3의 길의 핵심적인 교육전략 중 하나는 '개인별 맞춤학습'이다. 이는 영국 노동당 정부에서 교육부 국무상을 지낸 데이비드 밀리밴드 David Miliband가 제창하고 마이클 바버 경이 발전시켰으며, 지금은 미국에서도 점점 지지를 얻고 있는 교육방법이다. 개인별 맞춤학습이란 학생 개인의 강점·필요·학습스타일에 맞게 교수와 평가를 재구성하는 것이 본래 의미다.[32] 이 책의 저자 중 한 명이자 개혁전문가인 하그리브스는 학습의 개인화가 다음과 같은 학습자 상을 실현시킨다고 했다.

- 자신의 생각을 분명하게 표현할 줄 알며 자율적·협력적 성향을 지닌 학습자
- 기회나 도전과제를 풍부하게 제공받아 교육적 경험에 몰입함으로써 높은 수준의 메타인지와 포괄적인 학습기술들을 획득한 학습자
- 다양한 인적·물질적 지원을 받고 원활한 ICT(정보기기, 의사소통기기) 환경을 제공받아 일상적인 안정감을 느끼면서도, 공동 리더십을 통해 교육의 구조적 지속성을 유지하는 문화를 지닌 학교 안에서 결정적으로 학습에 초점을 맞출 줄 아는 학습자[33]

이어서 하브그리스는 완전한 개인화는 새로운 형태의 학교교육을 요구한다고 말한다. 즉, 학습의 단위가 무조건 짧은 단원으로 정해지는 형태가 아닌, 프로젝트에 보다 높은 수준을 강조하는 교육형태이다.[34]

여기서 개인화의 개념은 유럽의 교육학자들이 오랫동안 중점을 두었고, 인간의 가능성이 최고로 구현된 것이라고 볼 수 있는 일명 '평생학습'의 개념을 상기시킨다.[35] 이러한 관점에서 평생학습은 단순히 졸업 이후에 평생 동안 학습한다는 개념이 아니라 삶에 '대해', 삶을

'위해' 학습한다는 뜻이다. 평생학습은 삶을 발전시키고 세상을 구성하는 학습이다. 평생학습자는 주도적인 학습자이며 문제해결자이고, 인생의 기회를 최대한 활용하는 데 있어서 창조적이고 혁신적이며, 공공의 선_善을 실현하는 데 기여한다.

그러나 데이비드 하그리브스에 의하면 개인화의 의미가 다른 많은 제3의 길의 유망한 전략들과 마찬가지로 대량생산에서 대량맞춤으로의 변화와 종종 동일시되고 있다.[36] 그도 초기에 개인화의 의미를 비즈니스세계의 고객 맞춤화 전략과 유사한 의미로 이해했다.[37] '맞춤형 학습customized learning'에서는 학생들이 기존과 동일한 전통적인 학습내용을 단순히 색다른 방법으로 접근할 뿐이다. 현장에서 혹은 현장 밖에서, 온라인으로 혹은 오프라인으로, 학교에서 혹은 학교 밖에서, 빠르게 혹은 느리게, 협동해서 혹은 혼자서 학습한다는 것이다. 그러나 학습 자체의 본질이 더 깊이 있고 도전적이고 학생의 삶과 세상의 중요한 문제에 연결된 내용으로 변화된 것은 아니다. 맞춤화 전략은 학습을 더 발달시키고 심오하게 하는 도구가 아니라 학습을 홍보하고 관리하는 도구일 뿐이다.

'성취도 향상, 학습의 변혁RATL 네트워크'의 부진학교들이 일정 부분 이러한 개인화가 대량맞춤화로 변질된 사례를 보여주었다. 학생들은 몇 주에 한 번씩 자신의 '진도 관리자'를 만나 목표를 설정하고 자신의 진행상황을 점검할 수 있었지만 학습내용 자체는 전과 거의 동일했다. 마치 휴대폰의 색깔이나 아이폰의 재생목록, 새 차의 옵션을 고르는 일과 같이, 맞춤학습에는 재미와 즉각적인 만족이 있다.

그러나 평생학습의 진정한 의미에는 한참 밑돌고 있다. 결국 개별 소비자의 취향과 욕구를 충족시키기 위한 경제논리가 주도하는 또 다른 교육전략일 뿐이다.

제4의 길의 윤리성이 높은 목적을 달성하기 위해서는 삶을 위한 학습, 삶을 통한 학습, 삶에 대한 학습이라는 개인화된personalized 학습의 진정한 의미를 재발견하고 재정의해야 한다. 교수학습을 전달할 방법론이 아니라 교수학습 자체의 본질을 재개념화해야 한다.

21세기역량(기술)은 새로운 지식경제를 견인할 것이며 개별화 학습이 목적하는 바에 필수적이다.[38] 창의성, 혁신성, 지적 기민성, 팀워크, 문제해결력, 유연성, 변화에 대한 적응성과 같은 역량은 모두 새로운 경제체제에 필수적이다. 그러나 만약 21세기의 학교에 이러한 기술들만 존재한다면, 이는 신속한 해법과 임시적 팀워크의 초고속 세상에서 '개인화'를 단순히 '대량맞춤화'로 변환하는 것이다.

21세기의 학교는 용기, 배려, 섬김, 희생, 장기적인 헌신, 인내 등의 가치와 더 깊은 미덕을 포용할 수 있어야 한다. 그렇지 않다면, 저명한 지성인인 지그문트 바우만이 경고한 대로 '유연성'이라는 용어는 '줏대가 없다'는 말의 유의어 정도가 될 것이다.[39]

우리 저자 두 명 모두 가톨릭 신자는 아니지만, 우리가 일하는 보스턴대학은 예수회 소속기관이며 예수회 교육학으로 알려진 사상을 채택해 진일보하고 있다. 학부 신입생이 보스턴대학에 도착하면 참석해야 하는 특별한 첫 강의에서 학생들은 앞으로 자신이 펼쳐나갈 학습과정 전체에 생기를 불어넣어 줄 세 가지 도전적 질문을 받는다.

- 당신은 열정을 가지고 있습니까?
- 열정을 가지고 있는 분야를 잘 해내겠습니까?
- 열정을 가지고 있는 분야가 사회적으로 중요한 필요에 기여합니까?

예수회의 교육학에 따르면 이 세 가지 질문 모두에 대해 '예'라고 답하는 학생은 절대적인 기쁨을 경험하게 된다. 진도관리와 스프레드시트, 시험과 목표달성, 데이터와 전달시스템 등은 모두 한쪽으로 비켜 놓게 된다. 교직을 소명으로 받아들이게 하는 힘, 위압적인 압력과 업무부담에도 교사를 교직에 남게 하는 힘, 한 학생을 그 누구도 생각하지 못했던 탁월한 수준에 이르게 하는 힘의 핵심에 다다르게 된다.

이것이 인류를 발전시키는 의미 있는 배움이며, 마음을 챙기는 가르침teaching이다. 이러한 교육은 우리의 정서적인 필요, 탁월성을 추구하려는 욕구, 목적과 의미에 대한 갈망을 인정한다. 우리는 지금 포교를 하려는 것이 아니다. 단지 인류 역사상 최고의 사상가들을 움직였던 중요한 질문들을 기꺼이 맞이하자는 것이다.

우리 저자 중 한 명은 교사지도자 엘리자베스 맥도날드와 함께 보스턴공립학교 교사그룹과 공동연구를 진행 중이다. '마음챙김 교사The Mindful Teacher'라는 이름의 이 프로젝트에서 우리는 현대의 교육에서 '마음챙김'이라는 개념을 탐구하고자 했다. 지난 4년간 교사들은 자신의 '마음을 챙기는 가르침의 일곱 가지 시너지 효과'를 스스로

개발했다.[40]

1. 사고의 개방성. 특히 학습성과가 엄격하게 규정되어 있고 학생이 자기 스스로 목표를 세우기 어려운 조건일 때, 학생의 또 다른 강점과 자산을 볼 수 있는 열린 사고가 학생과의 신뢰와 믿음을 구축하는 데 중요하다.

2. 관심과 애징. 힘들어하면서도 더 인내하려는 학생에게 교사가 '자기 편'이라는 것을 학생이 알 수 있도록 해야 한다. 이것은 특히 표준화시험만이 허용되어 학생이 자신이 아는 것과 할 수 있는 것을 다 표현할 수 없는 경우에 더욱 그렇다.

3. 멈추기. '내려놓기의 예술'은 학습을 위한 그 자체의 가능성을 품고 있다. 바쁘게 진행되는 사건들을 돌아볼 수 있으며, 목표 위주의 교육과정에서 거의 실현되지 못하는 예술적 표현 등 학습의 형태를 성찰할 수 있다.

4. 교육자의 전문성. 학생과 학부모는 전통적인 교육방법론의 한계가 보일 때 교사가 다양한 교육전략을 모색하는 전문성을 발휘해주기를 기대한다.

5. 교사의 가치관과 교수법의 실제적인 일치. 교육과정의 성취기준이 서둘러 짜맞춰지고, 교육학적으로 의심스럽고, 교사의 핵심가치와 대립하고 있다면, 교육과정을 학군 내에서 혹은 전국적으로 표준화하는 것만이 능사가 아니다.

6. 통합. 지금 유행하고 있는 A 아니면 B 식의 이분법적인 접근으

로는 교사들이 장시간 축적한 노하우를 살릴 수 있는 폭넓은 레퍼토리를 개발할 수 없다.

7. 연대 책임. 핀란드는 청소년교육에 대해 사회 전체가 연대적 책임감을 널리 공유하고 있다. 이런 책임감은 학교에 모든 부담을 전가하고 학생의 사회경제적 지위가 성적의 최고 예측요인이 되는 이전의 책무주의보다 더 효과적이며 도덕적으로 우월하다.

그렇다면 교사가 '마음을 더 잘 챙기는 수업'을 하는 것을 방해하는 것들은 무엇인가? 종합대학의 몇몇 동료학자들의 의견과는 반대로 우리는 학생들이 효과적으로 배우는 방법에 대해 교사가 더 공부한다고 해서 문제가 해결된다고 보지 않는다. 실제로, 학습이론은 지난 20년간 거대한 진보를 이루었다. 뇌기반학습, 학습유형, 마음습관habit of mind 등은 모두 다양한 방법으로 학습하는 아이와 성인의 학습을 어떻게 지도할 수 있는지를 다룬다. '사전지식', '문화적으로 민감한 교육', '문제기반학습' 등은 청소년들이 과거에 배운 것과 현재의 관심사를 연결하는 방법을 강조한다. '메타인지', '학습을 위한 평가', '함께 학습하는 법을 배우는 것' 등은 학생이 학습방법에 대해 더 인지하고 다른 사람과 함께 계획하고 목표를 세우도록 한다.

문제는 이러한 전략을 구현하는 방법을 알지 못해서 발생하는 것이 아니다. 시범수업, 훈련, 일대일 코칭, 정교한 리더십의 지원은 여러 국가, 여러 학교에서 효과를 거두었다. 창의력과 직감을 객관적 증거와 통합하여 가르칠 수 있는 교사가 데이터를 효과적으로 활용

하여 지속적인 모니터링을 했을 때 극빈층의 학생이 가장 어려운 조건에서 성공을 거두기도 했다.[41]

문제는 교육과 학습에 대한 지식의 부족이 아니라 시스템의 방해요인들이다. 이들은 수업지도역량을 지원하고 유지시키는 핵심목적과 검증된 수업방법으로부터 교사의 주의를 다른 곳으로 돌리게 만들기 때문이다. 의무적 목표, 끝없는 시험, 각본화된 프로그램, 쓰나미같이 몰려오는 스프레드시트 파일들, 과다한 양의 표준성취기준, 산더미처럼 쌓인 평가기준표, 읽기·쓰기·셈하기에 대한 지나친 강조와 같은 이 모든 것은 교사들을 진정한 교육에 집중하지 못하게 만든다.

교사의 집중을 방해하는 것은 여기서 멈추지 않는다. 가족이 빚쟁이에게 쫓겨서 온 전학생, 전쟁이나 지역분쟁의 난민이 되어서 온 전학생들이 있는가 하면 자기의 '귀한 자녀'의 성적을 올려달라고 지속적으로 협박하는 부모들도 있다. 교사연수를 받는 동안 임시교사가 학급분위기를 망쳐놓기도 한다. 교장이 계속 바뀌고 새로 취임한 교장은 교육방침을 매번 뒤엎어버린다. 이러한 일은 끊임없이 일어난다.

교직뿐 아니라 모든 직종에서 이러한 어쩔 수 없는 결점과 방해요소들이 우리를 괴롭힌다. 2장에서 설명했던 아툴 가완디가 속한 병원의 손 씻는 습관과 마찬가지로, 교사나 지도자는 잘 가르치기 위해 알아둬야 할 것을 이미 대부분 알고 있다. 우리는 가장 가난한 지역이나 가장 부진한 학교에서 탁월한 교사를 발견했던 적이 있다. 정말 도움이 필요한 부분은 가완디가 말한 '(문제의 기존 시스템으로부터의) 긍정적인 일탈'을 파악하고 확산시키는 것이며, 이것은 교육자 간의 수평적 학습을 통해 이루어진다. 이것이 '교사학습공동체'라는 개념의 본질이다. 교사학습공동체는 리더가 책임감과 우수한 자질을 갖춘 역량 있는 교사들을 모으고, 집요한 연구와 가르침의 예술이 장려되는 문화를 만들어 교육의 변화를 함께 추구한다.

지금은 교육의 참된 본질과 정신을 재발견하고 회복시키고 거기에 다시 헌신해야 할 때다. 이를 통해 최고의 인재들이 이 모든 방해요소에도 불구하고 교직이라는 위대한 소명에 부응하고 그 일을 지키도록 해야 한다. 제4의 길에서 개인화 학습personalized learning은 맞춤형 교수customized teaching보다 무한히 더 큰 의미를 지닌다. 개인화 학습이란 '마음을 챙기는' 교수학습법이다. 교사로 하여금 더욱 배려심 있게 지도하도록 하기 때문에 훨씬 인간적인 성격을 지닌 교수학습법이기도 하다.

교사전문성의
세 가지 원칙

교사는 교육의 변화를 일으키는 데 있어서 가장 중요한 위치에 있다. 교실문은 혁신의 열린 관문이 되기도 하지만 때로는 혁신을 가로막기도 한다. 지속가능한 교육혁신이란 교사를 무시하거나 우회해서는 상상할 수 없다. 교사가 만약 달성해야 할 혁신과정에 참여하지 않는다면, 학교운영자가 물구나무를 서고 상장을 뿌리고 치어리더같이 응원도구를 흔들어대도 아무 소용이 없다.

이제는 관료주의에 대한 단순한 의무준수 혹은 충성을 넘어선 그 이상을 주장해야 할 때다. 이제 교사를 본연의 위치로 되돌려야 할 때이다. 제3의 길을 통해 교사의 학습공동체가 구축되었지만, 토론의 목적이 중앙의 정책입안자 및 공무원이 미리 결정한 목표점수까지 올리는 것으로 한정되었고 인위적인 협력관계로 변질되곤 했다. 제3의 길을 통해 학교 간 네트워크가 후원을 받아 전문성 향상의 수평적 에너지는 증가했지만, 이 네트워크 또한 많은 경우 점수를 단기에 올리는 단순한 전략을 잠깐 논의하는 일에서 벗어나지 못했다. 제3의 길이 교직에 대한 자부심을 되살리고 회복시켰다면, 제4의 길은 이 전문가 의식을 보다 높이 끌어올린다. 그 핵심에는 다음의 세 가지 원칙이 있다.

- 질 높은 교사
- 적극적이고 강력한 교원단체
- 활발한 학습공동체

1. 질 높은 교사

질 높은 학습은 질 높은 교사와 교수행위teaching가 있어야 가능하다. 핀란드에서는 국가가 영감을 불러일으키고 통합교육을 지향하는 비전을 제시하여 인재를 교직으로 끌어온다. 그 비전 하에서 교사들은 국가의 미래를 건설하는 주역으로서 높은 지위와 강력한 지원을 받는다. 교사의 월급이 아니라 바로 이러한 원칙이 핀란드 교육의 강력한 경쟁력이다. 이미 언급한 바와 같이, 핀란드의 교원 급여액은 OECD 국가의 평균 정도이며 영국과 미국의 교원 급여보다 약간 낮다. 교사 월급의 매력은 오랜 연인이 지닌 매력에 비유해 볼 수 있다. 연인의 외모는 다른 무엇보다 중요하지만 지성, 유머감각, 인간적 매력 등의 다른 요인에 의해 상쇄될 것이다. 일단 낮은 수준의 급여에 대한 생각을 극복하고 나면, 예비교사들은 교직의 본질적인 특성으로 인해 교직에 끌리게 된다. 핀란드의 교직이직률이 낮은 것은 근무조건이 좋고 교사에 대한 신뢰도가 높기 때문이며, 따라서 신임교사들이 2~3년 후에 교직을 떠날까 싶어 교장이 그들에게 수많은 시간 동안 멘토링을 해줄 필요가 없다.

핀란드는 임용시점부터 교사의 질을 강력하게 관리한다. 교사에게 안정된 지위와 충분한 자원을 제공하고 소규모 학급을 배정하여 상당한 자치권을 부여함으로써 질 높은 교사가 들어올 수 있도록 하며 이들을 유지하는 방법도 알고 있다. 이것은 교사지원자가 대학기반의 교사교육 체제를 쉽게 피해갈 수 있도록 교사자격 검증의 경계를 허물자고 주장하는 미국의 교육정책과는 매우 대조적이다.[42] 미국의 정책입안자는 '교수'의 수준은 낮추면서도 '배움'의 수준은 높이고 싶어하는 것이 분명하다.

물론 저비용의 유연한 교사임용 경로가 보장되어야 할 상황이 있다. 외딴 시골지역이나 도심의 빈민지역에서는 그 지역사회 내에서 자란 사람이 지역을 떠나지 않고 신임교사로 채용될 수도 있다. 미국의 '우리지역 출신교사 키우기 프로그램'은 시카고 지역사회단체에서 지역 내 대학과의 협력으로 시작된 사업이다. 유사한 프로그램이 타워 햄릿 및 영국 기타 지역에서도 진행되고 있다. 이러한 자원을 가장 필요로 하는 영국 도심의 빈민지역에서 지역사회에 충성도가 높은 안정적인 교원인력을 구축하였고 학교와 지역의 연계를 더 강화시키고 있다. 그러나 미국의 '티치 포 아메리카Teach For America'와 같은 사회적 기업이나 영국의 '티치 퍼스트Teach First'와 같은 단체에서 엘리트대학 졸업생을 유치하여 6주짜리 단기연수를 제공하고 그들이 다른 직종으로 옮기기 전에 2~3년 교사로 일하게 하는 이러한 프로그램은 단지 응급대책으로만 유용할 뿐이다. 이 프로그램의 취지는 우선 가르치고 그 후에 다른 직업으로 가라는 것이다. 지속가능성에 있어서는 빵점이다. 우리는 우리를 치료하는 의사나 치과의사가 이런 식의 훈련을 받기를 원하지 않을 것이다. 하물며 우리 아이들의 정서발달을 담당하는 교사를 육성하는 일에 우리가 어째서 그런 식의 훈련을 원하겠는가?

핀란드의 경우와 같이 교원양성은 높은 지적 수준과 실용성의 기준에서 엄격하게 인증될 필요가 있다. 즉, 부담이 큰 직종이 되어야 한다. 교원양성은 고등교육학위를 받은 후 시작되어야 한다. 즉, 열정 있는 교사지원자가 자신의 경력선택에 대해 더 확신이 있을 때, 그래서 학업중단 확률이 감소할 때여야 한다. 이것은 교사자질을 향상시키고 교육비용을 절감하고 체제의 안정성과 지속성에 기여한다. 교사자질의 향상은 보너스 지급, 성과기반의 급여, 석사학위 교사자격 등의 단기적인 조치로 이루어질 수 없다. 가장 중요한 것은 사명감, 교원지위, 급여를 포함한 근무조건이고 아울러 교사교육의 질과 훈련의 타이밍이다. 이것이 최고의 인재를 개발하고 관리할 수 있는 방법이다.

2. 적극적이고 강력한 교원단체

교사가 예기치 못한 도전이 기다리고 있는 실제 학교환경에서 일하기 시작하면, 지속적인 교사연수과정과 전문성향상프로그램을 제공하는 것이 이직률을 낮추고 교사역량의 수준을 높이는 데 도움이 된다. 제3의 길에서 매우 환영할 만한 점은 전문성 표준과 인정방식에 대해 새로이 주목했다는 점이다. 제2의 길의 개혁은 교육방식을 미리 규정하고 의무화하여 교사의 의욕을 엄청나게 저하시켰지만, 제3의 길은 교직의 지위와 교사재량권을 되살리기 시작했다. 이러한 교권회복의 목적으로 영미권 국가에서 시도된 일 중 하나는 의사협회나 변호사협회와 유사한 교사협회를 설립하여 신입회원의 등록, 위법행위에 대한 처벌, 교권의 신장, 교사전문성 기준의 개발 등을 자율적으로 규제하도록 한 것이다. 그러나 제3의 길의 중앙집권적 통제의 길, 데이터에 집착하는 기술주의의 길, 비뚤어진 열정의 길이라는 장애요인들로 인해 교사전문성 기준에 대한 실제적인 통제는 중앙집권적인 정부가 다 움켜쥐었고, 많은 경우 전문성 기준은 기본역량만이 평가되는 협소한 형태를 띠었다.

전문성 자질 관리의 이러한 관료주의 모델과는 대조적으로, 동료평가를 통해 강력한 전문성 표준을 옹호하고 인증하는 교사자치조직들이 있어왔다. 하지만 이들은 주로 주변부에서 구성원의 자발성에 크게 의존해왔다. 예를 들어, 미국의 국립교사전문성표준위원회 National Board of Professional Teaching Standards(NBPTS)의 경우, 이 조직을 통해 자질을 인증받은 교사는 미국 공립학교 전체교사의 2%도 되지 않는다.[43] 회원가입이 강제적이고 일괄적인 경우라고 하더라도 그 영향력이 그리 크지 않다. 저자 중 한 명이 1990년대에 설립과정에 참여했던 캐나다의 온타리오 주 교사인증 및 전문성개발 관리기구 OCT의 경우, 신임교사의 자격인증이나 연수프로그램의 인증은 공식적으로 부여하지만 이를 제외한 전문성 표준은 이후 노동조합의 영향력으로 인해 일반적 권고사항 정도로만 두고 있다.[44]

노조는 사실상 모든 회원의 전문성을 강화하고 사회에서 그들의 신뢰성과 투명성을 높일 수 있는 기회를 계속 놓쳤다. 한편, 정부는 전문성 표준을 정의하고 통제할 수 있는 철통 같은 권한을 절대로 놓지 않았다. 이것이 힘 없는 전문성의 현주소이고 교사들도 이를 알고 있다.

제4의 길은 교사들의 연합을 재창조하고 일신시킨다. 집단적 협상이나 전문성 개발기회 제공과 같은 개개의 일들을 넘어 일반 대중이 교사의 전문성에 대해 갖는 바람에 대해 고심한다. 그렇게 하여 이들은 교직의 소명을 아이들의 일상적 행복에 둔다. 교원노조개혁네트워크Teacher Union Reform Network(TURN) 등의 단체가 이러한 변화의 선두에 있다. 이들은 지속성 있는, 평생에 걸쳐 학습함으로써 교육서비스의 수준 높은 원칙들을 보증한다.[45]

- 미국 캘리포니아교사협회California Teachers Association에게 우리는 「교육의 질 투자법안」을 시행하여 교사노조의 의미를 주로 구성원의 이익을 보호하는 단체에서 학생의 학습과 학업성과를 향상시키는 데 주도적 역할을 하는 단체로 탈바꿈하라고 제안하고 있다.
- 캐나다 앨버타교사협회Alberta Teachers Association는 앨버타 주립정

부에게 책무성 노선을 포기하고 대신 제4의 길의 개혁방향인, 교사가 자체적으로 개발한 학생평가방식으로 대체하도록 압박하고 있다. 교사 스스로 개발한 학생평가방식은 교사전문성 평가기준에 부합해야 하며 부합 여부는 교사의 책임이다. 앨버타 교사협회의 이러한 움직임은 교사 동료 간의 수평적 에너지가 정부의 통제를 강화하기 위함이 아니라, 전문가로서의 강한 책임감을 갖고 교육기준을 함께 끌어올리기 위한이다.

- 뉴욕 시 공립학교 전체의 3분의 1 이상이 '자율성 강화학교'라는 네트워크에 참여하고 있다. 이 네트워크에 참여하는 학교의 교장과 교사에게는 상당한 재량권이 부여된다. 대신 합의했던 성과기준에 도달해야 한다.

- 온타리오 주정부는 온타리오교원연맹Ontario Teachers' Federation에게 단 하나의 조건을 제시하고 수백만 달러를 지원했다. 그 조건은 재원이 오로지 교사전문성개발에만 쓰여야 한다는 것이었다. 즉, 교원노조가 전문성 개발에 힘쓰고 교사연수 관련 업무가 강화되는 노조문화를 만들도록 재정지원을 한 것이다.

제4의 길에서는 제3의 길의 테마였던 전문성 인정과 자기통제가 재조명되어 이것이 교원단체를 교육혁신의 최전방에 두는 사명으로 재탄생된다. 공인된 교사들이 개발한 강력한 전문성 기준이 교원단체의 모든 회원에게 적용된다. 교사전문성학습의 틀은 논리적이고 교권을 강화하며 전문성 기준을 구현하면서 동시에 진보시킨다. 또한 일회성 연수를 넘어서 동료 간 코칭, 신임교사의 멘토링, 새로운 연구성과의 학습, 커리큘럼 공동집필 등을 포함한다.

성과급제도가 성공을 거둘 수 있는 유일한 길이 여기에 있다. 성과급이 젊은 교사들을 미리 매수하는 일종의 뇌물이 되어서는 안 된다. 불확실성의 문제에서 벗어나기 어려운 각종 시험점수나 개략적 통계 수치에 근거한 보너스여서도 안 된다. 그보다는 다음과 같은 것들에 대한 성과에 의하여 보상받는 것이 타당하다.

- 다원적 평가지표: 단일 시험점수로 결정되지 않음
- 2~3년의 장기간에 걸친 수행평가: 특수상황이나 단기적인 슬럼 프를 고려함
- 학교 내부 및 외부에서 전문성을 활용한 봉사활동: 측근 동료를 넘어서서 동료교사단체로부터 검증된 활동이어야 함. 연고주의 를 방지하고 불필요한 시샘을 방지할 수 있음

3. 활발한 학습공동체

교사들은 명석하게 혁신을 주도하기도 하지만, 사실 지속가능한 개혁에 있어서 교사집단의 혁신성적은 정부의 혁신성과에 비해 별반 차이가 없다. 십수 년 전에 댄 로티Dan Lortie가 지적한 바와 같이, 교사들은 활동반경이 대개 교실로 제한되어 있어서 교사들 사이에서는 개인주의, 혁신을 싫어하는 보수주의, 눈앞의 목표에 갇혀있는 '현재

주의' 등의 문화가 양산되기 쉽다.[46] 장기적 계획 결정은 대개 행정가와 정책결정자의 전유물이기 때문에 여기에서 배제되는 교사들은 오로지 당일의 업무와 즉각적이고 구체적인 보상에만 집중하게 된다. 교사들의 혁신노력은 대개 일시적이고 피상적으로 흘렀고 교장이나 동료들의 관심과 지지도 얻지 못하곤 했다. 관료주의와 무관심 속에서 교사는 자신의 교실 속으로 숨어들어 가곤 했다. 제2의 길의 표준화작입은 교사들을 너욱 소외시키고 고립시켰다.[47]

이런 문제가 만연해지자 이에 대응하여 제3의 길의 개혁가들은 교사 간 협업과 공동연구의 확대를 추진해왔다. 교사들 간의 협력문화는 학생의 성적향상 및 교사이직률 감소와 강한 상관관계가 있다. 또한 그런 문화는 상호 학습과 정신적 지지를 제공함으로써 교사들이 개혁의 여러 어려움을 극복할 수 있는 동기를 부여한다. 교사문화의 이러한 긍정적인 영향력은 신뢰·협력·책임의 핀란드 교사문화에서 엿볼 수 있다. 학교 간 수평적 학습과 공유의 네트워크인 '성취도 향상, 학습의 변혁RATL 프로젝트'도 또 다른 예다.

그러나 교사협력문화가 학업성취에 항상 긍정적인 영향을 주는 것은 아니다. 교사들이 교직원 단합활동 계획, 학생 행동규칙 제정, 혹은 입시전략 교환 등에만 집중한다면 이것은 교사 본연의 업무를 방해하는 일이 될 뿐이다.[48] 설상가상으로 제2의 길의 표준화작업과 제3의 길의 장애요인들에 근거한 수행평가 개혁으로 인해 한때 순수했던 교사들의 공동연구노력은 점차 의무적인 멘토링과 인위적인 교사협력행사로 변질되어왔다.[49] 한편, 학생이 무엇을 학습했는가에 대해 전문적이고 살아 있는 토의가 이루어져야 할 교사들의 '학습공동체'에서는 데이터 중심의 혁신논의에 떠밀려 시험성적 향상 폭의 계산과 데이터 계산프로그램의 운용에만 매달리게 되었다.[50]

물론, 우리는 단순히 형식적인 모임이 아닌 진정으로 학생들의 평생교육의 질을 높이는 데 헌신하는 살아 있는 교사학습공동체들이 있다는 점을 간과해서는 안 된다. 이곳 교사들의 모습은 단순히 통계치를 해석하거나 측정가능한 결과에만 집중하거나 서둘러 소집된 팀에서 할당된 일만을 수행하는 데 그치지 않는다. 이들은 다음과 같은 일에 헌신한다.

- 결과에 책임질 수 있는 교육으로의 변화
- 서로를 가치 있게 여기며 서로 아끼고 존중하고 도전하는 관계를 형성하는 일
- 정량적인 증거와 경험의 공유를 통해 교수학습의 여러 쟁점을 탐구하고 개선방법에 대한 의사결정을 내리는 일

이러한 학교들에서는 데이터가 판단과 행위에 정보를 제공하지만, 실행을 위한 판단을 밀어붙이는 자료로는 쓰이지 않는다. 이곳의 교사들은 각자가 복수의 상호연관된 전문학습팀에 소속되어 자신의 수업을 개선시키고자 한다. 이것은 시험결과에 직접적인 영향을 미치는 의무적인 모임이 아니다. 교장이나 정부만이 아니라 교직원들도 각자의 목표와 집중할 영역을 함께 정한다. 이러한 모습은 핀란드의

교사들이나 '장기간에 걸친 교육변화 연구'의 일부 혁신학교들에서도 찾아볼 수 있다. 이들은 단순히 타인이 세운 목표를 전달하는 것이 아니라 직접 교육과정을 개발하고 자신만의 교육목표를 정의해나간다. 이들은 가르치는 일을 할 뿐 아니라 동료들과 서로 소통한다. 타워 햄릿의 경우처럼 교사학습공동체에는 교사뿐 아니라 학생, 학부모, 교직원도 참여한다. 이러한 공동체의 구성원들은 팀의 단기적 목표에 전념하는 만큼 서로에게 오랜 친구와 같은 관심을 쏟는다.

4장 초반에 기술했던 보스턴공립학교와 공동으로 진행하는 '마음챙김 교사프로젝트'에서는 한 달에 한 번 토요일에 세미나를 열어 개혁작업으로 과부하가 걸려 혼란에 빠져 있는 교사들에게 힐링연수를 제공하고자 했다.[51] 이 세미나에서는 전통적인 명상기법을 활용하여 교사들이 각자의 수업방식에 대해 집착하는 생각들을 돌아보고 공감과 연민의 눈으로 성찰하도록 했다. 교사들은 온갖 이슈를 돌아보게 되었다. 신임교사는 학급관리에 있어서 어려움을 토로했고, 임박한 교원노조 파업에 대한 불확신과 불편함도 논의했다. 또 다른 초임교사는 심각한 행동장애를 가진 학생들이 자신의 학급에 몰렸던 일, 그에 대해 선배교사들에게 말하지 못했던 자신감 결여에 대해 이야기했다.

교사들은 공동체정신과 상호 지지하는 분위기 속에서 이러한 문제들의 해결에 임했다. 이 세미나에서는 심도 있는 토론을 위해 미국의 에센셜스쿨연합Coalition of Essential Schools이 개발한 '상호조율규정'을 적용해서 토론지침서를 만들었다. 그 지침에 따라 두세 명이 한 그룹이 되어 최대 2시간 동안 문제가 되는 주제를 가능한 다각적으로 토의했다. 그 다음 회의는 교사들이 선정한 주제들을 모아 관련 연구를 소개하는 시간이었다. 교사들은 다양한 연구결과와 교육적 시사점에 대해 함께 검토하고 고민했다.

교사가 자신의 가장 현실적인 문제들에 대한 과학적 탐구의 기회를 가질 때, 즉 동료교사들과 체계적인 토의를 하고 관련 연구들과 연관지어 사고할 수 있는 시간이 주어질 때 교사들에게 변화가 일어난다. 배움에 대한 열정, 인격의 성장과 전문성의 성장에 대한 열정, 자신이 교직을 업으로 삼은 이유가 되었던 바로 그 열정을 재발견하게 된다.

교사들은 각 회의가 자신의 전문성에 미친 영향에 대해 일지를 기록했다. 한 교사는 아이들과 매일 스쿨버스를 타기 시작했다고 했다. 버스 안에서 혹은 버스를 타고 내리면서 일어나는 폭력이 통제 불능의 수준이 되어 학교수업에까지 막대한 차질을 빚고 있었기 때문이다. 초등학교의 한 신임교사는 이민학생들의 적응정도를 확인할 수 있도록 매일 짧은 시간 학생들을 볼 수 있는 프로그램을 마련하여 지원을 얻어냈다. 이 학생들은 영어가 서툰데도 불구하고 입시준비 위주의 교육으로 인해 소외되고 있었다. 어떤 교사들은 자신의 학교에서 법적인 의무로서 시행되는 정책들이 사실은 교장 개인의 결정사항이었고 법적 근거가 없다는 사실을 알게 되었다. 이 세미나가 끝난 후 교사들은 새로운 지식과 영감, 자신감을 가지고 학교로 돌아갔다. 이를 통해 교사들은 자신들의 교육방식을 자신의 목적과 신념, 동시에 학습이론의 연구결과와 좀 더 일치시킬 수 있었다.

보스턴은 공립중등학교 전체학생의 4분의 3이 전년에 폭력행위를 목격한 도시이다. 교사들은 폭력이 학생에게 특히 학생의 학습능력에 미치는 영향을 토의했다. 그 밖에도 교사들은 언어능력발달을 위한 대안적인 교육법, 국가표준화시험에 출제된 문항유형, 학교의 연간적정향상도에 따른 정부목표달성 전망 등에 대해 토의했다. 교사들이 개혁을 거부하는 것은 아니었다. 그러나 교사들은 그 목표 이면의 실제적인 문제들을 다루기를 간절히 바라고 있었다. 동시에 학생들이 자신감과 실력을 키울 수 있는 교육환경 조성을 놓치고 싶어하지 않았다. 그와 더불어 교사들은 자신이 수고했던 모든 시간, 전문성 개발을 위한 노력, 학생들에게 쏟은 애정에 대해 거의 끊임없이 인정받고 싶어했다.

'마음챙김 교사프로젝트'는 활발한 학습공동체라는 개혁요소의 중요성을 간과했던 우리에게 경종을 울렸다. 교사학습공동체는 학력격차문제에 물론 대응해야 하지만 그것에 집착하는 것은 피해야 한다. 교사학습공동체는 리차드 세넷Richard Sennett이 말한 '풀어줌'의 기술을 구현해야 한다.[52] 이는 성취도 향상을 위해 학생들을 독려하는 동시에 적절한 시기에 풀어주는 것을 의미한다. 아이의 학습은 아이의 삶과 분리될 수 없다. 마찬가지로, 교사의 교수전략에 대한 고민은 학생과 일에 대한 교사의 심리적 상태에 대한 논의와 구분할 수 없다. 교육에 관한 논의가 모두 시험성적과 달성목표에 연관될 필요는 없다. 학습공동체는 구성원들이 다양한 문제를 탐구할 수 있도록 허용하는 개방성이 있어야 한다. 그럴 때 공동체는 진정으로 살아나고 뜻밖의 값진 결과를 얻어낼 수 있다.

살아 있는 학습공동체에서는 마음을 챙기는 학습과 동시에 의미 있는 학습이 이루어져야 한다. 매일 등교하는 아이들에 대한 인격적인 관심뿐 아니라 시험성적에 대한 주의 또한 필요하다. 학습공동체는 축하 혹은 위로의 장일 뿐 아니라 명확한 계획을 구축하기 위한 공간이다. 여기에는 통계에 의한 객관적인 증거와 축적된 경험에서 우러나오는 지혜가 모두 동원된다. 이곳에는 일치와 합의가 있는 만큼 분쟁과 갈등도 상존한다. 불협화음은 솔 앨린스키Saul Alinsky에 의하면 민주주의의 선율이다.[53] 교사학습공동체는 교사전문성의 가치를 성찰하고 회복하는 공간이지 단순히 정부정책을 시행하고 성과를 쌓아 올리는 수단이 아니다. 활발한 공동체에는 계획문서들만큼이나 풍자적인 입방아도 함께한다. 제4의 길의 교사학습공동체는 교육과정을 전달하는 역할에서부터 개발하는 역할까지를 모두 담당한다. 이들은 타인이 세운 목표를 달성하기 위해 필사적으로 달리기보다는 스스로의 야심찬 목표를 함께 세워 나간다.

변화를 지속시키고
통합시키는 네 가지 촉매
/

교육개혁의 가장 큰 어려움은 개혁의 시작이 아닌 개혁의 지속과 확산에 있다. 시범사업의 결과가 성공적이었어도 그것을 확대했을 때는 형식적인 모방사업이 되는 경우가 대부분이다. 물론 예외적인 학교는 항상 있어왔지만, 성공하는 학교의 수가 더 많아져야 한다. 자발적인 네트워크는 주로 열성적인 소수에 의해 자유방임적으로 운영되기 때문에 대개 그 나머지 다수에게까지는 확산되지 않는다. 또 개혁에 어느 정도 성공한 교장들은 개혁이 완수되기 전에 다른 학교로 옮겨 가게 된다.

통합은 똑같이 복제하거나 모든 학교를 똑같게 보일 정도로 모든 것을 하나로 정렬시키는 일이 아니다. 우리 모두가 똑같은 책의 똑같은 페이지에 위치한다면, 즉 하나같이 똑같다면 아무도 그 책 전체를 읽으려 하지 않을 것이다. 오히려 도전해야 할 과제는 어떻게 다양한 사람들을 하나로 모아서 공동의 목표를 위해 효과적이고 요령있게 일할 것인가, 또 어떻게 이를 통해 이 사람들의 사기를 고양시키고 같은 방향으로 나아가게 해서 학습, 성취도, 그리고 다른 결과들에 긍정적 영향을 끼칠 것인가 하는 일이다. 제4의 길은 아래와 같은 네 가지 촉매를 통해 체계성과 일관성을 유지한다.

- 지속가능한 리더십
- 통합을 이끄는 네트워크
- 책무성에 우선하는 책임감
- 개별화와 다양성의 존중

1. 지속가능한 리더십

학교장의 리더십은 교육개혁 직후에만 잠시 영향을 발휘하는 요소로 여겨지는 듯하다. 교육체제 전반에 걸쳐 개혁을 추진할 때면 정부당국은 교장들을 한두 번 전체회의로 소집만 하고 그 이후에는 각 학교장이 혼자 알아서 개혁안을 추진할 것으로 막연히 기대한다. 아니면 교장은 아예 무시되고 개혁안이 개별 교사들에게 직접 하달된다. 개별 학교는 학교장 혹은 교사의 개입이 차단된 프로그램을 전달만 하도록 통지 받는다. 예를 들어, 플로리다 주의 교장임용과정의 일환인 교육지도력평가Educational Leadership Examination에서는 문항의 거의 50%가 국가 법률지식 및 법률준수에 관해 다루고 있다.[54] 여기에서 강조하는 교육리더십에는 사람들의 역량을 개발하여 각기 변화의 주체로 세우는 지도자상은 거의 찾아볼 수 없다. 이러한 체제 하의 교장들은 지도자가 아닌 순종적인 중간관리자가 되도록 훈련받는다. 이러한 교장에게는 책임은 증대되지만 자율권과 재량권은 축소된다.

학교교육 전략과 직접 연관된 리더십개발 전략을 갖기란 쉽지 않다. 그러나 리더십을 무시한 변화는 지속가능성이 매우 희박하다. 리더십 의제는 곧 변화의 의제다. 이 둘은 사실상 다른 것이 아니다. 학교교육이 성공하기 위해서는 지도자가 하달된 지침을 단순히 실행하는 것이 아니라 그들 스스로 변화를 일으킬 수 있는 역량과 유연성을 갖출 여건이 조성되어야 한다.

제2의 길에서는 교육리더십이 단순히 관리의 영역으로 전락했었지만, 제3의 길에서는 다시 주목받기 시작했다. 이러한 전환은 다음과 같은 요인들로 촉발되었다.

- 베이비붐세대 교장의 대거 퇴직으로 최악의 후임자 부족 사태
- 젊은 학교지도자들이 가지고 있는 직업의식의 차이. 여성인구가 늘어 일과 가정의 균형에 대한 관심이 대폭 증가
- 현직 학교장의 과도한 업무와 취약성을 본 교감이 교장의 직책을 맡기 꺼리는 현상[55]

이러한 전반적인 교육리더십 승계위기에 대해 당국은 승진을 돕는 다양한 리더십프로그램을 새로 개발했다. 초기에 리더의 자질을 갖춘 사람을 찾아내어 지속적인 지도와 멘토링을 제공하는 한편, 승진의 경로를 명확하게 제시하고 지도력을 발휘할 수 있는 기회도 다양하게 마련했다. 그러나 이러한 정책은 학교리더십 문제에 있어서 공

급의 측면만을 다룬 것이었다. 마치 수도관을 통해 물 공급을 늘리듯이 신임지도자의 공급량만 증가시키고 있었다.

당국의 시각과는 대조적으로 톰 해치Tom Hatch는 리더십의 역량은 물탱크의 용량과 유사한 면이 있다고 지적했다.[56] 즉 리더십의 강화는 공급의 증가뿐만 아니라 불필요한 수요의 감소를 통해서도 이루어진다는 것이다. '성취도 향상, 학습의 변혁RATL 네트워크'의 지도자들 또한 일정 부분의 포기가 개혁의 강화로 이어진다는 점을 배웠다고 말한다. 리더가 모든 것을 할 수 없다는 것이다. 무수한 업무의 관리와 불공평하고 부적절한 형태의 책무성을 기준으로 평가를 받아야 하는 것이 리더십이라면 아무도 그 자리에 가고 싶어 하지 않는 것은 당연한 것이다.

그렇다면 이와 같이 일자리는 매력이 없고 공급은 부족한 경우 이 사태를 어떻게 전략적으로 해결할 수 있는가? 전도유망한 해법 한 가지는 리더십의 분산이다. 분산형 리더십이 시행될 때 좋은 자질의 미래지도자가 배출될 수 있는 교사인재풀이 형성될 수 있다. 잠재력이 보이는 소수만을 키우는 대신 다수의 교사들을 대상으로 일찍부터 리더십을 훈련하는 것이다.[57]

핀란드의 학교지도자들은 분산형 리더십을 실천한다. 교장은 '학교전문가 집단'의 일원일 뿐이다. 단선적인 행정관리라인의 책무성보다 이 집단의 공동책임이 우선한다. 교사들 또한 모든 학생에 대한 연대책임을 행사한다. 이것은 그 학교의 교장으로 승진하는 준비과정이 되기도 한다. 리더십의 연대는 효과적이고 지속가능한 리더십의 승계를 뒷받침하는 것이다.

분산형 리더십은 교직원을 '통해서' 변화를 추진하지 않고 대신 교직원의 일상지식과 역량에서 변화의 원동력을 끌어낸다. 지역사회 운동가와 마찬가지로 숙련된 교육지도자라면 이미 주위에 있는 인적 자원에서 사회자본과 리더십을 구축해야 한다. 교직원들의 사회적 자본 중에서 아직 동원되지 않은 자원이 있는지 여부도 다시 확인해야 한다. 타워 햄릿의 책임자는 주임교사로 구성된 팀과 함께 정부가 부과한 목표에 더해서 그보다 더 야심찬 목표를 세웠다. '성취도 향상, 학습의 변혁RATL 프로젝트'에서는 현재 700여 개 학교로 구성된 네트워크 전체에 리더십을 분산하고 있다. 여기에서는 지도자들 간의 협력이 개혁의 주요한 원동력이 되고 있다.

분산형 리더십이라고 해서 모든 안건에 대해 전체투표를 한다는 의미는 아니다. 집단적 사고만을 한다거나 항상 다수에게 의결권을 넘긴다는 것도 아니다. 이러한 오해로 인해 '사회주의에서는 너무 많은 회의가 필요하다!'라는 오스카 와일드의 풍자를 떠올릴 수 있다. 그러나 이와는 달리 '장기간에 걸친 교육변화프로젝트'에서 분산형 리더십을 실천했던 가장 혁신적인 학교장들에 의하면 많은 경우 교직원과 공동으로 의사결정을 했지만 또 많은 경우 단지 자문을 받는 것으로 그치기도 했다. 시간이 촉박하거나 기밀사항이 있을 경우에는 학교장 단독으로 거의 임의적으로 결정하기도 했다. 이렇게 리더십의 분산이 제한되는 순간이 생겼을 때 교장은 최대한 모든 사람의 이익을 위해 공동 합의된 목표에 맞게 행동한다는 교직원의 신뢰와 동의하에 의사결정을 내렸다.

분산형 리더십은 저자 중 한 명이 정의한 바 있는 '지속가능한 리더십'의 핵심적 요소이다. 분산형 리더십은 강력하고 통합적인 도덕적 이상을 기반으로 하며 또한 이를 발전시킨다. 공동책임이라는 이 이상은 미래세대를 이롭게 하고, 자원을 지혜롭게 활용하게 하며, 주위 사람들에게 해를 끼치지 않는다. 지속가능한 리더십은 오늘날 많은 시스템을 교란하는 잦은 리더십 교체를 극복하고 역동적이고 통합적인 개혁전략 가운데 리더십 역량을 구축하여 리더십의 연속성을 강화한다. 지속가능한 리더십의 다음 일곱 가지 원칙은 제4의 길의 근본적인 요소이다.[58]

깊이 | 학생들의 수준 높고 의미 있는 학습을 개발하는 목적성의 깊이. 성적데이터에 의해 왜곡되거나 과도하게 영향받지 않음. 학생들이 교육과정, 지역사회, 교내환경의 지속가능성과 같은 문제에 참여하게 함.

넓이 | 이러한 목적성과 그로 인한 성과가 예외적인 영웅이나 개별적 몰입에 의한 것이 아니라 공유되고 분산된 책임에 의한 것이 됨.

끈기 | 교육의 발전이 특정 혁신이나 특정 정부를 초월하고 한 명의 학교장에서 다음 학교장으로 효과적으로 계승됨. 학교혁신안은 리더십 승계에 대한 계획안을 포함함. 구성원 모두가 각자 시대에 뒤떨어질 수 있는 점에 대비함.

정의 | 모든 학생의 학습과정과 학업성과를 살핌. 상류층과 빈곤층

의 격차를 줄이는 데 노력함. 우수한 학교와 주변의 부진학교 간에 냉혹한 경쟁이 아닌 협력을 촉진함.

자원활용의 적정성 | 물적·인적 자원을 활용하는 데 있어서 사람들이 감당할 수 있을 만큼의 속도로 진행. 과도한 업무로 자원을 낭비하지 않음.

보존 | 헌신과 희망의 스토리를 통해 미래에 대한 비전과 과거의 전통을 연결함. 창의성에 대한 투자, 지역운동가들의 원주민 토착지식에 대한 존중 등 핀란드의 사례에서 찾아볼 수 있음.

다양성 | 교육과정, 교수법, 조직과 네트워크에 대한 팀의 기여 등에 있어서 다양성을 장려함. 아이디어가 복제되는 것이 아니고 다양한 아이디어들이 융합되고 새롭게 생성됨.

일선 학교 혹은 학교장이 다른 학교를 지원할 수 있는 효과적이고 유망한 방안으로는 영국의 '국립학교리더십대학National College for School Leadership이 2006년부터 시작한 '국가교육지도자National Leader of Education 프로그램'을 들 수 있다. 이 프로그램에서는 다른 학교를 성공적으로 지원한 경력이 있는, 전국적으로 우수함을 검증받은 교장으로 구성된 그룹이 부진한 학교와 긴밀히 협력하여 그 학교의 학습 과정과 학업성과를 개선하고자 한다. 이 지도자들은 부진학교를 함부로 장악하지 않으며, 적당한 팀을 보내어 체크리스트와 전략을 제시했다가 재빨리 빠지지도 않고, 단순히 개선방법에 대한 조언을 제공하는 것에 그치지도 않는다. 오히려 주임교사와 고도로 숙련된 지원팀이 소매를 걷어붙이고 학교개선을 위해 대상 학교의 교사들 및 관리자들과 협력한다. 기존 교직원의 역량이 구축되고 학교의 개선이 시작될 즈음에 이 '국가교육지도자NLE'들과 지원팀은 점진적으로 철수한다. 이 프로그램에 참여한 다수의 학교에서 상당한 성과가 보고되었고 증가하는 수요에 맞추어 프로그램이 급속하게 확대되고 있다.

지속가능한 리더십의 측면에서, 국립학교리더십대학의 이 프로그램은 보다 강력한 리더 및 리더십 팀이 성과가 부진한 지도자나 그의 학교를 도와 학교리더십이 정상화되도록 체계적으로 원조한다. 이것은 사회정의를 위한 리더십이다. 또한 이것은 기존 학교지도자들에게 학교를 멀리 떠나지 않아도 상당한 경력개발을 할 수 있는 기회를 제공한다. 동시에 이는 리더십 역량과 학교 내 후계 연속성을 강화시켜 준다. 다른 학교를 지원하거나 탐방하기 위해 지도자들이 학교를 떠나 있을 때에도 학교가 지속적으로 운영되고 새로운 지도자들이 나설 수 있도록 하기 위해서 효과적으로 리더십을 분산하고 리더십 역량을 개발하는 것이다.

이와 같은 리더십 역량개발의 방법론은 리더십 준비프로그램을 여럿 개발하는 것보다 더 전략적이고 체계적으로 리더십 인재풀의 공급을 증가시킨다.[59] 또한 외부에서 요구하는 개혁을 전달하는 리더십이 아닌 직접 변화의 주체가 되어 다른 사람을 지원하는 형태의 리더십을 개발함으로써 리더십과 개혁의 관계를 설정한다. 또한 타학교에 지원을 제공하는 우수학교에게 적절히 보상함으로써 우수학교 리더들의 과도한 희생 가운데 부진학교의 역량개발이 이루어지지 않도록 하고 있다.

리더십의 중요성은 아무리 강조해도 부족하지 않다. 더구나 사회의 대변혁기에는 더욱 중요하다. 이러한 시대에 우리에게 필요한 리더십은 우리로 하여금 다른 사람들에게 등을 돌리게 하거나 경외감으로 거리를 두게끔 하는 리더십이 아니다. 우리가 원하는 리더십은 우리의 사기를 높이고 서로를 향하게 하며 함께 인류를 발전시키자는 공동의 목적을 위해 일하도록 이끄는 리더십이다.

학교는 인간다움의 사회적 배아다. 즉 사회의 최고 공통가치를 진흥하기 위해 설립된 기관이다. 학교는 호혜성, 적극적 신뢰, 민주적 숙의와 같은 가치를 구현하는 곳이어야 한다. 학교가 필요로 하는 것은 더 많은 의무와 관리가 아니다. 학교는 자신에게 희망을 줄 '넓은 어깨'와 지속가능한 리더십을 필요로 한다.

2. 통합을 이끄는 네트워크

실제의 개혁노력을 살펴보면 모든 곳에서 개선이 평등하게 이루어지지 못하며 변화가 한 곳에서 다른 곳으로 확산되는 것도 매우 어렵다. 일선 교사나 개별 학교의 개혁은 연구보고서를 공부하거나, 명연설을 듣거나, 워크숍에 참가한다고 해서 이루어지는 것이 아니다. 변화의 가장 좋은 방법은 동료교사 혹은 학교 간에 서로 가르치는 모습을 보고 듣고 배우는 것이다. 변화를 추진할 때 사람들에게 새로운 지식을 전파하는 것 못지 않게 중요한 것은 같은 일에 종사하는 사람들 간에 관계를 새롭게 맺는 것이다.

관계를 통한 지식전파의 방법에는 네트워크의 구축이 있다. 자연적인 시스템이든 사회적인 시스템이든, 효과적인 네트워크는 개방성의 특성(자발적이고 예측불가능한 상호작용과 융합을 통해 혁신의 발생이 허용되는 특성)과 방향성의 특성(상호작용을 적절히 통제하여 특정한 방향으로 융합이 일어나도록 이끄는 특성)이 적절히 조합되어 있다.[60]

개방성이 너무 강하여 시스템이 느슨해지면 그 네트워크는 지나치게 분산되어 소멸된다. 목적성도 불분명하다. 말이 행동으로 나타나지 않는다. 네트워크의 혁신노력이 특정 제품이나 관행, 결과에 어떤 영향을 주었는지 증명할 수 없다. 혹은 자발적이고 적극적인 사람들만 끌어오게 되어 네트워크가 열성적인 내부자와 비열성적인 외부자로 나뉘게 된다.[61]

반대로 방향성이 너무 강하고 시스템이 과도하게 엄격하면 그 네트워크는 행정편의적으로 구획된 학교들의 집단으로 전락하여 정부 정책을 시행하거나 시범모델이 되는 것만이 목적이 된다. 새로운 아이디어나 혁신안이 의무적인 정책과 상충될 때 결국은 밀리게 된다. 혹은 다른 사람들의 이익을 위한 정책에 흡수되어 버린다. 네트워크를 통제하려는 시도가 결국 그 네트워크를 죽일 수 있다.[62] 정부는 학교네트워크를 통제해서는 안 되며 모든 학교가 동일한 네트워크에 속하도록 의무화해서도 안 된다. 그렇지 않으면 정부는 네트워크를 방해하고 처리해야 할 업무를 추가하는 일밖에 하지 못한다.

- 부진한 학교들과 그들과 짝을 이룬 멘토학교들로 구성된 '성취도 향상, 학습의 변혁RATL 네트워크'에서는 심혈을 기울여 변화전략들을 모아 메뉴처럼 제공하여, 구성원들이 서로의 전략을 주고받고 따라해보도록 하고 있다. 그럼으로써 균형성과 안정성이 확보된다.
- 우리가 최근에 연구했던 '앨버타 학교개선계획AISI'에서는 상호 연결된 다수의 학교가 공동의 목표와 '측정가능한 성취도 향상'의 큰 틀 안에서 개별 학교의 개혁안을 자체적으로 설계한다.
- 로드 아일랜드와 시카고의 '교수학습을 위한 학교책무성SALT' 프로젝트는 개별 학교에서 자체적인 평가틀을 개발하도록 하고 이를 다른 학교의 동료교사들로 구성된 팀에 의해 외부평가를 받도록 하고 있다. 이것은 평가대상이 되는 학교뿐 아니라 평가를 시행하는 팀의 역량 또한 향상시킨다.

위의 모든 사례에서 교육자들은 학습·성과·향상에 대한 명확하고도 시급한 공동의 목적을 추구하고 있다. 개별 학교의 참여는 강제적이지도 자유방임적이지도 않으며 참여를 적극 장려받는다. 정부혹은 재단이 네트워크를 시작하고 재정을 지원하여 개별 학교가 따로 비용과 시간을 들이지 않도록 하지만, 이들 설립주체는 운영에 개입하지 않는다. 연륜 있는 교사들이 서로의 경험적인 지식을 공유하지만 그 중에서 외부의 아이디어와 전문성을 끌어와 기존 대화에 자극을 주고 활기를 불어넣는다.

하지만 이런 최상의 상황을 가정하더라도 두 가지 난관이 기다리고 있다. 우선 첫 번째로, 정부가 기초과목의 단기적인 향상을 끊임없이 강조하기 때문에 우리가 설명한 바 있는 '현재주의' 문화에 학교네트워크가 빠져들 수 있다. 이러한 비뚤어진 열정주의 문화에서는 단기적인 해결책만이 유통되고 교육을 진정으로 변화시킬 수 있도록 장기적으로 열심히 노력하는 것은 피하게 된다. 상시적으로 감시하고 끝없이 개입하는 '유모정부Nanny State'는 네트워크가 만들어내는 혁신과 공존할 수 없다.

두 번째로, 학교 간에 경쟁이 늘 존재하고 특히 고등학교 간에 경쟁이 치열하기 때문에 네트워크, 연맹 혹은 결연 등을 맺으려면 지역이 떨어져 있어서 직접적으로 경쟁하지 않는 학교들, 아니면 경쟁이 덜 치열한 초등학교나 중학교가 좋다.[63] 미국에서 확산되고 있는 '다양한 공급자모델'의 학교들은 서로가 직접적인 경쟁상대이기 때문에 이웃하는 부진학교에 자원을 공유하거나 아이디어와 노하우를 공유할 만한 인센티브가 없다.

학교개선네트워크의 가장 큰 장점은 건강한 학교가 인구특성이 유사한 이웃의 부진학교를 돕는다는 점이다. 잉글랜드와 온타리오에는 정교한 지역데이터베이스를 갖춘 시스템을 통해 통계적인 의미의 '이웃학교'를 확인할 수 있다. 그러나 많은 경우 사회정의의 가장 큰 장벽은 같은 마을이나 도시 안에 있는, 물리적으로 인접한 학교 간에 존재하기 마련이다. 사회계층이나 인종계층 간의 경계가 지역적으로 반영되기 마련이고, 더구나 냉혹한 경쟁의 시장논리가 적용되고 있고, 경쟁상대에게 혹시라도 비밀이 노출될까 하는 두려움 때문에, 같은 마을이나 도시 안에 있는 학교는 사실상 네트워크를 형성하기가 가장 어렵다.[64]

그러나 이러한 학교 간 경쟁도 극복될 수 있다. 핀란드의 학교지도자들은 그 마을이나 도시의 모든 청소년에 대한 공통된 목적과 책임감을 가지고 자원을 공유하고 서로를 지원한다. 학교 간 경쟁이 보다 높은 영국의 경우, 타워 햄릿의 학교들이 서로 간의 고립을 극복했던 방법은 네트워크의 한 학교가 어려워지기 시작했을 때 그 학교를 적극 지원한 것이었다. 텍사스의 '학교연합' 또한 그 절정기에 공통의 목적에 대한 연대의식을 이끌어낼 수 있었다. 지역사회 운동가들이 같은 학군의 교육자들을 모아 지도자 주재 회의와 동료 간 회의를 소집하여 지식을 공유하고 학교 간 개혁전략을 개발했다.

교육네트워크를 통해 학교 및 학군을 개선할 수 있는 여러 가지 방법이 있다. 그중 주요한 방법을 아래에 소개한다.

- 네트워크 혹은 결연을 맺는 것은 거리가 떨어져 있는 학교 간에 시작하는 것이 최선일 수 있다. 협력관계가 정착되고 실제적인 혜택을 경험했을 때 이를 지역의 인근 학교로 확대한다.
- 긱 도시의 시장들이 리더십을 발휘하여 해당 도시의 학교들을 서로 연결하여 각자의 차이를 넘어서서 공통의 사명을 추구하도록 한다.
- 대개 같은 학군 내에 존재하는 불평등보다 학군 사이에 존재하

는 불평등이 훨씬 크기 마련이다. 한 학교가 사회정의에 기여하기 위해 근처 타학군의 어려운 학교와 협력하려 한다면 정부는 그 학교에 대한 재정지원을 늘린다.

- 영국의 일부 학군에서 시행하는 바와 같이 고등학생들이 오전에는 본교에서 공부하고 오후에는 지역네트워크 내 다른 학교의 타인종이나 다문화학생들과 함께 수업을 받을 수 있다. 아니면, 오전과 오후로 나누는 대신 일주일 중 특정 요일에 수업을 받을 수도 있다.

결국, 네트워크 구축의 핵심은 혁신적 사고를 확산시키고 학습을 촉진하며 교육전문가의 의욕을 고취시키고 불평등을 완화하는 것이다. 다양성이 잘 관리되면 그것은 분산을 초래하는 약점이 아니라 통합을 이끄는 강점이 될 수 있다. 네트워크 구축은 제4의 길의 부수적인 장식품이 아니라 기반이 되는 핵심요소다.

3. 책무성에 우선하는 책임감

책무성보다 책임감이 우선되어야 한다. 소크라테스는 그의 제자들이 스스로 사고하도록 가르치는 것이 자신의 책임이라고 믿었기 때문에 스스로 죽음을 선택했다. 공자는 스승이라면 제자를 진정한 학자로 길러야 하는 분명한 책임이 있다고 했다. 공자가 말한 '진정한 학자'는 상대방의 빈부귀천에 상관없이 대인관계에 천상의 질서가 반영된다고 했다. 책임감을 제거하고 난 뒤에도 남는 것이 책무성이다.

- 핀란드 교사들은 신뢰 · 협력 · 책임감의 문화로 연결되어 있다. 이들은 단지 자신의 반 학생뿐 아니라 자신이 영향을 미치는 모든 아이들에 대한 책임감을 가지고 있다. 그들은 모든 학생을 한명 한 명 아래에서 위로 차근차근 끌어올린다. 작은 학급, 특수교육을 필요로 하는 학생들에게 관대하게 지원되는 재정 등은 차분한 개혁분위기를 조성한다. 이 때문에 교사들은 통계프로그램을 다루거나 정부개입에 대응하는 일보다 개별 학생에게 집중할 수 있다.

- '성취도 향상, 학습의 변혁RATL 네트워크'는 매우 투명한 협력시스템이기 때문에 구성원들이 학생의 성장을 위해 책임감 있게 일하도록 자동적으로 압력이 가해진다. 교사들과 지도자들은 학생이 성공할 수 있는 해법을 찾아내고 구현하는 일에 매진하게 된다.

- 타워 햄릿의 학교라든지 미국과 영국 일부 지역의 '방과후학교'는 지역주민이 상당수 참여하고 있다. 이 때문에 교육전문가, 학부모, 지역사회 구성원들은 성적이나 학교순위표보다 이웃 지인들의 조언을 더 신뢰하고 그에 따라 자기 학교를 평가한다.

시험과 기타 다양한 평가기술은 교육의 책무성관리를 위해 가장 일반적으로 사용하는 도구다. 우리는 학생들이 달성해야 할 목표로서 시험점수에만 의존하는 것에는 비판적이지만, 그렇다고 해서 시험점수의 의미를 부인하는 것은 아니다. 현재 핀란드에는 표준화된 고부담시험이 존재하지 않는다. 그러나 증가하는 퇴직인구를 위한 강력한 세수기반을 구축하기 위해 핀란드도 늘어나는 이민자와 인종의 다양성을 수용해야 하는 상황이다. 교사들은 직감적으로도 외모와 행동양식이 다른 학생들을 이해하고 가르치는 것이 쉽지 않다. 보다 객관적인 데이터는 시험대상 학생들의 무작위 표본(혹은 샘플)수집을 통해 얻을 수 있다. 이러한 데이터는 이해를 높이거나 혹은 최선을 다하고 있다고 생각하는 교사의 양심을 찌를 수 있다. 따라서 비록 핀란드 교육이 현재 세계 최고라는 평가를 받고 있지만, 미래에는 시험의 역할 강화를 고려해야 할 것이다.

성적데이터는 대개 학교와 학생인구 전체에 적용하는 전수조사 census 방식으로 수집된다. 청소년 모두가 진학자격을 얻기 위해 시험을 치르는 것이 그런 경우다. 혹은 한 학교에서 자기 학교에 대한 포괄적인 데이터를 기밀사항 혹은 소수의 동료교사에게만 공개된 방식으로 수집하여 학교의 개선방향을 분석할 수 있다. 그러나 졸업자격 같이 부담이 큰 결정을 단순히 시험 하나에만 의존하고 있고, 그것이 정치적 목적에 연결되어 있으며, 그로 인해 제재를 받을 가능성이 있고, 대중에게 공개되는 것이라면 그 고부담시험은 학습과정의 왜곡이나 광범위한 조작 같은 부패로 이어질 가능성이 높다.[65] 자의적으로 결정되고 부과된 기준을 맞추기 위해 불필요하고 추가적인 일을 해야 할 때, 교사와 지도자들은 평가시스템을 어느 정도는 악용할 것을 강요받고 있다고 느낀다. 활동량을 측정하기 위해 축구화에 전자 칩을 부착한 축구선수들이 별다른 의미도 없이 좀 더 뛰어야 한다고 느끼는 것과 마찬가지다.

다행스럽게도, 교육의 책무성은 전수조사를 통해 확보할 필요가 없다. 더 쉽고 효율적인 방법은 통계학적으로 유효한 표본만 분석하는 것이다. 미국의 국가학업성취도평가NAEP가 바로 이러한 방식의 시험이다.[66] 흥미로운 점은 국가학업성취도평가에서 최근 몇 년간 유의미한 성적향상이 보이지 않는 반면(4학년 수학은 제외), 학생들이 문제풀이 대비를 할 수 있는 전수조사방식의 전국시험에서는 점수가 해마다 상승하고 있다는 것이다. 스코틀랜드에서 핀란드에 이르기까지, 뉴질랜드에서 파푸아뉴기니 섬들에 이르기까지, 이미 책무성은 대부분 표본추출에 의해 달성되고 있다. 책무성 확보의 목적에 있어서 표본추출 방식은 단순히 전수조사의 대안이 아니라 보다 우수한 방식이다. 산업계에서도 품질관리는 견본의 평가로 이루어진다. 모든 제품을 평가하는 것은 그야말로 돈 낭비다. 환경단체에서도 대기오염도를 표본으로 확인한다. 표본확인만으로도 기업의 책무성 확보가 충분히 이루어진다면 교육의 책무성 확보 역시 표본분석만으로도 적절한 것이다.

그 수가 줄어들고 있기는 하지만 여전히 상당수의 정부에서 전수조사를 통해 책무성을 확인하고 있다. 이는 어찌 보면 정부의 광범위한 직권남용일 수 있다. 턱없이 높은 비용에도 불구하고 이를 시행하고 있는데, 이는 다른 곳에 필요한 한정된 교육자원을 끌어오는 것이다. 또한 이는 학부모의 반대에도 불구하고 시행되고 있다.

　그러나 서문에서 이미 언급한 바와 같이 영국 및 캐나다의 앨버타 주와 노바 스코샤 주에서는 전국단위 표준시험이 분명한 감소추세에 있다. 투자 대비 수익에 있어서 그만큼의 가치가 없기 때문이다. 전수조사 방식의 시험을 고수하고 장려하는 정부라면 자신이 학교개혁의 선구자가 아니라 무능력자임을 점점 깨닫게 될 것이다.

　교육혁신의 실천적 이론으로써 전문적이고 민주적이며 지속가능한 노선이라면 '학교학습을 촉진하는' 평가형태를 우선적으로 지지할 것이다. '학습을 위한 평가'의 특징은 다양한 진단평가와 기타 평가방식을 통해 학생의 문제에 대해서 교사에게 피드백을 제공할 수 있고, 이를 통해 교사는 개별 학생을 적절하게 지도하고 학생 스스로 자신의 학습과정을 조절하도록 도울 수 있다는 점이다. 이것은 개별화 학습으로 나아가는 과정에 있어서 필수적인 요소이다.[67] 한편, 시스템 전체의 책무성은 이미 논의한 바와 같이 정치적 입김이 작용하는 낭비성 전수조사 대신 신중하게 추출된 표본조사를 통해 달성될 수 있다. 제4의 길에서의 책무성은 시스템의 초자아Superego 혹은 이성적 양심의 역할을 한다. 시스템을 실제로 움직이는 자아ego 혹은 본능id의 역할이 아니다.

4. 개별화와 다양성의 존중

학생들은 다양하다. 조직도 다양하다. 변화 그 자체도 다양하다. 이런 요소들은 표준화된 방식으로 움직이지 않는다. 또한 표준화된 혁신전략에서 기대했던 반응이 일어나는 경우는 매우 드물다.

제2의 길의 표준화 및 단일화 작업은 제1의 길에 존재하던 균질적이지 못한 교육의 질에 대응하기 위해서였다. 그러나 불균질성은 다양성과 구별되어야 한다. 불균질성이란 무엇이 좋고 무엇이 나쁜지에 대한 기준이 동일하게 적용되지 않는다는 것이다. 다양성이란 그 표준을 다양한 방식으로 표현하는 것이고 그 표준 자체에 대해 다양하게 사고하는 것이다. 제2의 길의 표준화를 위한 노력의 결점은 읽기·수리능력 등 기초과목 영역의 고르지 못한 질을 공격하면서 동시에 학생·학교·개혁전략 등의 다양성까지 무시하거나 거의 파괴시켰다는 점이다.

교육과정이 상세하게 표준화되고, 배운 것에 대한 평가가 지나치면 다양한 사회구성원의 지식과 이익을 반영하지 못하는 일방적인 교육과정이 되거나 혹은 모든 구성원의 이익을 반영하려다 과부하에 걸리게 된다. 앨리슨 스케렛Allison Skerrett은 교육정책과 영어교육의 실천모습을 한편에서는 캐나다의 온타리오 주와 브리티시 컬럼비아 주에서, 다른 한편으로는 미국의 매사추세츠 주와 텍사스 주에서 연구했다.[68] 캐나다는 공식적으로 이중언어 및 다문화 사회를 복잡한 '모자이크의 신화'라는 용어를 써서 표현한다. 미국은 대조적으로 이민과 다양성에 대해 언급할 때 모든 것을 하나로 녹이는 '용광로의 신화'라는 표현을 사용한다. 그러나 스케렛이 연구한 중등학교 영어교육과정의 정책은 양쪽 국가에서 모두 배타적인 특성을 보이고 있었다. 특히, 학생들이 대학입시에 가까워질수록 양국 학교에서 추천하고 선택하는 읽기지문은 대부분 영미권 중심(혹은 유럽 중심)의 글이었다.

미국과 캐나다의 많은 교사들은 교육과정상의 제약에도 불구하고 교실과 지역사회의 문화적 다양성에 대처하기 위해 최선을 다하고 있었다. 이러한 현상은 특히 최근에 다문화문제에 대해 사범교육을 받은 교사들, 일상에서 매일 여러 인종을 마주하는 젊은 교사들, 또는 개인적으로 이전에 불평등을 직접 경험했고 이를 시정하고자 하는 교사들 속에서 나타났다. 이 교사들은 정해진 교육과정을 중심으로 혹은 이를 넘어서서 일하고 있었다. 이 일은 대학입시에서 거리가 있는 수업일수록 그 범위가 넓어졌다. 예를 들어, 저학년 수업, 특수교육수업, 외국인학생을 위한 영어수업, 또는 열등반의 수업이 그러했다. 그러나 학교의 다문화운동 심지어 인종차별 반대운동 등 혁신운동이 활발했던 1980년대와 1990년대 초반이 지나자 미국과 캐나다도 결국 제2의 길의 표준화와 고부담시험의 압력을 이기지 못했다. 이는 스케렛이 '단일문화로의 복귀'라고 부른 현상으로 이어졌고, 표준화된 교과내용이 주단위 시험이나 더 작은 지역단위 시험의 성적향상, 목표달성 등에 맞춰지게 되었다. 이러한 개혁은 문화적 다양성에 대한 반응을 둔하게 만들었다.

보스턴 예술아카데미Boston Arts Academy라는 명문학교의 교장 린다 나단은 이러한 현상을 누구보다 잘 알고 있다. 이 학교는 매사추세츠 종합평가시스템MCAS에서는 15년간 성적이 상승했지만, 빈곤층 학생, 흑인과 남미계 학생들의 중퇴율도 상승했다. 시험 중심의 교육과정에는 암기 가능한 내용이 보다 흥미로운 학습영역을 밀어내고 있었고 이 학생들은 점점 흥미를 잃어가고 있었다. 매사추세츠 종합평가시스템의 영향에 대해 교장은 다음과 같이 말했다.

"우리의 교육과정은 배우는 내용의 범위가 점점 더 좁아지고 학생의 관심을 끌지 못하게 되었습니다. 우리학교에서는 과학교육의 상당 부분을 포기해야 했습니다. 그동안 우리는 물리와 생물을 통합해서 학년마다 복잡성이 증가하는, 빠듯하면서도 재미있는 교육과정을 7년에 걸쳐 개발했습니다. 그러나 종합평가시스템의 여파로 인해 우리는 '단편적인 교육과정'으로 돌아가야 했습니다. 물리와 화학과 생물을 각각 따로 가르쳐서 우선은 학생들 모두가 시험을 통과하도록 해야 했습니다."[69]

린다 나단 교장의 걱정은 매사추세츠 종합평가시스템 시험과목에 역사가 포함될 경우, 교사들이 그동안 신중하게 설계하고 오랫동안 다듬어 우수하면서도 다문화적 배려를 담은 인문학과목을 폐기해야 할 상황이 오리라는 것이다. 이 과목은 도시학생들이 이해하고 싶어하는 주제를 많이 다룬다. 미국의 민권운동에 관한 토론, 흑표범당Black Panthers의 대두에 관한 논술, 1970년대 인종차별폐지와 보스턴 학교버스 통학에 관한 구전역사 연구 등이 그 예이다. 물론 이러한 주제는 인종 간의 소통을 유도하고, 부모와 지역사회 어른들과 더 풍성한 대화를 나누고 그들로부터 배울 수 있는 그러한 내용이다. 그러나 매사추세츠 종합평가시스템과 같은 주립시험으로 촉발된 '단일문화로의 복귀' 현상으로 인해 이러한 대화는 사라지게 된다. 문화적으로 흥미로운 주제에 대한 활발한 상호작용은 전통적인 시험과목의 성취도격차를 좁히려는 강박증으로 대체될 것이다.

2002년 영국의 인종폭동이 일어났던 곳 중심부에 위치한 한 학교는 미술 중심의 교육과정을 시행하면서 성적이 향상되었다. 방글라데시 학생들이 미술과목에 두각을 나타냈기 때문이다. 그러나 곧 정부가 새롭게 발표한 638개의 '실패학교' 중 하나로 선정되면서 이 학교가 거두었던 성공은 그 의미가 퇴색되어버렸다. 이 학교는 다른 학교들과 마찬가지로 높은 비율의 학생들이 일반중등교육학력인정 GCSE의 최소 기준인 '다섯 과목에서 C학점 이상'의 목표를 달성했었다. 그런데 그 다섯 과목 중 수학과 영어가 포함되어야 하는 정부의 새로운 요구기준에는 미달하였던 것이다.[70]

정부관료의 펜 끝에서 이 '개혁성공' 학교는 축하받아야 할 학교가 아닌 실패한 학교로 전락했다. 실패학교로 새롭게 정의된 이 학교들은 세간의 이목과 정치적 제재를 받게 되어 더욱 많은 정부의 개입과 감시의 대상이 되었다. 방글라데시 학생들은 시각예술을 통해 문해력을 익히고 있었고 이 과목에서 뛰어난 성적을 거두고 있었지만, 이제는 전통적이고 대개는 백인 중심적인 특정 고전들을 의무적으로 공부해야 했다.

세계는 다양성과 세계화와 상호 관련성이 더욱 증가하는 추세이고 이것은 결코 감소하지 않을 것이다. 제한적이고 표준화된 메뉴의 기초과목 교육과정으로는 이러한 다양성을 이해하고 활용할 수 없다. 현재 미국의 학교는 성취수준을 더욱 높이고 있고 학생을 더 밀어붙이고 있으며 모든 학생이 더 부지런히 교재공부와 시험준비를 하도록 만들고 있다. 하지만 이러한 교육은 점점 더 많은 학생들이 공부에 대한 흥미를 잃도록 만들고 있다. 우리가 시험성적에 의한 성취수준을 높이는 동안, 빈곤층과 소수민족의 수많은 중퇴학생들은 더욱 나락으로 떨어지고 있다.

제4의 길은 학생들의 다양성에 대응하는 측면에서 다음과 같은 면에서 이전의 개혁노선보다 더 적합하다.

- 모든 학생과 교사들을 고취시킬 수 있는 통합교육적이고 고무적인 목표와 비전을 개발한다.
- 학생들이 자신이 속한 지역사회와 더 관계를 맺고 그들로부터 배우도록 한다.
- 다문화를 이해하고 그러한 환경에서 능숙하게 일하도록 훈련된 높은 자질의 교사들을 유인한다.
- 극빈곤지역 혹은 다문화환경에서 일하는 교사들과 교장들이 부유하고 인종격차가 덜한 도시근교의 지역에서 일하는 교육자들보다 더 나은 근무여건과 급여를 보장받도록 한다. 적어도 그들

과 유사한 수준의 급여가 보장되도록 한다.

- 교육과정은 다문화적 가치를 수용하는 큰 틀 안에서 개별 학교가 개발한다. 교사의 교육과정과 교수법은 명확하고 폭넓은 교과목 성취기준에 부합하면서도 학교와 교실 안의 문화적 다양성에 대해 일관되게 주의를 기울이고 대응해야 한다.
- 우수한 학교가 부진한 학교를 지원하고 또 그들로부터 배울 수 있도록 인센티브 및 기대감을 주고 구조적인 지원을 제공한다. 같은 학군에서뿐만 아니라 다른 학군에 있는 학교 간에도 이러한 파트너십을 장려한다.
- 제2의 길에서 시작해서 제3의 길에서도 지속되고 있는 표준화 시험에 대한 강박적 집착에서 벗어난다.
- 주류문화는 물론 학생과 사회의 모든 다양성을 지지한다. 성공적인 다문화사회의 비밀은 단순히 관용과 무비판적인 자축과 수동적인 수용에 있는 것이 아니라 상호 공감과 적극적인 참여에 있기 때문이다.

문화적 다양성으로 인한 이러한 난제들을 성취도격차의 산술적인 감소로 해결하려는 것은 마치 세균을 방지하거나 없애려고 하는 듯한 태도로서, 이러한 방식으로는 문제의 범위를 규정할 수도 없고 문제를 부정할 수도 없다. 우리 모두가 이 문제에 직접적이고 적극적으로 관여해야 한다. 학부모와 일대일 면담을 하고, 부모가 학교에 올 때까지 기다리는 것이 아니라 지역사회로 먼저 나아가야 한다. 학생이 속해 있는 문화를 적극적으로 공부해야 한다. 이를 위해 학부모나 지역인사를 교실로 초청하여 관심있는 주제에 대해 강연을 하도록 할 수 있다. 다양성의 문제가 당신의 일에서, 또 당신의 인생에서 어디서 어떻게 표현되는지 성찰해보라. 당신은 저녁식사를 누구와 함께 하는가? 당신 자녀의 친구들은 누구인가? 자녀의 남자친구 혹은 여자친구는 누구인가?

학생들이 여러 문화를 단순나열식으로 학습하는 것에서 한발 더 나아가도록 노력하라. 학생들이 각자의 문화에서 미래를 위해 과거의 무엇을 계승하고 무엇을 포기할지에 대해 치열하게 논의하게 하고, 이를 통해 각 문화에 대한 인식과 토론이 활기를 띠게 하라. 만약 백인 중심의 지역에서 일하고 있다면, 다양한 방법으로 문화적 다양성에 주의를 기울이는 것이 무엇보다 중요하다. 개발도상국으로의 해외여행, 더 다양한 학교에 연결될 수 있는 국제적인 네트워크 참여, 가난한 학교 혹은 지역과의 파트너십, 문화적으로 다양한 교육과정과의 연계 등이 주요 관심사항이 될 것이다.

결론

/

제4의 길은 천 송이 꽃을 피우자는 것도 아니고, 모든 것을 세세하게 통제하려는 것도 아니다. 자유시장 최고의 업적인 차터스쿨을 숭배하는 것도 아니고, 반대로 모든 사회적 필요를 제공하고 관리하는 큰 정부의 미덕을 찬양하는 것도 아니다. 시장논리와 정부논리를 넘어서는 새로운 길을 모색한다는 의미에서 제4의 길과 제3의 길은 중요한 공통점을 지니고 있다(표 4-1 참조).

두 노선이 유사성과 연속성을 보이는 그 영역도 중요하지만, 그 외 다른 모든 면에 있어서 제4의 길은 제3의 길의 사고방식과 명확히 결별했다. 제4의 길은 더 이상 협소한 학습목표를 제시하고 이를 달성하도록 학교를 중앙집권적으로 통제하려 하지 않는다. 이와는 반대로 개선을 향한 민주적이고 전문적인 길이다. 아래로부터 향상의 기반을 쌓고, 위에서는 큰 방향을 제시해주며, 측면에서는 지지와 압력을 제공한다. 헌신적이고 깊고 넓게 교수학습을 이끌어갈 역량을 갖춘 우수한 교사들을 통해서 제4의 길은 점점 더 자기조절이 필요한 교직에서 더욱 강력하고 책임 있는 학습공동체를 구축하고 활발히 운영한다. 이러한 공동체에서 교사들은 높은 수준의 교육성취기준과 학습목표를 함께 설계하고 이를 추구한다. 이들은 자신의 전문성을 높이기 위한 목적으로 네트워크를 통해 객관적 자료를 통해 서로를 통해 배우기를 쉬지 않는다.

제4의 길에서는 탄력 있는 사회민주주의social democracy 체제가 사회에 영감을 불러일으키고 사회통합을 이끄는 비전을 제시한다. 이 일은 국가 및 시역의 용기 있는 리더십을 통해 이루어지며, 이들은 교직으로 인재를 끌어모으고 교직원에게 공적 지위를 부여한다. 또한 이 일에는 학부모와 시민사회 및 기업이 적극적인 파트너로 참여하며 이들 모두가 다음 세대의 교육에 대해 공동의 책임을 진다. 제4의 길은 교육자에게 많은 것을 기대하지만, 교육격차 해소와 사회정의 실현에 대한 책임을 교육자에게만 지우지는 않는다. 이 사회적 책임은 튼실한 공공의료서비스, 주택제도, 사회복지 부문이 함께 공유한다.

표 4-1 제3의 길과 제4의 길의 공통점

개혁의 목적을 세우는 기둥	• 윤리적인 교육이념 • 적극적 투자 • 공적 부문과 사적 부문의 파트너십
교사전문성의 원칙	• 질 높은 교사 • 선분석 지위와 전문성 개발 • 교사학습공동체
개혁통합의 촉매	• 학교네트워크 • 우수학교가 부진학교를 도움 • 리더십 개발 • 정교한 학업성취데이터

이 모든 개혁노력에서 학생은 단순히 변화의 대상으로만 머무르지 않는다. 제4의 길에서 학생은 자신의 성장과정에 대해 주체적인 목소리를 내는, 활발하고 적극적인 변화의 동반자이다. 이러한 학생과의 파트너십은 가부장적이거나 자유방임적이지 않다. 이와는 반대로 교사는 학생에게 높은 수준을 요구하며 초라한 변명과 형편없는 성취도를 용납하지 않는다. 또한 엄한 지도와 따뜻한 격려로 학습성과를 최고수준으로 올리기 위해 끊임없이 힘쓴다.

제4의 길은 다음과 같은 방법으로 개혁과정의 통합을 유지한다.

- 학습에 대해 정통한, 지속가능한 리더십을 개발한다.
- 책무성보다 책임감을 우선순위에 둔다(책무성 확보는 표본추출을 통해 이루어지며 교육적 양심의 문제로 접근).
- 개혁을 위한 전문네트워크의 형성과 그 활동을 지원하며 과하게 규제하지 않는다.
- 다양성을 무시하고 창의력을 파괴하는 표준화시험의 과도한 시행을 비판한다.
- 영감을 주고 사회포용적인 교육비전·사회비전을 개발함으로써 과거와 미래의 연속성을 재정립하고 교직사회에 일정한 의사결정 권한과 책임을 부여한다. 교육과정 개발에 대한 의사결정 또한 여기에 포함된다.

미끄러운 비탈길이지만 결국 한 길로 만나는 중앙집권적 통제의 길, 데이터에 집착하는 기술주의의 길, 비뚤어진 열정의 길의 곁길들은 제3의 길의 장애요인이었으며, 이 장애요인들은 결국 단순한 '전달과 집행'에 따른 것이었다. 제4의 길이 추구하는 학교교육의 방법론은 심도 있고 수준 높은 학습, 교사의 자질 향상과 연대와 참여, 건강한 지역사회 개발, 공공민주주의 등이다. 여기서 우리는 다시 한번 강조한다. 제4의 길은 제3의 길과 핵심적인 공통점을 지니고 있고 그 이전 길들의 유산도 물려받았지만, 제3의 길에서 분명히 변화된 노선이며 제3의 길의 장애요인들을 정면으로 반박한다. 이러한 노선의 변화 및 기존 노선에 대한 대항은 표 4-2에 정리해 두었다.

우리는 지금 역사의 전환점에 서 있다. 낡은 길은 더 이상 우리에게 쓸모가 없고, 오히려 우리의 여정을 심각하게 방해하는 요인이 되었다. 우리는 전 지구적 상호연관성이 경제적·정치적·문화적으로 더욱 증대하는 세계에 살고 있다. 통제되지 않은 시장은 우리를 탐욕과 변덕의 노예로 전락시켰다. 표준화작업은 우리가 다양성을 이해하고 그에 대처할 수 있는 능력을 약화시켰다. 21세기를 사는 우리에게 혁신과 창조의 필요성은 점점 증가하며 결코 감소하지 않는다. 우리는 국내외 이웃과의 상호작용과 상호의존을 더욱 필요로 할 것이며, 홀로 잘 살 수 있다고 오만하게 주장할 수 없을 것이다. 이제 우리의 세계관을 수정하고 세계 속의 우리 자신을 재발견해야 할 때이다. 이것이 제4의 길의 시대적 요청이다.

제4의 길의 모습은 이미 핀란드에서, '성취도 향상, 학습의 변혁RATL'이라는 학교 간 네트워크에서, 영국의 타워 햄릿과 미국의 여러

표 4-2 제3의 길의 실제와 해법으로서의 제4의 길

		제3의 길	제4의 길
	• 변화 • 통제 • 신뢰	• 교육의 목표/과정을 통제 • 관료주의, 시장논리의 개입, 전문성 • 대중의 신뢰	• 방향 제시와 거시적 기획 • 민주주의, 전문성 • 적극적 신뢰
목적과 파트너십을 떠받치는 기둥	• 목표 • 대중 • 파트너십 • 학습 • 학생	• 경쟁력있고 측정가능한 성취기준 • 학부모의 학교선택제, 지역사회 서비스 집행 • 기업경영식, 효율성 • 대량 맞춤형 학습 • 교수와 서비스 전달의 대상	• 영감을 주고 혁신적이고 포용력 있는 사명 • 공공의 참여와 지역사회 개발 • 투명성, 책임감 • 마음챙김 교수학습 • 참여 주체, 개인 목소리 존중
교사 전문성의 원칙	• 교사의 질 • 교원단체 • 학습공동체	• 보상 중심, 성과 중심 • 개혁에 동의하나 설득의 대상 • 성취도 데이터 중심	• 사명 중심, 근무환경 중심 • 개혁의 주체 • 객관적 증거 기반
통합의 촉매	• 교육의 질 보장 • 책무성 • 달성목표 • 리더십 • 수평적 관계 • 다양성 존중	• 책무성 우선 • 전수조사 • 자의적, 강요됨 • 개인적으로 개발 • 분산네트워크 • 소수과목 성취도격차 해소, 데이터기반 개입	• 책임감 우선 • 표본조사 • 담대함, 공유됨 • 체계적, 지속가능함 • 지역기반 협력네트워크 • 높은 목표와 수용적 지도

도시들의 지역사회 조직화운동에서 엿볼 수 있었다.

물론 제4의 길이 만병통치약도 아니고 모든 문제의 해결을 약속하는 것도 아니다. 제4의 길에도 많은 갈등이 있을 것이고, 이는 간단한 해법이 아닌 정교한 판단을 필요로 할 것이다. 제4의 길은 교사와 학생, 고위급 정책입안자와 풀뿌리 지역사회운동가까지 우리 모두에게 새로운 과제를 던진다. 동료간에 압력을 넣기도 하고 지지하기도 하는 이 수평적 에너지는 누군가에게는 불편함이 될 것이고 또 다른

누군가에게는 새로운 활력소와 영감이 될 것이다. 우리는 단기적 목표와 장기적 목표를 둘 다 고려하고 이를 통합할 수 있는 방법을 찾아야 하며, 어느 하나도 포기할 수 없다. 또한 이웃학교를 도우면서 자신의 학교가 더 살아나고 힘을 얻을 수 있는 방법을 찾아야 한다. 세계 역사의 중요한 전환점에서 점진적인 변화가 아닌 대담하고 급진적인 개혁을 단행해야 한다. 하지만 과거 역사의 모든 전통과 가치까지 폐기해서는 안 된다. 문제를 하나하나 해결하는 가운데 위로부터의 방향제시를 분명하게 하는 방법, 그리고 알맞은 때에 내려놓는 방법에 대해서도 배워야 할 것이다

제4의 길에도 성취기준Standards이 있고 거기에는 공공적 목표, 인류사회적 목표, 경제적 목표 등이 포함되지만 더 이상 교육목표의 표준화는 없을 것이다. 제4의 길에도 달성목표targets가 존재할 것이지만 이는 더욱 대담한 목표가 될 것이다. 헌신적인 교사들이 함께 목표를 세울 것이기 때문이다. 고된 노력과 끈기가 필요할 것이지만 결코 무의미하지 않을 것이다. 교직에 대한 더 큰 지원이 있을 것이지만 그것이 무조건적이지는 않을 것이다. 책임감은 우리의 양심이 될 것이다. 그리고 학교는 미래의 번영을 위한 배움과 관대함, 인류애의 보고가 될 것이다.

제4의 길의 목적은 우리의 가장 소중한 가치들을 강화하고 활성화할 학교를 만들어 이를 통해 사회를 회생시키는 것이다. 이제 때가 됐다. 고삐 풀린 시장과 불합리한 탐욕의 시대는 길 저편으로 사라지고 있다. 사람들은 다시 한번 자신을 돌아보고 자신을 넘어서는 비전

을 보기 시작했다. 우리도 여기에 동참할 때다.

역사상 가장 중대한 전환기에 직면하여 우리는 자신이 어떠한 입장에 서 있는지를 명확히 해야 한다. 우리의 곁에는 수월한 기회주의의 길이 늘 있다. 정부의 정책을 고분고분히 전달하고 통제에 따라 집행하는 길에는 절대로 서지 않아야 한다. 우리는 다소 현기증이 나더라도 탁월한 전문성과 공공민주주의의 정점에 도달하는 길을 택해야 한다. 이 도전의 길이야말로 우리를 정상으로 인도할 것이다. 그곳에서 우리는 학생들의 지적 우수성과 인격형성, 그 결과인 높은 수준의 진정한 성과를 만나게 될 것이다.

자주 다녔던 익숙한 길을 택하는 것은 쉽다. 그것이 아이들과 지역사회에 아무런 이익을 주지 않더라도 말이다. 이제 그 길에서 벗어나 옳은 길을 걸어야 할 때다. 더 높은 교육적 이상에 도달하기 위해서이다. 익숙하지 않은 길을 택하도록 종용하는 로버트 프로스트의 아래 시구로부터 집단적 용기와 진취적 방안에 대한 영감을 얻자.

"오랜 세월이 지난 후 어디에선가
나는 한숨지으며 이야기할 것입니다.
숲 속에 두 갈래 길이 있었고,
나는 사람들이 적게 간 길을 택했다고.
그리고 그것이 내 모든 것을 바꾸어 놓았다고." [71]

참고
문헌

| 서문 |

1. El-Erian, M. A. (2008). When markets collide: Investment strategies for the age of global economic change. New York: McGraw Hill.
2. Raney, A., Heeter, C. (Producers), Heeter, C. (Director/Editor), & Raney, A. (Writer). (2007). Two million minutes [Motion picture]. Indianapolis, IN: Broken Pencil.
3. Farley, J. (2006, March 12). Improving math ed—Bush right about that—But where are the teachers coming from? San Francisco Chronicle. Retrieved on November 23, 2008, from http://www.sfgate.com; Kristof, N. (2004, February 11). Watching the jobs go by. New York Times. Retrieved November 24, 2008, from http://www.nytimes.com
4. New Commission on the Skills of the American Workforce. (2007). Tough choices or tough times: The report of the new commission on the skills of the American workforce. Washington, DC: National Center on Education and the Economy.

| 01 현대 학교교육의 과거 |

1. The NCLB quote is cited in Hoff, D. (2007). "Growth models" gaining in accountability debate. Education Week, 27(16), 22–25. The survey results of educators can be found in Public Agenda. (2006). Reality check 2006: Issue no 3: Is support for standards and testing fading? New York: Author. The high profile commission is the New Commission on the Skills of the American Workforce. See National Center on Education and the Economy (2007). Tough choices or tough times: The report of the new commission on the skills of the American workforce. Washington, DC: Author.
2. European Commission, declared March 31, 2008, retrieved from http://europa.eu/rapid/pressReleasesAction.do?reference=IP/08/482

3. See, for example Aho, E., Pitkänen, K., & Sahlberg, P. (2006). Policy development and reform principles of basic and secondary education in Finland since 1968. Washington, DC: World Bank; Hargreaves, A., Halász, G., & Pont, B. (2008). The Finnish approach to system leadership. In B. Pont, D. Nusche, & D. Hopkins (Eds.). (2008). Improving school leadership, Vol. 2: Case studies on system leadership. Paris: OECD, 69–109.

4. On objectives and testing, see Shaw, M. (2004, April 9). End testing of infants: Seven is too young for tests say parents in TES poll. London Times Educational Supplement, p. 1; Mansell, W., & White, P. (2004, November 12). Stop test drilling, primaries warned. London Times Educational Supplement, p. 1. Retrieved from https://www.tes.co.uk/article. aspx?storycode=2047875. The announcement of the end of standardized testing following scandals of incompetence in the testing agency to which the key stage tests at age 14 were contracted out was reported by the BBC in "Tests scrapped for 14-year-olds." Retrieved from http://news.bbc.co.uk/2/hi/uk_news/education/7669254.stm

5. Blair, T., & Schröder, G. (1999). Europe: The Third Way—die neue mitte. London: Labor Party and SPD.

6. Giddens, A. (1999). The Third Way: The renewal of social democracy. Malden, MA: Blackwell; Giddens, A. (2000). The Third Way and its critics. Cambridge, UK: Polity Press; Giddens, A. (Ed.). (2001). The global Third Way debate. Cambridge, UK: Polity Press.

7. Lowenthal, D. (1986). The past is a foreign country. Cambridge: Cambridge University Press. The phrase was first used by Leslie Poles Hartley, (1953/2002). The go-between. New York: NYRB Classics, p. 17.

8. Giddens, The Third Way; Giddens, The global Third Way debate.

9. Kohl, H. (1967). 36 children. New York: New American Library; Kozol, J. (1967). Death at an early age: The destruction of the hearts and mind of Negro children in the Boston Public Schools. Boston: Houghton Mifflin Company.

10. Hargreaves, A., & Goodson, I. (2006). Educational change over time? The sustainability and non-sustainability of three decades of secondary school change and continuity. Educational Administration Quarterly, 42(1), 3–41. The data and findings that are reported in this chapter are related to the first two Ways of change and the interregnum between them and can be found in more detail in this journal article and in Hargreaves, A., & Fink,

D. (2006). Sustainable leadership. San Francisco: Jossey-Bass; Hargreaves, A. (2003). Teaching in the knowledge society: Education in the age of insecurity. New York: Teachers College Press and Maidenhead, UK: Open University Press. Goodson, I. (2003). Professional knowledge, professional lives. Maidenhead, UK: Open University Press.

11. Her Majesty's Inspectorate. (1983). Curriculum 11–16: Towards a statement of entitlement. London: HMSO, p. 16.

12. National Commission on Excellence in Education. (1983). A nation at risk: The imperative for educational reform. Washington, DC: U.S. Government Printing Office.

13. One of us was involved in producing the review of international literature that provided a foundation for this provincial policy. See Hargreaves, A., Earl, L., & Ryan, J. (1996). Schooling for change: Reinventing education for early adolescents. Bristol, PA: Falmer. Evaluation of the policy and its impact can be found in Hargreaves, A., Earl, L., Moore, S., & Manning, S. (2001). Learning to change. San Francisco: Jossey Bass.

14. Barber, M. (2007). Instruction to deliver: Fighting to transform Britain's public services. London: Methuen, p. 32; Angus, D., & Mirel, J. (1999). The failed promise of the American high school, 1890–1995. New York: Teachers College Press.

15. Edley, C. (2002). Keeping the promise of "No Child Left Behind": Success or failure depends largely on implementation by the U.S. Cambridge, MA: Harvard Civil Rights Project; Taylor, W. (2006). Testimony of William L. Taylor Chairman, Citizens' Commission on civil rights before the commission on No Child Left Behind; National Council of La Raza (2007). NCLB Works! New coalition launches breakthrough campaign. Washington, DC: Author. Retrieved from http://www.nclr.org/content/news/detail/47399/

16. Fullan, M., Hill, P., & Crevola, C. (2006). Breakthrough. Thousand Oaks, CA: Corwin Press.

17. MacBeath, J., Gray, J., Cullen, J., Frost, D., Steward, S., & Swaffield, S. (2007). Schools on the edge: Responding to challenging circumstances. London: Paul Chapman; Fullan, M. (2005). Leadership and sustainability: Systems thinkers in action. London: Innovation Unit, Department for Education and Skills.

18. Oakes, J., & Lipton, M. (2002). Struggling educational equity and diverse communities: School reform as a social movement. Journal of Educational

Change, 3(3–4), 383–406; Welner, K. (2001). Legal rights, local wrongs: When community control collides with educational equity. Albany, NY: State University of New York Press; Ball, S. (2003). Class strategies and the education market: The middle classes and social advantage. London: RoutledgeFalmer.

19. Ofsted Publications Centre (2004). Reading for purpose and pleasure. An evaluation of the teaching of reading in primary schools. London: Crown.

20. Nichols, S., & Berliner, D. (2007). Collateral damage: How high-stakes testing corrupts America's schools. Cambridge, MA: Harvard Education Press.

21. Jehlen, A. (2006). Moving beyond NCLB: There's plenty of room and opportunity for improvement. Retrieved from http://www.nea.org/home/13952.htm; American Federation of Teachers. (2003). Where we stand: Standard-based assessment and accountability. Retrieved from http://www.aft.org/pubs-reports/downloads/teachers/StandAssessRes.pdf

22. This evidence is drawn from a larger body of research reported in Hargreaves, A. (2003). Teaching in the knowledge society: Education in the age of insecurity. New York: Teachers College Press and Maidenhead, UK: Open University Press.

23. Cockburn, A., & Haydn, T. (2004). Recruiting and retaining teachers: Understanding why teachers teach. London: RoutledgeFalmer. For the recent data, see Milne, J. (July 11, 2008). NQTs quit in first few years of job. Times Education Supplement. Retrieved from http://www.tes.co.uk/article.aspx?storycode=2647089

24. Darling-Hammond, L. (2003). Keeping good teachers: Why it matters and what leaders can do. Educational Leadership, 60(8), 6–13.

25. See Hargreaves, Teaching in the knowledge society.

26. See Hargreaves & Fink, Sustainable leadership.

27. Koretz, D. (2008). Measuring up: What educational testing really tells us. Cambridge: Harvard University Press.

28. Nichols & Berliner, Collateral damage.

29. The New Progressive Declaration, signed July 10, 1996, by President Bill Clinton. Retrieved from http://www.ndol.org/ndol_ci.cfm?kaid=128&subid=174&contentid=839

30. Blair & Schröder, Europe: The Third Way; Giddens, The Third Way; Giddens, The Third Way and its critics; Giddens, The global Third Way debate.

31. We are grateful to the incisive and insightful analysis of David Hartley on the impact of New Public management in education; see Hartley, D. (2007). The emergence of distributed leadership in education: Why now? British Journal of Educational Studies, 55(2), 202–214.

32. Hartley, The emergence of distributed leadership in education.

33. Alma Harris and one of us have been discovering this in the sport sector data in our current study of Performing Beyond Expectations (forthcoming) funded by the National College for School Leadership and the Specialist Schools and Academies Trust.

34. Barber, M. (2007). Instruction to deliver: Fighting to transform Britain's public services. London: Methuen.

35. Teachernet. (2003). School workforce remodelling. Retrieved from http://www.teachernet.gov.uk/wholeschool/remodelling/

36. Marley, D. (September 26, 2008). Teachers have designs on new buildings. Retrieved from http://www.tes.co.uk/article.aspx?storycode=6002962

37. These quotes are drawn from a wider set of responses reported in Hargreaves, Teaching in the knowledge society.

38. Fullan, Leadership and sustainability; Levin, B. (2008). How to change 5000 schools: A practical and positive approach for leading change at every level. Cambridge: Harvard Education Press.

39. Reported in Fullan, Leadership and sustainability. The most recent statement of Ontario policy at the time this book went to press was Government of Ontario (2008). Reach every student: Energizing Ontario education. Ontario: Queen's Printer for Ontario. Retrieved from http://www.edu.gov.on.ca/eng/document/energize/energize.pdf

40. National Center on Education and the Economy, Tough choices or tough times.

41. Cuban, L., & Usdan, M. (2003). Powerful reforms with shallow roots: Improving America's urban schools. New York: Teachers College Press.

42. Ewell, I. (2008). BAEO-Gates Small Schools Project Report 2007–2008. Retrieved from http://scoter.baeo.org/news_multi_media/(PCI-97)BAEO-Gates_Annual_Report_2008.PDF

43. Mitgang, L. D. (2008). Becoming a leader: Preparing school principals for today's schools. New York: The Wallace Foundation. Retrieved from http://www.wallacefoundation.org/SiteCollectionDocuments/WF/Knowledge%20Center/Attachments/PDF/Becoming%20a%20Leader.pdf

44. Explanations of the work of the New Schools Venture Fund can be found in Datnow, A., Park, V., & Wohlstetter, P. (2007). Achieving with data: How high performing schools use data to improve instruction for students. Retrieved from http://www.newschools.org/files/AchievingWithData. pdf; Datnow, A., Park, V., & Kennedy, B. (2008). Acting on data: How urban high schools use data to improve instruction. Retrieved from http://www. newschools.org/files/ActingonData.pdf

| 02 최근의 실패 |

1. Naisbitt, J. (1984). Ten new directions transforming our lives. New York: Warner Books.
2. Dewey, J. (1938). Experience and education. New York: Collier, p. 17.
3. Dewey, J. (1916). Democracy and education. New York: The MacMillan Company.
4. Fullan, M. (2006). Turnaround leadership. San Francisco: Jossey-Bass, p. 81.
5. New Commission on the Skills of the American Workforce. (2007). Tough choices or tough times: The report of the new commission on the skills of the American workforce. Washington, DC: National Center on Education and the Economy.
6. UNICEF (2007). Child poverty in perspective: An overview of child well-being in rich countries, Innocenti Report Card 7. Florence, Italy: UNICEF Innocenti Research Centre.
7. McKinsey & Company. (2007, September). How the world's best-performing school systems come out on top. Retrieved from www.mckinsey.com/clientservice/socialsector/resources/pdf/Worlds_School_systems_final.pdf
8. McKinsey & Company, How the world's best-performing school systems come out on top, p. 35.
9. McKinsey & Company, How the world's best-performing school systems come out on top, pp. 36–37.
10. Barber, M. (2007). Instruction to deliver: Fighting to transform Britain's public services. London: Methuen, pp. 79–101.
11. This National Challenge was launched by the secretary of state on June 10, 2008. In the Challenge, 30% of pupils in 638 identified schools were challenged to meet or to achieve 5*-C GCSEs, including English and math, by 2011. Retrieved from www.dcsf.gov.uk/nationalchallenge. For a critique,

see Harris, A. (2009). Big change question: Does politics help or hinder educational change? Journal of Educational Change, 10(1), 63–67.

12. Barber, Instruction to deliver, pp. 64–65.

13. Barber, Instruction to deliver, p. 32.

14. Barber, Instruction to deliver, p. 348.

15. Barber, Instruction to deliver, p. 371.

16. Barber, Instruction to deliver.

17. Government of Ontario. (2008). Reach every student: Energizing Ontario education. Ontario: Queen's Printer for Ontario.

18. Langer, E. J. (1997). The power of mindful learning. Reading, MA: Addison-Wesley.

19. Argyris, C. (1976). Increasing leadership effectiveness. New York: Wiley; Argyris, C., & Schön, D. (1978). Organizational learning: A theory of action perspective. Reading, MA: Addison Wesley.

20. Sennett, R. (2008). The craftsman. New Haven, CT: Yale University Press, pp. 167–168.

21. Sennett, The craftsman, p. 171.

22. von Donnersmarck, F. H. (Writer/director). (2007). The lives of others [Motion picture]. United States: Sony Pictures Entertainment.

23. Rogers, J. (2006). Forces of accountability? The power of poor parents in NCLB. Harvard Educational Review, 76(4), 611–641.

24. Harris, A. (2006). Leading change in schools in difficulty. Journal of Educational Change, 7(1–2), 9–18.

25. Sanders, W. L., & Horn, S. P. (1994). The Tennessee value-added assessment system (TVAAS): Mixed-model methodology in educational assessment. Journal of Personnel Evaluation in Education, 8, 299–311; Sanders, W. L., & Horn, S. P. (1998). Research findings from the Tennessee value-added assessment system (TVAAS) database: Implications for educational evaluation and research. Journal of Personnel Evaluation in Education, 12(3), 247–256.

26. McCaffrey, D. S., Sass, T. R., & Lockwood, J. (2008). The intertemporal stability of teacher effect estimates. Nashville, TN: National Center on Performance Incentives, pp. 25, 40.

27. McCaffrey et al., The intertemporal stability of teacher effect estimates, p. 25.

28. Hargreaves, A., Shirley, D., Evans, M., Johnson, C., & Riseman, D. (2007).

The long and short of school improvement: Final evaluation of the raising achievement, transforming learning programme of the Specialist Schools and Academies Trust. London: Specialist Schools and Academies Trust.

29. Gawande, A. (2002). Complications: A surgeon's notes on an imperfect science. New York: Metropolitan Books; Gawande, A. (2007). Better: A surgeon's notes on performance. New York: Picador.

30. Gawande, Complications, p. 7.

31. Gawande, Better.

32. Gawande, Better, p. 25.

33. Gawande, Better, p. 26.

34. Lewis, M. (2004). Moneyball: The art of winning an unfair game. New York: W. W. Norton & Company.

35. Lewis, Moneyball, p. xii.

36. Lewis, Moneyball, p. 15.

37. Lewis, Moneyball, p. 38.

38. This example is drawn from Performing Beyond Expectations (forthcoming), a study directed by Andy Hargreaves and Alma Harris, and funded by the Specialist Schools and Academies Trust and the National College for School Leadership.

39. A. Hargreaves & Harris, Performing Beyond Expectations.

40. A. Hargreaves & Harris, Performing Beyond Expectations.

41. A. Hargreaves & Harris, Performing Beyond Expectations.

42. Datnow, A., Park, V., & Wohlstetter, P. (2007). Achieving with data: How high performing schools use data to improve instruction for students. Los Angeles, CA: Center on Educational Governance; Datnow, A., Park, V., & Kennedy, B. (2008). Acting on data: How urban high schools use data to improve instruction. Los Angeles, CA: Center on Educational Governance.

43. The term "turnstile world" is used by Sennett, R. (1998). The corrosion of character: The personal consequences of work in the new capitalism. New York: W. W. Norton & Company, p. 112.

44. Achinstein, B., & Ogawa, R. (2006, Spring). (In)fidelity: What the resistance of new teachers reveals about professional principles and prescriptive educational policies. Harvard Educational Review, 76(1), 30–63.

45. For more details on this study, see Hargreaves, A. (2003). Teaching in the knowledge society: Education in the age of insecurity. New York: Teachers College Press and Maidenhead, UK: Open University Press. For the magnet

school in particular see Baker, M., & Foote, M. (2006). Changing spaces: Urban school interrelationships and the impact of standards-based reform. Educational Administration Quarterly, 42(1), 90–123.

46. This school has been studied as part of A. Hargreaves & Harris, Performing Beyond Expectations (forthcoming).

47. Shirley, D., & Hargreaves, A. (2006). Data-driven to distraction, Education Week, 26(6), 32–33.

48. For a discussion of schools as addictive organizations see Hargreaves, A., & Shirley, D. (2009). The persistence of presentism. Teachers College Record, 111(11). For the concept of addictive organizations read Schaef, A. W., & Fassel, D. (1988). The addictive organization. New York: Harper Collins.

49. A. Hargreaves et al., The long and short of school improvement.

50. Shirley, D. (2002). Valley interfaith and school reform: Organizing for power in South Texas. Austin, TX: University of Texas Press.

51. MacDonald, E., & Shirley, D. (2009). The mindful teacher. New York: Teachers College Press.

52. A. Hargreaves et al., The long and short of school improvement.

53. Durkheim, É. (1965). Elementary forms of religious life. New York: Free Press, p. 250.

54. Meštrovic´, S. G. (1997). Postemotional society. Thousand Oaks, CA: Sage Publications, p. 69.

55. Orwell, G. (1949). 1984. New York: Harcourt, p. 32.

56. Christensen, C. M., Horn, M. B., Johnson, C. W. (2008). Disrupting class: How disruptive innovation will change how the world works. New York: McGraw-Hill; Christensen, C. M. (1997). The innovator's dilemma: When new technologies cause great firms to fail. Boston: Harvard Business School Press.

| 03 희망의 지평 |

1. Santayana, G. (1905). The life of reason or the phases of human progress: Reason in common sense. New York: Charles Scribner's Sons.

2. McLaughlin, M. (2008). Beyond "misery research"—New opportunities for implementation research, policy and practice. In C. Sugrue (Ed.) The future of educational change: International perspectives (pp. 175–190). New York: Routledge.

3. McKinsey & Company. (2007, September). How the world's best-performing school systems come out on top. Retrieved from www.mckinsey.com/clientservice/socialsector/resources/pdf/Worlds_School_systems_final.pdf
4. Gadamer, H.-G. (1991). Truth and method. New York: Crossroad, p. 302.
5. Stein, M., Hubbard, L., & Mehan, H. (2004). Reform ideas that travel far afield: The two cultures of reform in New York City's District #2 and San Diego. Journal of Educational Change, 5(2), 161–197.
6. This report on Finland draws on an evaluation report of leadership and school improvement in Finland coauthored by one of us for OECD. See Hargreaves, A., Halász, G., & Pont, B. (2008). The Finnish approach to system leadership. In Pont, B. Nusche, D. & Hopkins, D. (Eds.). (2008). Improving school leadership, Vol. 2: Case studies on system leadership. Paris: OECD. Other key resources on educational performance and reform strategies in Finland include Aho, E., Pitkänen, K., & Sahlberg, P. (2006). Policy development and reform principles of basic and secondary education in Finland since 1968. Washington, DC: World Bank; Castells, M., & Himanen, P. (2004). The information society and the welfare state: The Finnish model. New York: Oxford University Press; Grubb, W. N. (2007, October). Dynamic inequality and intervention: Lessons from a small country. Phi Delta Kappan, 105–114; Sahlberg, P. (2006). Education reform for raising economic competitiveness. Journal of Educational Change, 7(4), 259–287.
7. UNICEF (2007). Child poverty in perspective: An overview of child well-being in rich countries, Innocenti Report Card 7. Florence, Italy: UNICEF Innocenti Research Centre. Retrieved from http://www.unicef-irc.org/publications/pdf/rc7_eng.pdf
8. See Sheffi, Y. (2005) The resilient enterprise: Overcoming vulnerability for competititve advantage. Cambridge: MIT Press, pp. 7–8. For more information on Nokia, see Haikio, M. (2002). Nokia, the inside story. London: Prentice Hall.
9. This section draws on our original evaluation of RATL, reported in Hargreaves, A., Shirley, D., Evans, M., Johnson, C., & Riseman, D. (2007). The long and short of school improvement: Final evaluation of the Raising Achievement, Transforming Learning programme of the Specialist Schools and Academies Trust. London: Specialist Schools and Academies Trust.
10. A. Hargreaves et al., The long and short of school improvement, p. 36.

11. For an evaluation that reports favorably on the success of RATL in its subsequent phase of transformation in a sample of 20 schools, see Harris, A., Allen, T., & Goodall, J. (2008). Capturing transformation: How schools secure and sustain improvement. London: Specialist Schools and Academies Trust.

12. A. Hargreaves first applied the term "market fundamentalism" to education (Hargreaves, A. [2003]. Teaching in the knowledge society: Education in the age of insecurity. New York: Teachers College Press, p. 4). Its original use can be found in Soros, G. (2002). George Soros on globalization. New York: Perseus.

13. Warren, M. R. (2001). Dry bones rattling: Community building to revitalize American democracy. Princeton, NJ: Princeton University Press; Oakes, J., & Rogers, J. (2006). Learning power: Organizing for education and justice. New York: Teachers College Press; Payne, C. (2007). I've got the light of freedom: The organizing tradition and the Mississippi freedom struggle. Berkeley, CA: University of California Press.

14. Obama, B. (1995). Dreams from my father: A story of race and inheritance. New York: Times Books.

15. Stone, C., Henig, J., Jones, B., & Pierannunzi, C. (2001). Building civic capacity: The politics of reforming urban schools. Lawrence, KS: University Press of Kansas.

16. Skocpol, T. (2004). Diminished democracy: From membership to management in American civic life. Norman, OK: University of Oklahoma Press.

17. Stone et al., Building civic capacity, pp. 85–86.

18. Usdan, M. D., & Cuban, L. (2003). Powerful reforms with shallow roots: Improving America's urban schools. New York: Teachers College Press.

19. Academy for Educational Development. (2006). Lead teacher report: Second year report submitted to the community collaborative to improve Bronx schools. Washington, DC: Author.

20. Shah, S., & Mediratta, K. (2008, April). Negotiating reform: Young people's leadership in the educational arena. New Directions in Youth Development, pp. 43–59.

21. Warren, M. R. (2005). Communities and schools: A new view of urban education reform. Harvard Educational Review, 75, 133–173; Warren, M. R., Hong, S., Rubin, C. H., & Uy, P. S. (2009). Beyond the bake sale: A community-based relational approach to parent engagement in schools.

Teachers College Record, 111(9). Retrieved from http://www.tcrecord.org, ID Number: 15390.

22. Shirley, D. (1997). Community organizing for urban school reform. Austin, TX: University of Texas Press.

23. Oakes & Rogers, Learning power.

24. Obama, Dreams from my father.

25. Mediratta, K., Shah, S., & McAlister, S. (2008). Organized communities, stronger schools: A preview of research findings. Providence, RI: Annenberg Institute for School Reform.

26. Bryk, A. S., & Schneider, B. (2005). Trust in schools: A core resource for improvement. New York: Russell Sage Foundation. On the importance of trust and betrayal in education, see also Hargreaves, A. (2002). Teaching and betrayal. Teachers and Teaching: Theory and Practice, 8(3/4), 393–407

27. This school district case study is drawn from data collected in the Performing Beyond Expectations study conducted by Andy Hargreaves and Alama Harris (forthcoming) in collaboration with team member Alan Boyle, and funded by the Specialist Schools and Academies Trust and the National College for School Leadership.

28. The first classic community study of this "East End" working-class community was Young, M., & Willmott, P. (1957). Family and kinship in East London. London: Routledge & Kegan Paul. (Reprinted 1992 and 2007.) Additional information on Tower Hamlets is available in a special themed issue of the Annenberg Institute for School Reform's (2008) Voices in Urban Education, 21.

29. Fletcher, C., Caron, M., & Williams, W. (1985). Schools on trial. Milton Keynes, UK: Open University Press; Watts. J. (Ed.). (1977). The Countesthorpe experience. London: George Allen & Unwin.

30. Hargreaves & Harris (forthcoming). These benign effects of workforce remodeling on relationships between teachers and communities in disadvantaged schools have also been documented by Gordon, J. A. (2008). Community responsive schools, mixed housing and community regeneration. Journal of Education Policy, 23(2), 181–192.

31. Finn, J. D., & Achilles, C. M. (1999). Tennessee's class size study: Findings, implications, misconceptions. Educational Evaluation and Policy Analysis, 21(2), 97–109; Nye, B., Hedges, L. V., & Konstantopoulos, S. (2000). The effects of small classes on academic achievement: The results of

the Tennessee class size experiment. American Educational Research Journal, 37(1), 123–151; Word, E. R., Johnston, J., Bain, H. P., & Fulton, B. D. (1990). The State of Tennessee's Student/Teacher Achievement Ratio (STAR) Project: Technical Report 1985–90. Nashville, TN: Tennessee State University.

32. Shirley, D. (2006). Street-level democrats: Realizing the potential of school, university, and community coalitions. The Educational Forum, 70(2), 116–122.

33. Barber, M. (2007). Instruction to deliver: Fighting to transform Britain's public services. London: Methuen, p. 70.

| 04 학교교육 제4의 길 |

1. Darling-Hammond, L. (2008). Teaching and the change wars: The professionalism hypothesis. In A. Hargreaves & M. Fullan (Eds.), Change wars (pp. 45–68). Bloomington, IN: Solution Tree.

2. Haidt, J. (2006). The happiness hypothesis: Finding modern truth in ancient wisdom. New York: Basic Books; Hargreaves, A. (2001). The emotional geographies of teaching. Teachers College Record, 103(6), 1056–1080; Hargreaves, A. (2001). The emotional geographies of teachers' relations with their colleagues. International Journal of Educational Research, 35, 503–527; Seligman, M.E.P. (2002). Authentic happiness: Using the new positive psychology to realize your potential for lasting fulfillment. New York: Free Press.

3. Werner, E., & Smith, R. (1992). Overcoming the odds: High risk children from birth to adulthood. Ithaca, NY: Cornell University Press; Werner, E., & Smith, R. (2001). Journeys from childhood to the midlife: Risk, resilience, and recovery. New York: Cornell University Press.

4. Werner & Smith, Overcoming the odds; Werner & Smith, Journeys from childhood to the midlife.

5. Harris, A. (2006). Leading change in schools in difficulty. Journal of Educational Change, 17(1–2), 9–18.

6. Tucker, M. S. (2009). Industrial benchmarking: A research method for education. In A. Hargreaves & Fullan, Change wars, pp. 117–133.

7. For example, on the eve of the G-20 summit in November 2008, President George W. Bush offered a vigorous defense of laissez-faire capitalism. For

the text of the speech, see "President Bush Discusses Financial Markets and World Economy." Retrieved from http://www.heartland.org/article/24166/President_Bush_Discusses_Financial_Markets_and_World_Economy_.html

8. See UNICEF. (2007). Child poverty in perspective: An overview of child well-being in rich countries, Innocenti Report Card 7. Florence, Italy: UNICEF Innocenti Research Centre.

9. This is now advocated in many places, but especially in Fullan, M. (2008). The six secrets of change: What the best leaders do to help their organizations survive and thrive. San Francisco: Jossey-Bass.

10. See, for example, Barber, M. (2008). From system effectiveness to system improvement: Reform paradigms and relationships. In A. Hargreaves & Fullan, Change wars, pp. 87–88.

11. This is as advocated in the classic United Nations Educational, Scientific, and Cultural Organization (UNESCO) report by Delors, J. (1996). Learning: the treasure within—Report to UNESCO of the International Commission on Education for the twenty-first century. Paris: Author; see also Sahlberg, P. (2006). Education reform for raising economic competitiveness. Journal of Educational Change, 7(4), 259–287.

12. Weil, S. (1997). The need for roots: Prelude to a declaration of duties towards mankind. New York: Routledge.

13. Obama, B. (1995). Dreams from my father: A story of race and inheritance. New York: Times Books.

14. As reported in Fullan, M. (2006). Turnaround leadership. San Francisco: Jossey-Bass; Fullan, The six secrets of change.

15. See, for example, Harris, A., Bennett, N., & Reynolds, D. (Eds.). (2005). School effectiveness and school improvement: Alternative perspectives. London: Continuum International; Reynolds, D. (Ed.). (1985). Studying school effectiveness. London: Falmer Press.

16. Carter, S. C. (1999). No excuses: Seven principals of low-income schools who set the standard for high achievement. Washington, DC: The Heritage Foundation; Carter, S.C. (2000). No excuses: Lessons from 21 high-performing, high-poverty schools. Washington, DC: The Heritage Foundation.

17. Harris et al., School effectiveness and school improvement.

18. Fleisch, B. (2008). Primary education in crisis: Why South African schoolchildren underachieve in reading and mathematics. Cape Town,

South Africa: Juta.

19. Berliner, D. (2006). Our impoverished view of educational research. Teachers College Record, 108(6), 949–995. In particular, see tables on pp. 964–966.

20. Berliner, Our impoverished view of educational research.

21. Townsend, T. (2008, September). Third millennium leaders: Thinking and acting both locally and globally. Keynote speech presented at Commonwealth Council for Educational Administration and Management (CCEAM) Conference, Durban, South Africa.

22. Information on Building Schools for the Future (BSF). Retrieved from http://www.teachernet.gov.uk/management/resourcesfinanceandbuilding/bsf/

23. S. Alinsky, cited in Shirley, D. (1997). Community organizing for urban school reform. Austin, TX: University of Texas Press, pp. 244–245.

24. Honoré, C. (2008) Under pressure: rescuing our children from the culture of hyper-parenting. New York: HarperOne.

25. Apple, M. (2001). Educating the "right" way: Markets, standards, God, and inequality. New York: RoutledgeFalmer.

26. These cases are drawn from Hargreaves, A., & Shaw, P. (2006). Knowledge and skills development in developing and transitional economies. An analysis of World Bank/DfID knowledge and skills for the modern economy. Report to the World Bank. Chestnut Hill, MA: Boston College.

27. A. Hargreaves & Shaw, Knowledge and skills development.

28. Obama, Dreams from my father.

29. On student involvement in change, see Rudduck, J., Day, J., & Wallace, G. (1997). Students' perspectives on school improvement. In A. Hargreaves (Ed.), Rethinking educational change with heart and mind (the 1997 ASCD Yearbook, pp. 73–91), Alexandria, VA: Association for Supervision and Curriculum Development; Ben Levin, "Sustainable, large-scale education renewal," Journal of Educational Change, 8(4), 323–336.

30. Grubb, Dynamic inequality and intervention; Honoré, C. (2004). In praise of slowness: How a worldwide movement is challenging the cult of speed. New York: HarperCollins.

31. Mediratta, K., Shah, S., & McAlister, S. (2008). Organized communities, stronger schools: A preview of research findings. Providence, RI: Annenberg Institute for School Reform; McLaughlin, M., Scott, W. R., Deschenes, S., Hopkins, K., & Newman, A. (2009). Between movement and

establishment: Organizations advocating for youth. Palo Alto, CA: Stanford University Press; Oakes, J., & Rogers, J. (2006). Learning power: Organizing for education and justice. New York: Teachers College Press; Su, C. (2009). Streetwise for book smarts: Grassroots organizing and education reform in the Bronx. Ithaca, NY: Cornell University Press.

32. Department for Children, Schools and Families (2008). Personalised learning: A practical guide. London: DCSF Publications. Retrieved from http://publications.teachernet.gov.uk/eOrderingDownload/00844-2008DOM-EN.pdf; Miliband, D. (2004). Personalised learning: Building a new relationship with schools. London: DCSF Publications. Retrieved from http://publications.teachernet.gov.uk/eOrderingDownload/personalised-learning.pdf

33. Hargreaves, D. (2006). A new shape for schooling? London: Specialist Schools and Academies Trust, p. 24.

34. D. Hargreaves, A new shape for schooling? On the importance of projects versus ubiquitous short lessons within the concept of personalization, see Hargreaves, D. (2004). Learning for life: The foundations for lifelong learning. London: Policy Press, p. 2.

35. European Commission. (2001). A memorandum on lifelong learning. Brussels: European Commission; Organisation for Economic Co-operation and Development (OECD). (1996). Lifelong learning for all. Paris: Author.

36. D. Hargreaves, A new shape for schooling?, p. 3.

37. D. Hargreaves, A new shape for schooling?, p. 2. In late 2008, D. Hargreaves testified to the House of Commons Children's Committee that he favored the analogy with business, which had geared itself to meet a customized market. At the same time, he contended, given increasing contentiousness in the use of the term, he only now used the term if pressed and felt that it was a "total waste of time trying to find a definition." See Baker, M. (2008). "Let's not get personal." Retrieved from http://news.bbc.co.uk/2/hi/uk_news/education/7741943.stm

38. Wagner, T. (2008). The global achievement gap. New York: Basic.

39. Bauman, Z. (2008). The art of life. Cambridge, UK: Polity.

40. MacDonald, E., & Shirley, D. (2006). Growing teacher leadership in the urban context: The power of partnerships. In K. R. Howey, L. M. Post, & N. L. Zimpher (Eds.), Recruiting, preparing and retaining teachers for urban schools (pp. 125–144). Washington, DC: American Association of Colleges

of Teacher Education; MacDonald, E., & Shirley, D. (2009). The mindful teacher. New York: Teachers College Press.

41. Ancess, J. (2003). Beating the odds: High schools as communities of commitment. New York: Teachers College Press; Perry, T., Steele, C., & Hillard, A. (2003). Young, gifted, and black: Promoting high achievement among African-American students. Boston: Beacon Press; Scheurich, J. (1998). Cultural characteristics populated mainly by low-SES children of color: Core beliefs and highly successful and loving, public elementary schools. Urban Education, 33(4), 451–491.

42. Hess, F. (2001). Tear down this wall: The case for a radical overhaul of teacher certification. Washington, DC: Progressive Policy Institute.

43. This percentage is an estimate based on data for the number of teachers certified by the NBPTS (as reported by NBPTS, retrieved from http://www.nbpts.org/resources/nbct_directory/nbcts_by_year), compared with the total number of public elementary and secondary teachers in 2005 (as reported in U.S. Census Bureau, Statistical Abstract of the United States, 2008. Education: elementary and secondary education: Staff and finances. Washington, DC, 2007. Retrieved from http://www.census.gov/compendia/statab/cats/education/elementary_and_secondary_education_staff_and_finances.html).

44. For an extended discussion on this issue, see Hargreaves, A., & Evans, R. (1997). Beyond educational reform. Buckingham, UK: Open University Press

45. For information on TURN, see www.turnexchange.net

46. Lortie, D. C. (1975). Schoolteacher: A sociological study. Chicago: University of Chicago Press.

47. Hargreaves, A. (2003). Teaching in the knowledge society. New York: Teachers College Press.

48. A. Hargreaves, Teaching in the knowledge society.

49. The term "contrived collegiality" is introduced and discussed in Hargreaves, A. (1994). Changing teachers, changing times: Teachers' work and culture in the postmodern age. New York: Teachers' College Press.

50. See Hargreaves, A. (2007). Leading professional learning communities. In A. M. Blankstein, P. D. Houston, R. W. Cole (Eds.). (2008). Sustaining professional learning communities. Thousand Oaks, CA: Corwin Press.

51. MacDonald & Shirley, The mindful teacher.

52. Sennett, R. (2008). The craftsman. New Haven, CT: Yale University Press.

53. Alinsky, S. (1965). The war on poverty—political pornography. Journal of Social Issues, 11(1), 41–47. Quote is on p. 42.

54. This percentage was calculated after reviewing the third edition of Florida's Educational Leadership Examination (FELE) competencies and skills. Retrieved on November 25, 2008, from http://www.fldoe.org/asp/fele/. The State Board of Education approved these FELE changes in June 2008, and the Florida Department of Education began administration of the new examination in January 2009.

55. On the reasons for principal supply shortage related to the conditions of educational change and work overload, see, for example, PriceWaterhouse Coopers. (2007). Independent study into school leadership. Nottingham, UK: Department for Education and Skills; Hewitt, P., Pijanowski, J., Carnine, L., & Denny, G. (2008). The status of school leadership in Arkansas. Fayetteville: University of Arkansas; Cusick, P. A. (2002). A study of Michigan's school principal shortage. East Lansing, MI: Education Policy Center, Michigan State University.

56. Hatch, T. (2002). When improvement plans collide. Phi Delta Kappan, 83(8), 626–634.

57. For more information on distributed leadership, see Spillane, J. P. (2006). Distributed leadership. San Francisco: Jossey-Bass; Fink, D., & Hargreaves, A. (2008). Distributed leadership: Delivery or democracy. Journal of Educational Administration, 46(2), 229–240.

58. The concept of "sustainable leadership" and the seven principles drawn from it were first discussed in Hargreaves, A., & Fink, D. (2006). Sustainable leadership. San Francisco: Jossey-Bass.

59. See, for example, Hill, R., & Matthews, P. (2008, November 21). Captains to steer through the storm. Times Educational Supplement, pp. 30–31;Hill, R., & Matthews, P. (2008). Schools leading schools: The power and potential of national leaders of education. Nottingham, UK: National College for School Leadership.

60. On the necessity of balancing emergence and design, see Capra, F. (2002). The hidden connection: A science for sustainable living. New York: Harper Collins. On the application of Capra's ideas to sustainable improvement and leadership, see Fink & Hargreaves, Distributed leadership.

61. Hargreaves, D. (2004). Education epidemic: Transforming secondary

schools through innovation networks. London: Demos.

62. Castells, M. (2001). The Internet galaxy. Oxford: Oxford University Press.

63. Ainscow M., Dyson A., Goldrick, S., Kerr, K., & Miles, S. (2008). Equity in education: Responding to context. Manchester, UK: Center for Equity in Education, University of Manchester.

64. Lindsay, G., Muijs, D., Chapman, C., & Harris, A. (2007). Final report of the federations policy. London: Department for Education and Skills.

65. Nichols, S., & Berliner, D. (2007). Collateral damage: How high-stakes testing corrupts America's schools. Cambridge: Harvard Education Press; Booher-Jennings, J. (2005). Below the bubble: Educational triage and the Texas accountability system. American Educational Research Journal, 42(2), 231–268; McNeill, L. M. (2000). Contradictions of school reform: The educational costs of standardized testing. New York: Routledge; A. Hargreaves, Teaching in the knowledge society.

66. Rust, K. F., Krenzke, T., Qian, J., & Johnson, E. G. (2001) Sample design for the national assessment. In Allen, N. L., Donoghue, J. R., & Schoeps, T. L. (Eds.) (2001). The NAEP 1998 technical report. Washington, DC: National Center for Education Statistics, pp. 31–50.

67. Hargreaves, D. H. (2004). Learning for life: The foundations for lifelong learning. Bristol, UK: Policy Press.

68. Skerrett, A. (2008). Going the race way: Biographical influences on multicultural and antiracist English curriculum practices. Teaching & Teacher Education, 24(7), 1813–1826; Skerrett, A., & Hargreaves, A. (2008). Student diversity and secondary school change in a context of increasingly standardized reform. American Educational Research Journal, 45(4), 913–945.

69. Nathan, L. (2008). What's been lost in the bubbles. Educational Leadership, 66(2), 52–55.

70. This example is drawn from the Performing Beyond Expectations study (forthcoming) directed by Andy Hargreaves and Alma Harris.

71. Frost, R. (1946). The poems of Robert Frost. New York: Random House, 177.

학교교육
제4의 길 ❶
학교교육 변화의 역사와 미래방향

2015년 4월 2일 | 초판 1쇄 발행
2024년 12월 1일 | 초판 11쇄 발행

지은이 앤디 하그리브스, 데니스 셜리
옮긴이 이찬승, 김은영

펴낸이 이찬승
펴낸곳 교육을바꾸는책

출판등록 2012년 4월 10일 | 제313-2012-114호
주소 서울시 마포구 양화로 7길 76 평화빌딩 3층
전화 02-320-3600(경영) 02-320-3604(편집)
팩스 02-320-3611

홈페이지 http://21erick.org
이메일 gyobasa@21erick.org
유튜브 youtube.com/user/gyobasa
포스트 post.naver.com/gyobasa_book
트위터 twitter.com/GyobasaNPO
인스타그램 instagram.com/gyobasa

ISBN 978-89-97724-01-7 (04370)
      978-89-97724-00-0 (세트)